21世纪经济管理新形态教材·会计学系列

财务分析

（第二版）

孙静芹　吕洪雁 ◎ 主　编

刘　丽 ◎ 副主编

清华大学出版社
北京

内 容 简 介

本书的主要内容是在介绍企业战略分析、会计分析的基础上，围绕资产质量、资本结构质量、利润质量及现金流量质量等财务状况质量方面以及财务能力方面进行全面分析，并利用财务分析的结果，对企业的价值进行评估，预测和推断企业未来的发展前景。

本书的主要特点：一是逻辑严密，体系完整；二是内容新颖，与时俱进；三是理论深厚，实例丰富；四是深入浅出，便于自学。

本书适宜作为高等院校会计学、财务管理、工商管理、金融学以及其他相关专业开设的"财务分析"课程的教材，也可作为银行、证券从业人员及企业管理人员等提高财务分析水平的参考用书。

图书在版编目（CIP）数据

财务分析 / 孙静芹，吕洪雁主编. —2版. —北京：清华大学出版社，2023.3
21世纪经济管理新形态教材. 会计学系列
ISBN 978-7-302-63055-5

Ⅰ. ①财… Ⅱ. ①孙… ②吕… Ⅲ. ①会计分析—高等学校—教材 Ⅳ. ①F231.2

中国国家版本馆CIP数据核字(2023)第038386号

责任编辑：付潭娇　刘志彬
封面设计：汉风唐韵
责任校对：王荣静
责任印制：杨 艳
出版发行：清华大学出版社
　　　　　网　　　址：http://www.tup.com.cn，http://www.wqbook.com
　　　　　地　　　址：北京清华大学学研大厦A座　　　　　邮　　　编：100084
　　　　　社 总 机：010-83470000　　　　　　　　　　　邮　　　购：010-62786544
　　　　　投稿与读者服务：010-62776969，c-service@tup.tsinghua.edu.cn
　　　　　质 量 反 馈：010-62772015，zhiliang@tup.tsinghua.edu.cn
　　　　　课 件 下 载：http://www.tup.com.cn，010-83470332
印 装 者：三河市天利华印刷装订有限公司
经　　　销：全国新华书店
开　　　本：185mm×260mm　　　印　张：15　　　字　　数：345千字
版　　　次：2015年4月第1版　　2023年3月第2版　　印　次：2023年3月第1次印刷
定　　　价：49.00元

产品编号：096893-01

第二版前言

现代企业理论认为：企业的本质是一系列降低利益相关者之间交易成本的契约集合体。因此，在现代企业制度下，投资者、债权人、内部经营管理者及其他利益相关者，从各自的目的和利益出发，都需要掌握企业的财务信息，借以了解企业的经营状况和财务状况，并据以做出与企业相关的正确决策。企业不同的利益相关者因与企业的利益关系不同，决策需要的财务信息也有所不同。财务分析是将财务报表提供的标准会计信息转换成决策与管理所需要的有用信息，帮助企业及其利益相关者正确解读企业财务信息并运用企业财务信息进行决策的重要工具。

"财务分析"作为一门应用性、实践性很强的课程，是高等院校会计学、财务管理等专业的主干课程。为满足人才培养目标的需要、提高学生财务分析的专业能力，我们"财务分析"课程教学团队于 2015 年编写并出版了《财务分析》第一版，得到了众多高校的普遍好评，使用数量多达数万册。

随着经济发展和"互联网+"的广泛应用，企业面临的内外环境都发生了深刻变化，财务分析的理论和方法也在不断地变革和更新，特别是新《公司法》《证券法》的陆续出台以及企业会计准则、财务报表格式的不断修订。为保证《财务分析》教材与时俱进地反映国内外财务分析理论与实务发展的前沿动态，我们认为有必要对《财务分析》第一版的相关内容进行修订。

本教材仍然延续了第一版的特点与结构。一方面，对企业所面临的经营环境、企业的竞争战略有全面的把握，借以分析企业经营领域和竞争优势、识别机会和风险，对企业获取收益能力的可持续性做出合理判断，此为企业战略分析的内容，也是财务分析的基础和先行条件。另一方面，通过会计分析，理解企业会计信息处理的原则和方法，了解会计政策选择的灵活性，评价财务报表对企业经济活动反映的真实程度并进行必要调整，这是保证财务分析结论准确性和可靠性的必要条件。在此基础上，围绕资产质量、资本结构质量、利润质量及现金流量质量等财务状况质量方面进行全面分析，并通过财务能力分析揭示企业的偿债能力、盈利能力、营运能力、发展能力以及综合财务能力，评估企业当前的业绩及业绩的可持续性，此为财务分析最为核心的内容。最后，在上述分析内容的基础上，利用财务分析的结果，对企业的价值进行评估，预测和推断企业未来的发展前景。

为适应国内外财务分析理论与实务的最新发展以及一流专业建设的基本需求，本书主要在以下三个方面进行了修订和完善。

（1）为与时俱进地反映国内外财务分析理论与实务发展的前沿动态，对相关内容进行了修订，如反映了企业会计准则、财务报表格式的最新变化。

（2）为便于教师教学和学生学习，本教材总结了第一版在使用过程中的经验，更新了教学案例，更突出了时效性和针对性。

（3）针对第一版教材在使用过程中发现的错误与问题进行了更正，使全书内容更加精练、更有可读性。

本教材由孙静芹教授、吕洪雁教授担任主编，由刘丽老师担任副主编。第一章、第二章、第三章、第四章、第五章、第六章由孙静芹教授、刘丽老师编写。第七章、第八章、第九章、第十章、第十一章、第十二章由吕洪雁教授编写。

由于编者水平有限，加之时间仓促，书中难免存在缺陷或不足，恳请读者批评、指正，以便不断修改、完善。

编者

2022 年 11 月

财务分析理论

 **学习目标**

1. 了解西方和我国财务分析的产生与发展。
2. 理解财务分析的内涵、目的与作用。
3. 理解财务分析的框架与内容。
4. 掌握财务分析的信息与评价标准。
5. 熟悉企业年度报告与财务报告的相关知识。

 导入案例

巴林银行破产案的启示

1763 年，弗朗西斯·巴林爵士在伦敦创建了巴林银行，这是世界上首家商业银行。巴林银行的业务专长是企业融资和投资管理，素以发展稳健、信誉良好而驰名，战胜了一个个对手，成为各国政府、各大公司和许多客户的首选银行，在国际金融领域获得了巨大的成功，被称为金融市场上的"金字塔"，直到 1994 年巴林银行的税前利润仍然高达 1.5 亿美元。但遗憾的是，1995 年 2 月 27 日，这家拥有 233 年历史的世界上最老牌商业银行却破产了，10 天后，又以 1 英镑的象征性价格被荷兰国际集团收购。

巴林银行破产的原因，表面看起来很简单，就是期货经理尼克·里森错误地判断了日本股市的走向。1995 年 1 月，日本经济呈现复苏势头，里森看好日本股市，分别在东京和大阪等地买进大量期货合同，希望在日经指数上升时赚取大额利润。然而，天有不测风云，1995 年 1 月 17 日突发的日本阪神地震打击了日本股市的回升势头，股价持续下跌，巴林银行因此损失金额高达 14 亿美元，这几乎是巴林银行当时的所有资产，从而使巴林银行的百年基业毁于一旦，这座曾经辉煌的金融大厦就此倒塌。

其实，巴林银行破产的原因是多方面的，其中有一个很重要的原因就是董事长彼得·巴林不重视财务分析与财务监管。彼得·巴林认为资产负债表没有什么用，理由是资产负债表的组成在短期间内就可能发生重大的变化。在一次演讲中，他曾经说过："若以为揭露更多的资产负债表的数据，就能够增进对一个集团的了解，那真是幼稚无知了。"具有讽刺意味的是，他发表这番"高论"之后不到一年的时间，巴林银行就破产了。如果当初他能重视资产负债表及其分析，加强日常的财务监管，也许假造花旗银行的 5 000 万英镑存款就会被发现，也许巴林银行的历史就会被重写。对此，巴林银行董事长付出了他自己都意想不到的代价。

巴林银行破产案给我们重要的启示，就是没有完善的内部控制制度和强有力的监管制度，任何企业都可能出现问题甚至陷于崩溃。财务监管需要依靠财务数据来完成，而财务数据又是来自于财务分析，因此，企业管理人员应重视财务分析工作，及时了解企业当前的财务状况，预测企业未来的盈利能力，才能对企业进行有效财务监管，保证企业有序健康地发展。

资料来源：殷小茵. 巴林银行破产案的启示[J]. 国际金融，1995(4).

第一节　财务分析的产生与发展

一、西方财务分析的产生与发展

财务分析始于美国银行家对企业的信用分析，之后又广泛应用于投资分析领域。银行家的信用分析和投资者的投资分析属于外部分析。随着经济的发展和对管理的重视，企业内部分析的需求不断增加，财务分析开始由外部分析向内部分析拓展。

1. 银行家的信用分析

19 世纪末 20 世纪初，由于美国工业大发展，企业规模不断扩大，银行贷款的规模和在企业融资中的比重也随之迅速增加。在这种情况下，银行为了确保发放贷款的安全，不能再根据个人信用给企业贷款，而需要更详尽的、反映企业财务状况的资料来判断企业是否具有偿债能力。于是，1898 年 2 月，美国纽约州银行协会的经理委员会提出议案，要求所有的借款人必须提交由借款人签字的资产负债表，以衡量企业的信用和偿债能力。此后，银行开始根据企业资产和负债的数量对比来判断企业对借款的偿还能力和还款保障程度，并且提出了诸如流动比率、速动比率等一系列的比率分析指标作为判断的依据。如美国学者亚历山大·沃尔（Alexander Wall）建议使用财务比率法来评价企业的信用，借以防范贷款的违约风险。

2. 投资者的投资分析

20 世纪 20 年代，由于经济萧条，商品的变现价值大大低于实际成本，现金流量大幅减少，导致美国一般公司偿还贷款变得异常困难，这时大量发行股票成为公司扩大规模的主要资金源泉。在这种情况下，投资者便成为财务报表的主要使用者，财务分析的重心也从信用分析扩展到投资分析。与银行家主要关注企业稳定性相比，投资者更关注企业盈利能力。

需要注意的是，财务分析以信用分析为重心转变为以投资分析为重心，并不是后者对前者的否定，而是后者相对重要、两者并存。因此在这一阶段，财务分析的范围更广，要求的信息更为丰富，涵盖了企业的盈利能力、偿债能力、筹资结构和利润分配等内容。为了满足这些信息需求，产生了一系列财务分析方法，逐步形成了较为完善的外部财务分析体系。

3. 企业的内部分析

在开始阶段，企业财务分析只用于外部分析，即企业外部的银行家、投资者根据各自的要求进行分析。后来，企业在接受银行家、投资者等外部分析者的分析与咨询过程中，逐渐认识到财务分析的重要性，开始由被动地接受分析逐步转变为主动地进行自我分析。尤其是第二次世界大战后，企业规模不断扩大，经营活动日趋复杂化，市场竞争越来越激烈。此时，企业管理层意识到企业财务问题不仅仅是资金筹措问题，而在于加强管理，更加有效地运用资金。于是，企业管理层开始利用财务报表和其他的内部数据与资料，对企业的财务运行情况与未来发展趋势进行更为细致全面的分析，找出管理行为和报表数据的关系，通过管理来改善未来的财务状况和经营业绩。财务分析逐渐成为改善内部经营管理的重要手段。这表明企业财务分析开始由外部分析向内部分析拓展，并表现出两个显著的特征：一方面是分析所需的资料来源更加丰富，不仅可以使用公开报表数据，还可以利用内部资料（如预算数据、成本数据、业务活动资料等），这就为扩大分析领域、提高分析效果、发展分析技术提供了前提条件；另一方面是内部分析的内容和手段不断扩大和深化，成为财务分析的重心。

总之，西方现代财务分析经过一百多年来的发展和完善，分析主体、目的以及内容由单一化、简单化向多元化、复杂化发展，形成了一套相当完善的财务分析体系，其应用领域早已不限于银行信贷分析和一般投资分析，而是在资本市场、企业重组、绩效评价、企业评估等方面的应用越来越广泛。分析技术也有了明显的突破，一些新的分析技术如预测分析、实证分析、价值评估、电算化分析等被广泛应用于财务分析之中。另外，财务分析日益趋向于专业化、科学化，如美国的特许财务分析师（chartered financial analyst，CFA）形成了一个特定的职业，专门从事投资分析和信用分析，为现存及潜在的债权人及投资者服务。专业财务分析师的出现，推动了财务分析技术和内容不断向纵深发展。

二、我国财务分析的产生与发展

在我国，财务分析思想出现的比较早，但真正开展财务分析活动还是在20世纪初。当时中国的一些外国洋行和中国金融资本家开始分析企业的经营效益和偿债能力，但很少根据会计核算数据进行较全面的分析。

新中国成立后，在计划经济体制下，我国学习苏联的模式，在实践中一直非常重视企业经济活动分析，财务分析当时只是作为企业经济活动分析的一部分内容。但在统收统支的计划经济体制下，经济活动分析的基本任务是分析企业各项计划指标的完成情况，财务分析在经济活动分析中是无足轻重的。

改革开放以来，随着企业自主权的不断扩大，财务分析引起了越来越多有识之士的重视，不仅经济活动分析中的财务分析内容得到充实，财务管理和会计等学科中都增加了财务分析的内容。但是，这些学科毕竟有其独立的理论与方法论体系，财务分析只不过作为这些学科体系的一部分，没能形成独立的财务分析学理论体系与方法论体系。

1993年，党的十四届三中全会提出建立"产权清晰、权责明确、政企分开、管理科学"的现代企业制度，成为我国企业制度改革的目标和方向。在现代企业制度下，企业的所有者、债权人、经营者和政府等企业的利益相关者需要站在各自的立场上，或从各自的目的和利益出发，关心企业的经营状况、财务状况和经济效益，这就需要财务分析系统理论与方法的指导，因而在我国建立独立的财务分析体系成为经济发展的客观需要。同时，我国实行了财会制度的重大改革，相继颁布了《企业会计准则》和《企业财务通则》，并重新修订了《会计法》，统一了财务会计制度，完善了会计信息披露制度，这些从客观上为我国建立和开展专门的财务分析奠定了制度基础。总之，在我国，随着企业自主权进一步扩大，现代企业制度和统一财务会计制度的逐步建立，财务分析才逐渐发展成为具有独立的理论体系和方法论体系的一门独立学科。

第二节 财务分析的内涵、目的和作用

一、财务分析的内涵

财务分析是以会计核算和报表资料及其他相关资料为依据，采用一系列专门的分析技术和方法，对企业等经济组织过去和现在有关筹资活动、投资活动、经营活动的盈利能力、营运能力、偿债能力和增长能力状况以及有重点、有针对性地对有关报表项目质量等进行分析与评价的经济管理活动。它是为企业的投资者、债权人、经营者及其他关心企业的组织或个人了解企业过去、评价企业现状、预测企业未来，做出正确管理决策提供准确的信息或依据的经济应用学科。全面理解财务分析的内涵，必须弄清以下几个问题：

1. 财务分析以系统、客观的资料为依据

财务分析的最基本资料是企业的财务报表，财务报表体系和结构以及内容的科学性、系统性、客观性为财务分析奠定了坚实的基础。另外，财务分析不仅以财务报表资料为依据，还包括对管理会计报表、统计信息、业务信息、政策信息、市场信息等其他有关资料的分析。

2. 财务分析有健全的方法论体系

财务分析的实践使财务分析的方法不断发展和完善，它既有财务分析的一般方法，又有财务分析的专门技术方法（如水平分析法、垂直分析法、趋势分析法、比率分析法、因素分析法等）。在实践中，应根据财务分析目的选择相应的分析方法。

3. 财务分析有客观的分析对象和内容

财务分析的对象是财务活动，财务分析的内容是其可靠性与有效性。可靠性分析是分析财务信息是否真实准确地反映了财务活动的过程与结果，特别是分析哪些是由于会计信息确认、计量、记录、报告原则和方法的差异、变更、错误等对财务活动可靠性带来的影响；有效性分析是分析财务活动的盈利能力、营运能力、偿债能力、增长能力以及有关报表项目质量等，以判断分析财务活动结果的质量。

4. 财务分析主体的多元性

财务分析的主体是多元的，主要包括投资者、债权人、经营者、中介机构、其他利益相关者等，他们都从各自的目的出发进行财务分析。

5. 财务分析有明确的目的

财务分析的目的受分析主体的制约，不同主体对财务信息的要求不同，其进行财务分析的目的也就不同，各具特色。因此，多样化的财务分析主体有明确分析目的。

6. 财务分析是一门综合性的学科

财务分析是在财务会计和财务管理等学科基础上形成的一门综合性学科，财务分析不是对这些原有学科中关于财务分析问题的简单重复，而是根据经济理论和实践的要求，综合了相关基础学科的长处，形成了一门具有独立理论体系和方法论体系的经济应用学科。

二、财务分析的目的

企业各相关利益者进行财务分析的基本目的是为各项决策和监督控制提供信息，但由于不同的财务分析主体与企业的利益关系不同，其分析的具体目的和侧重点也是不同的。

1. 企业投资者财务分析的目的

企业投资者包括企业的所有者和潜在投资者。一方面，根据现代企业制度，企业是投资者的一种投资工具，投资者既要保全投资本金，又要获取投资回报，而盈利能力是投资者资本保值和增值的关键，因此，他们进行财务分析的最根本目的是关注企业的盈利能力。当然，企业所有者要做出是否继续保持或增加对该企业投资的决策，潜在投资者做出是否把资金投向该企业的投资决策，仅仅关注企业的盈利能力是不够的，还要关注企业的偿债能力和营运能力等状况。另一方面，企业的所有者在企业委托代理关系中充当委托者的角色，为了行使股东权利，通过财务分析来评价企业经营者的经营业绩，为选择优秀的经营管理者提供依据。

2. 企业债权人（金融债权人）财务分析的目的

企业债权人包括短期债权人和长期债权人，他们进行财务分析的目的也有差异。短期债权人提供的贷款期限在 1 年以内，他们更关心企业资产的流动性和企业的现金流量状况，强调企业支付短期债务的能力；长期债权人提供的贷款通常在 1 年以上，他们在较长时间后才需要收回本金和利息，因而长期债权人重视对企业未来较长时间内偿债能力分析，强调根据企业现在的经营情况和财务状况预测其未来的经营前景、收益能力和偿付能力。

对于企业债权人来说，最重要的事情就是确保能按时收回本金和利息，因此，他们非常关注企业偿债能力状况。而企业的盈利能力、资产质量和现金流量状况从根本上决定企业的偿债能力，企业的运营能力又在很大程度上决定企业资产的流动性，所以债权人也会关注企业的盈利能力、营运能力以及资产质量和现金流量质量等方面的信息。

3. 企业经营管理者财务分析的目的

按照现代企业的委托代理关系，企业经营管理者作为委托代理关系中的受托人，接受企业所有者的委托，对企业运营中的各项活动以及企业的经营成果和财务状况进行有效的管理与控制。因此，企业经营管理者进行财务分析的目的是综合的，不仅关心企业的盈利能力、偿债能力、营运能力和持续发展能力等各方面的财务信息，而且还应通过企业的财务分析对各项指标变动情况及其影响因素进行更深层次的分析，以便发现企业生产经营中存在的问题与不足，及时采取对策，进一步挖掘潜力，为企业经济效益的持续稳定增长奠定基础。

4. 企业供应商和客户财务分析的目的

企业供应商是企业的原材料等资源的提供者，在赊购业务中，企业又进一步与供应商形成财务信用关系。供应商进行财务分析的目的主要是关心授信企业的财务信用状况、偿债能力和风险程度。

客户是企业商品的消费者，客户关心的是企业持续提供商品或服务的能力和产品质量等，因此，客户进行财务分析的目的主要是搞清企业的商业信用情况，了解企业的销售能力和持续发展能力。

5. 行政管理和监督部门财务分析的目的

行政管理和监督部门主要指工商、物价、财政、税务以及审计等部门。它们进行财务分析的目的主要体现在两方面，一方面是监督检查国家的各项经济政策、法规、制度在企业的执行情况；另一方面是保证企业财务会计信息和财务分析报告的真实性、准确性，为宏观决策提供可靠信息。

三、财务分析的作用

财务报表是企业会计信息的主要载体，而财务分析是以财务报表为主要依据，因此，财务分析的作用与财务报表的作用是密不可分的。概括起来说，财务分析至少应具有以下三方面的作用。

1. 财务分析正确评价企业过去的经营业绩

财务分析通过对实际财务报表等资料的分析，并将企业实际指标与以前各期指标、同类企业指标进行对比，能够准确地评价企业过去的经营业绩状况，找出影响经营业绩的各种主观与客观因素，肯定成绩和揭示存在的问题，这不仅有利于财务分析主体正确评价企业过去的经营业绩，而且还为其透视企业现在和揭示企业未来提供基础。

2. 财务分析全面反映企业目前的财务状况

企业目前的财务状况既是过去经营业绩的延续，又是未来发展前景的基石。财务报表等资料是企业各项生产经营活动的综合反映，但财务报表的格式及提供的数据往往是根据会计的特点和管理的一般需要而设计的，它不可能全面提供不同目的的报表使用者所需要的各方面数据资料。财务分析根据不同分析主体的分析目的，采用不同的分析手段和方法，可得出反映企业财务状况方面的指标，如反映企业资产结构的指标、企业权益结构的指标、企业支付能力和偿债能力的指标等。这种分析对于全面反映和评价企业目前的财务状况有重要作用。

3. 财务分析可以评估和预测企业未来的发展前景

财务分析对企业未来发展态势与前景的预测和分析，是建立在对企业过去经营业绩正确评价、目前财务状况的全面透视以及企业未来诸多影响因素的综合把握基础之上的。财务分析对企业未来发展前景的预测和分析，可为企业未来财务预测、财务决策和下一年度的财务预算指明方向；可准确评估企业的价值，这对企业进行经营者绩效评价、资本经营和产权交易都是十分有利的；为企业进行财务危机预测提供必要信息。

第三节 财务分析的框架与内容

一、财务分析的框架

企业财务报表数据的生成受企业经营环境、企业经营战略以及会计政策和会计估计等因素的影响，因此，企业的财务分析不应局限于企业的财务报表数据，还应关注企业财务报表数据的生成过程及其背后的影响因素，这样才能更好地解读企业的财务报表数据，理解和把握企业经营活动的实质，才可能更加清晰地预测企业未来的发展前景。因此，有效的企业财务分析应从以下4个方面开展：①必须对企业所面临的经营环境和竞争战略有全面的把握，分析企业经营范围和竞争优势，识别机会和风险，对企业获取收益能力的可持续性做出合理的判断，这既是企业战略分析的内容，也是企业财务分析的基础和先行条件；②通过会计分析，理解企业会计信息处理的原则和方法，了解会计政策选择的灵活性，评价会计报表对企业经济活动反映的真实程度并作必要调整，这是保证企业财务分析结论准确性和可靠性的必要条件；③在此基础上，围绕资产质量、资本结构质量、利润质量及现金流量质量等财务状况质量方面进行全面分析，并通过财务能力分析揭示企业的偿债能力、盈利能力、营运能力和发展能力，这是会计财务分析的核心内容；④在财务综合分析的基础上，对企业未来进行财务预测，评估企业的价值，判断企业是否具有可持续发展能力。

总之，财务分析逻辑框架应当主要包括企业战略分析、会计分析、财务分析、前景分析，这四个方面彼此独立，又相互影响，共同构成了财务分析的基本框架，如图1-1所示。

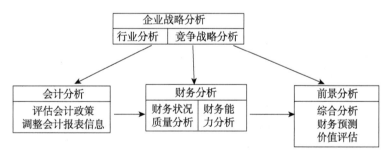

图 1-1 财务分析的基本框架

二、财务分析的体系与内容

根据上述财务分析的基本框架，提出了本书共十二章的财务分析体系与内容。

在第一章财务分析理论中，首先，介绍财务分析的产生与发展；其次，界定财务分析的内涵与目的、作用；再次，构建财务分析的框架与内容；最后，阐述财务分析信息基础。

在第二章财务分析程序与方法中，首先论述财务分析基本程序；其次介绍企业战略分析和会计分析的内容；然后主要阐述了财务分析报告的含义、作用、类型、格式、内容和编写要求；最后着重介绍财务分析常用的基本方法：水平分析法、趋势分析法、垂直分析法、比率分析法、因素分析法、项目质量分析法和财务综合分析法等。

第二篇为财务报表分析，主要对资产负债表、所有者权益变动表、利润表、现金流量表四张报表进行分析，共四章内容。

在第三章资产负债表分析中，首先介绍资产负债表分析的目的与内容；其次对资产负债表进行水平分析，明确资产与权益变动的原因；然后对资产负债表进行结构分析，搞清企业资产结构和资本结构以及两者适应程度；最后对资产负债表质量进行分析，对资产负债表中的资产、负债和所有者权益主要项目的实际质量进行分析，以客观评价企业财务状况的实际质量。

在第四章所有者权益变动表分析中，首先介绍所有者权益变动表分析的目的与内容；其次对所有者权益变动表进行水平分析和结构分析；最后对所有者权益变动表主要项目及质量进行分析，分析各项目变动对所有者权益变动产生的影响，以及揭示所有者权益变动表所体现的财务状况质量信息。

在第五章利润表分析中，首先介绍利润表分析的目的与内容；其次对利润表进行水平分析，明确利润的变动及其原因；然后对利润表进行结构分析，发现影响企业各环节利润构成、利润率及成本费用的主要问题；最后对利润表质量进行分析，主要分析企业利润形成过程各项目的内在品质。

在第六章现金流量表分析中，首先介绍现金流量表分析的目的与内容；其次对现金流量表进行水平分析，揭示企业各类活动对现金流量的影响，进而分析现金流量变动的原因；然后对现金流量表进行结构分析，对企业现金流量结构的合理性做出评价；接着又对现金流量表质量进行分析，主要包括对企业各类经济活动现金流量的质量分析以及主要项目质量分析；最后将现金流量与利润综合起来进行分析，主要包括现金流量表项目和其他报表项目的关联分析以及经营活动现金流量与净利润的关系分析等内容。

第三篇为财务能力分析，主要包括企业偿债能力分析、营运能力分析、盈利能力分析及发展能力分析，共四章内容。

在第七章偿债能力分析中，首先介绍偿债能力分析的目的与内容；其次对短期偿债能力进行分析，明确影响短期偿债能力的因素和反映短期偿债能力的指标计算和分析，合理评价企业的短期偿债能力；最后对长期偿债能力进行分析，明确影响长期偿债能力的因素和反映长期偿债能力的指标计算和分析，合理评价企业的长期偿债能力。

在第八章营运能力分析中，首先介绍营运能力分析的目的与内容；其次对流动资产营运能力进行分析，主要包括对流动资产主要项目的周转性分析和总的流动资产周转性分析；其次对非流动资产营运能力进行分析，主要是对固定资产周转性分析；最后对总资产营运能力进行分析，以反映全部资产营运效率。

在第九章盈利能力分析中，首先介绍盈利能力分析的目的与内容；其次对商品经营盈利能力进行分析；然后对资产经营盈利能力进行分析；接着对资本经营盈利能力进行分析；最后对上市公司盈利能力进行分析。

在第十章发展能力分析中,首先介绍发展能力分析的目的与内容;其次从企业单项指标角度分析企业的发展能力,包括资产增长、收入增长、资本增长和收益增长能力等;最后从企业整体发展能力角度进行综合分析。

第四篇为前景分析,主要是对企业的财务状况进行综合分析、财务预测及企业价值评估,共两章内容。

在第十一章财务综合分析中,首先概述财务综合分析的目的与内容;然后介绍沃尔评分法、杜邦财务分析体系等财务综合分析方法。

在第十二章财务预测和企业价值评估中,首先介绍了财务预测的含义、作用、内容及步骤;然后概述企业价值评估的含义、目的及重点介绍了以现金流量为基础、以经济利润为基础和以价格比为基础的三种价值评估方法,评估企业价值,以分析确认企业价值创造程度。

第四节　财务分析信息基础

一、财务分析信息的含义、作用与要求

1. 财务分析信息的含义与作用

财务分析信息是指财务分析主体在进行财务分析过程中所运用到的全部信息。财务分析信息是财务分析的基础和依据。它对于保证财务分析工作的顺利进行、提高财务分析的质量与效果具有重要作用。主要体现在以下3方面:

(1)财务分析信息是财务分析的依据。没有财务分析信息,财务分析就如"无米之炊",进行财务分析是不可能的。如果没有财务报表信息,就无法评价企业的财务状况、经营成果与现金流量;如果缺乏有关企业经营环境与经营战略的信息,就无法确定企业利润的主要影响因素和风险因素。

(2)收集和整理信息是财务分析的重要步骤和方法之一。财务分析所用的信息并不是取之即来、来之可用的。不同的分析目的和分析要求,所需的信息是不同的。收集和整理财务分析所需信息是财务分析的基础环节。

(3)财务分析信息的数量和质量决定着财务分析的质量与效果。正因为财务分析信息是财务分析的依据和基础环节,因此,财务分析信息的准确性、完整性、及时性对提高财务分析的质量和效果是至关重要的。只有收集到充分、准确而有效的财务分析信息,才能得到科学合理的分析结论。

2. 财务分析信息的要求

为了保证财务分析的质量和效果,财务分析信息必须满足以下5方面的要求:

1)财务分析信息的完整性

财务分析信息的完整性是保证财务分析效果和质量的必要条件,要求信息必须在数量和种类上满足财务分析目的的需要,如果所需的某方面信息的数量有所欠缺或者所依据的信息种类不全,则难以得出客观的分析结果。比如,进行投资收益率分析时,必须兼备利

润表信息和资产负债表信息，二者缺一不可。此外，财务分析信息的完整性，除有必要的财务信息，还要有必要的非财务信息加以配合，非财务信息虽然不会直接影响财务信息的数字，但是会对财务信息的理解产生影响。

2）财务分析信息的系统性

财务分析信息的系统性有两方面含义：一方面是指财务分析信息具有连续性，即需要对企业持续数期相关信息进行跟踪分析，以确保财务分析的客观性，为趋势分析奠定基础；另一方面是指财务分析信息的分类和保管具有科学性，即应该按照科学的方法和合理的程序对财务分析信息进行分类和管理，使不同目的的财务分析主体都可便利地获取所需的信息。

3）财务分析信息的准确性

财务分析信息的准确性是保证财务分析质量和效果的关键，也是对财务分析信息质量的基本要求，信息错误必然导致分析结论的错误，使用者只有依据准确的信息才能得出正确的分析结论。财务分析信息的准确性取决于两方面因素，一是信息本身的准确性；二是获取信息过程的准确性或信息使用的准确性，尤其对企业外部信息的范围、计算方法等要有全面准确的了解，在分析时应紧密结合企业具体情况进行相关的数据处理，否则可能影响分析质量。

4）财务分析信息的及时性

财务分析信息的及时性是指根据不同的财务分析目的和要求，能及时提供分析时所需的信息。对于财务分析信息要及时注意搜集整理，以备在需要时能及时提供，保证财务分析的要求。特别是对于一些有关决策性的分析，财务分析信息的及时性尤其重要，因为错过了时机，就会导致财务分析失去意义。

5）财务分析信息的相关性

财务分析信息的相关性为准确、及时地搜集和整理财务分析信息提供了重要保证。财务分析信息的相关性有两方面含义：一方面是了解各种财务分析信息的用途，如各种财务报表能提供哪些具体的信息，这些信息又可用于哪种分析等；另一方面是了解特定的财务分析目的需要什么信息，如进行盈利能力分析主要依赖利润表信息，进行偿债能力分析主要依赖资产负债表信息等。

二、财务分析信息的种类

财务分析的不同目的和要求，决定了其所需信息的差异性，使财务分析信息的种类呈现多样性。财务分析信息可以从不同角度进行分类。

1. 按照信息来源不同，可分为内部信息和外部信息

内部信息是指从企业内部取得的信息，包括企业公开信息和不公开信息。公开信息是企业公开对外发布的信息，主要包括对外公开披露的财务报告、股东大会和董事会发布的各项公告（如招股说明书、配股说明书、临时公告、会议公告等）。不公开信息主要指企业未公开披露的各种生产经营活动资料（如收入、成本费用等明细资料、统计资料、业务

活动资料、计划与预算资料等）。企业公开信息资料可供企业内部和外部分析人员使用，企业不公开信息资料只能供企业内部分析使用。

外部信息是指从企业外部取得的信息，主要包括国家经济政策与法规信息、综合部门发布的信息、政府监管部门的信息、中介机构的信息、报纸杂志的信息、企业间交换的信息、国外有关信息等。

2. 按信息取得时间的确定性程度不同，可分为定期信息和不定期信息

定期信息是为满足财务分析主体经常性需要，可定期取得的信息，包括会计信息、统计信息、综合经济部门的信息等。定期财务分析信息为定期财务分析提供了可能、奠定了基础。不定期信息是根据临时性需要搜集的信息，包括宏观经济政策信息、企业间不定期交换信息等。

3. 按信息是否实际发生，可分为实际信息和标准信息

实际信息是指反映各项经济指标实际完成情况的信息。标准信息是指用于作为评价标准而搜集和整理的信息。财务分析通常是以实际信息为基础进行的，但标准信息对于评价企业财务状况也是不可缺少的。

4. 按信息内容不同，可分为财务信息和非财务信息

财务信息是指以数字方式反映企业的财务状况、经营成果和现金流量的信息，主要包括资产负债表信息、所有者权益变动表信息、利润表信息、现金流量表信息以及报表附注信息。非财务信息是指以非数字方式反映企业组织结构、内部治理、战略目标和未来发展计划等方面情况的信息。在财务分析过程中，财务信息和非财务信息都是非常重要的信息来源，需要将两者结合起来。

三、财务分析评价标准信息

财务分析评价标准信息就是财务分析过程中据以评价分析对象的基准。对同一分析对象运用不同的评价标准，会得出不同的分析结论。适当有效地获取和使用财务分析的评价标准，对于企业发现问题、寻找差距、得出正确的财务分析结论、实现财务分析的目标有着重要的作用和意义。进行财务分析信息常用的评价标准主要有经验标准、历史标准、行业标准和预算标准。

1. 经验标准

经验标准是指企业以从事生产经营的实践经验为依据来确定的分析评价标准。如流动比率的经验标准为 2∶1，速动比率的经验标准为 1∶1 等。经验标准通常都是经过大量实践加以总结所得出的结论，因此在适用上有一定的代表性和普遍性，但不是绝对的，只能说在一般情况下比较适用，并不是适用一切领域或一切情况。比如，某公司的流动比率大于 2，但其信用政策不理想，应收账款和积压产品过多；而另一公司的流动比率可能小于 2，但其对现金、存货及应收账款的管理状况却比较理想，这种情况下就难以依据经验标准评价两公司的流动性或偿债能力状况。

2. 历史标准

历史标准是指企业以过去某一时间的实际业绩为标准（如上期实际、上年同期实际、历史先进水平以及有典型意义的时期实际水平等）。历史标准可选择企业历史最高水平，也可选择企业正常经营条件下的业绩水平。历史标准有助于评价企业自身的财务状况和经营状况在目前是否有所提高或改善，其优点主要是两方面：一方面是有较高的可靠性，所依据的历史标准是企业所曾达到的真实水平；另一方面是有较高的可比性，便于进行企业不同时期业绩状况的纵向比较。但也存在明显的不足：一是比较保守，历史标准只能反映企业过去的状况，无法体现现实要求；二是适用范围比较窄，历史标准只能说明企业本身的发展变化，难以进行横向评价，不能评价企业在同行业中的地位和水平。

3. 行业标准

行业标准是指由各行业依据自身特点制定的反映本行业财务状况和经营状况基本水平的分析评价标准。在财务分析过程中，将本企业的实际数据和行业标准进行比较，可以了解本企业与行业水平的差距，从而可较全面地评价企业在同行业中的地位和水平。但是，行业标准在应用上的限制性较大，这些限制包括：①可比性的限制。处于同一行业内的企业间在产销上往往存在明显的差异，比如同属石油行业的两个企业，一家企业可能是从市场购入原油来生产石油产品，另一家企业则实行从开采、生产、提炼到销售石油产品的一体化经营，这样，二者虽然都属于同行业，但是由于产销方式的不同，则并不具有可比性；②多样化经营的限制。大型的集团公司几乎都同时经营多种业务，横跨多个行业，往往难以判定公司的行业归属，对这些有着不同盈利水平和不同风险程度的业务，不可能用统一的行业评价标准进行评价；③会计政策差异的限制。同行业企业如果采用不同的会计政策，会影响评价的准确性。例如，存货采用实际成本核算的企业，对于领用发出的存货，可以采用先进先出法、加权平均法、移动平均法、个别计价法等计价方法确定其实际成本，不同的计价方法，不仅会影响到存货的价值，还会影响到成本的水平，这种情况下再运用行业标准，就难以保证分析评价的全面准确。

4. 预算标准

预算标准是指根据本企业目前经营状况和现有经营条件所制定的目标标准，如预算指标、定额指标等。这种标准通常主要应用于新建企业、新兴行业以及某些垄断性行业和企业，但在其他行业和企业，运用预算标准也是有利的，因为预算标准的制定，可将行业标准和企业历史标准相结合，比较全面地反映企业的状况，尤其预算标准在进行企业内部财务分析方面有明显的优势，可用于全面考核企业内部各级、各部门经营管理者的经营业绩，以及对企业总体目标实现的影响。但预算标准在进行企业外部财务分析方面的作用不大，并且预算标准完全由企业自己确定，不可避免地会把经营管理者的意志夹杂在里面，使之难以做到客观、公允，这也制约着预算标准作用的发挥。

以上财务分析评价标准都各有长短，在进行财务分析时，可以根据不同企业的实际情况和分析的目的，选择恰当的财务分析标准。通常不仅仅选择一种标准，而是综合运用多种标准，从不同的角度对企业的财务状况和经营成果进行全面、客观的分析评价，得出正确的分析结论。

四、年度报告与财务报告

（一）年度报告的内容与作用

年度报告是指公司整个会计年度的财务报告及其他相关文件。为了保护投资者合法权益，根据我国《证券法》和《公司法》等法律法规，所有公开上市交易的公司必须按时编制并披露年度报告。年度报告应当在每个会计年度结束之日起 4 个月内完成，并按照中国证券监督管理委员会的有关规定予以披露。

1. 年度报告的内容

根据中国证券监督管理委员会制定的《上市公司信息披露管理办法》和多次修订《公开发行证券的公司信息披露内容与格式准则第 2 号——年度报告的内容与格式》的规定，上市公司年报至少应包括如下内容：

（1）重要提示、目录与释义。包括管理层责任声明、非标准审计意见揭示、重大风险提示、特定术语解释等。

（2）公司简介和主要财务指标。公司简介包括公司的中英文名称、法定代表人、注册地点、联系方式、信息披露媒介和上市地点等，主要财务指标包括截至报告期末公司近 3 年的主要会计数据和财务指标。

（3）公司业务概要。包括报告期内公司从事的主要业务及主要资产发生的重大变化，还应包括核心竞争力的重要变化及对公司所产生的影响。

（4）经营情况讨论与分析。包括对报告期产生重大影响和对未来有重要影响的事项进行讨论与分析，以及对未来发展的展望。

（5）重要事项。包括披露股利分配情况、重大诉讼和仲裁事项、破产重整相关事项、股权激励计划、收购及出售资产事项、企业合并事项、重大关联交易事项和重大合同等事项。

（6）股份变动及股东情况结构。包括披露公司的股东总数、股东性质、控股股东、实际控制人等股权结构方面的信息。

（7）优先股相关情况。披露截至报告期末近 3 年优先股的发行与上市情况以及报告期内优先股的利润分配情况。

（8）可转换公司债券相关情况。主要披露可转换公司债券的发行与上市等情况。

（9）董事、监事、高级管理人员和员工情况。主要披露董事、监事和高级管理人员的基本情况、主要工作经历、年度薪酬及变动情况，以及员工数量和专业构成等情况。

（10）公司治理。主要披露报告期内召开的年度股东大会和临时股东大会的情况、独立董事履行职责的情况、监事会在报告期内的监督活动情况。

（11）公司债券相关情况。主要包括债券发行情况、受托管理人信息及履职情况、募集资金使用情况、资信评级机构评级结果、增信机制、偿债计划及其他偿债保障措施等相关情况。

（12）财务报告。披露审计意见全文、经审计会计报表及其附注。

（13）备查文件目录。包括载有法定代表人、主管会计工作负责人（如设置总会计师，须为总会计师）、会计机构负责人（会计主管人员）签名并盖章的财务报表、载有会计师事务所盖章、注册会计师签名并盖章的审计报告原件、报告期内在中国证监会指定报纸上公开披露过的所有公司文件的正本及公告的原稿等资料。

2. 年度报告的作用

年度报告既可以提供财务信息，也可提供非财务信息。年度报告在财务分析中的作用，主要表现在以下 3 个方面：

（1）介绍公司行业情况及内部治理机制等背景资料。对公司进行财务分析，离不开对公司所处行业和内部治理结构的了解。这些非财务信息虽然不能直接反映公司的经营成果和财务状况，但是能提供对企业进行深入分析的必要信息。不同行业间的盈利能力水平和资产营运效率存在着差异，若不了解公司的行业背景就难以对企业的财务状况进行正确分析和评价；缺少对公司股权结构和公司治理结构的了解，则难以进行科学的财务分析。

（2）披露公司的经营状况和财务状况。作为年度报告的重要组成部分，财务报告提供了企业经营状况和财务状况的详细量化信息；在董事会报告中，董事会对报告期公司经营状况进行全面的分析，提供更为详细的信息；此外，年度报告还披露公司关联方交易的交易方式、交易原则、交易价格等信息。这些信息分别从不同方面和不同角度，披露公司的经营状况和财务状况。

（3）为提供公司未来的经营计划奠定基础。在年度报告中，公司管理层会分析所处行业的发展趋势及面临的市场竞争格局，向投资者提示管理层所关注的公司未来发展机遇和挑战，披露公司发展战略、拟开展的新业务、拟开发的新产品和拟投资的新项目等。同时公司管理层也会披露新年度的经营计划和目标，如销售额的提升、市场份额的扩大、成本升降，以及为达到上述经营目标拟采取的策略和行动等。这些信息对于预测公司未来的经营状况和财务状况都有重要作用。

（二）财务报告的分类与内容

1. 财务报告的含义

财务报告是企业对外披露的公开信息，是进行财务分析最重要的信息来源。财务报告是指企业对外提供的反映企业在某一特定日期的财务状况和某一会计期间的经营成果、现金流量等会计信息的文件。财务报告包括财务报表和其他应当在财务报告中披露的相关信息和资料。财务报表应包括资产负债表、利润表、现金流量表、所有者权益变动表等会计报表及附注，附注是财务报表的有机组成部分。

2. 财务报告的分类

财务报告按编制时期分为中期财务报告和年度财务报告。中期财务报告是以短于一个完整会计年度的报告期间为基础编制的财务报告，包括月报、季报和半年报等。年度财务报告是以整个会计年度为基础编制的财务报告。中期财务报告和年度财务报告的主要区别在于，一是中期财务报告内容比较简单，如资产负债表、利润表、现金流量表是中期财务报告应当编制的法定内容，而所有者权益变动表等企业可根据需要自行决定，中期财务报告中的附注相对于年度财务报告的附注而言也是适当简化的；二是年度财务报告需要通过注册会计师审计才能对外公开，中期财务报告则不一定要经过注册会计师审计，也就是说年度财务报告要有审计报告，而中期财务报告无须审计报告。

3. 财务报告的内容

年度财务报告是内容最完整、最全面的财务报告，包括审计报告、基本财务报表（会计报表）和报表附注三个组成部分。

（1）审计报告。审计报告在整个年度财务报告的第一页，相当于后续会计报表和报表附注的质量鉴定书，它具有法定证明效力，对增加会计信息的可靠性起着至关重要的作用。在资本市场上，由于公司的所有权和经营权相互分离，股东委托董事会，董事会委托公司管理层，层层委托，形成了所谓的"委托—代理"关系。公司管理层负责公司的经营活动，需要向董事会和股东提交财务报告以汇报经营管理责任的履行情况。但是自己汇报自己的活动履行情况，很容易形成财务舞弊，因此需要聘请独立的第三方——会计师事务所的注册会计师对财务报表的公允性进行审计，并出具审计报告。

年度财务报告中的审计报告是指注册会计师根据独立审计准则，在对被审计上市公司制定审计计划的基础上，实施必要的审计程序，就被审计事项做出审计结论，提出审计意见和审计建议的书面文件。审计报告中的审计意见有五种类型：标准无保留意见、带强调事项段的无保留意见、保留意见、无法表示意见、否定意见。

（2）基本财务报表。基本财务报表是会计信息的载体，是对企业财务状况、经营成果和现金流量的结构性表述，是对企业各种经济活动财务后果的综合性反映。

基本财务报表从编制范围来说包括母公司财务报表和合并财务报表。母公司财务报表仅提供作为法律主体的母公司自身的会计信息；合并财务报表是以母公司和其全部子公司组成的企业集团为会计主体，根据母公司和所属子公司的财务报表，由母公司编制的综合反映企业集团财务状况、经营成果及现金流量的财务报表。一般而言，我们是对上市公司的整体情况进行分析和判断，因此以合并财务报表为分析对象。

基本财务报表从内容来说包括资产负债表、利润表、现金流量表和所有者权益变动表。

①资产负债表。资产负债表是反映企业在某一时点财务状况的会计报表。它是根据"资产 = 负债 + 所有者权益"的会计等式，依照一定的分类标准和一定的次序，对企业某一特定日期的资产、负债、所有者权益的具体项目加以适当的排列编制而成的静态报表。会计准则规定，资产负债表是按照流动性强弱来排列项目，流动性越强的项目，排序越靠前。

资产是企业拥有或者控制的能以货币计量的经济资源。资产按其流动状况分为流动资产和非流动资产。流动资产一般是指预计在一年内或者超过一年的一个营业周期内变现、出售或耗用的资产，一般包括货币资金、交易性金融资产、衍生金融资产、应收票据、应收账款、预付款项、应收利息、应收股利、其他应收款、存货、合同资产、一年内到期的非流动资产等；非流动资产是指不能在一年内或者超过一年的一个营业周期内变现、出售或者耗用的资产，一般包括债权投资、其他债权投资、可供出售金融资产、持有至到期投资、其他非流动金融资产、长期应收款、长期股权投资、投资性房地产、固定资产、在建工程、工程物资、固定资产清理、生产性生物资产、使用权资产、油气资产、无形资产、开发支出、商誉、长期待摊费用、递延所得税资产等。

负债是指企业过去的交易或者事项形成的，预期会导致经济利益流出企业的现时义务。负债按其流动性分为流动负债和非流动负债。流动负债包括短期借款、交易性金融负债、衍生金融负债、应付票据、应付账款、预收款项、合同负债、应付职工薪酬、应交税费、应付利息、应付股利、其他应付款、一年内到期的非流动负债。非流动负债包括长期借款、应付债券、长期应付款、租赁负债、专项应付款、预计负债、递延所得税负债等。

所有者权益是公司资产扣除负债后的剩余权益，归股东所有，一般包括实收资本、其他权益工具、资本公积、盈余公积、未分配利润以及作为减项的库存股等项目。

资产负债表的格式一般为左右格式，左边列是资产，右边列是负债和股东权益；有些则为上下格式，上部分为资产，下部分为负债和所有者权益。

本书以 GL 公司作为案例分析对象，该公司是一家家电行业的上市公司，本书根据其公开披露的年报信息，整理其合并财务报表，其中 2020 年的合并资产负债表如表 1-1 所示。

表 1-1　2020 年 GL 公司合并资产负债表　　　　　单位：万元

项　　目	期末余额	期初余额
流动资产：		
货币资金	13 641 314.39	12 540 071.53
交易性金融资产	37 082.05	95 520.86
衍生金融资产	28 549.42	9 239.26
应收账款	873 823.09	843 971.97
应收款项融资	2 097 340.46	2 822 624.90
预付款项	312 920.20	239 561.06
其他应收款	14 733.85	1 5913.44
存货	2787 950.52	2 408 485.41
合同资产	7 854.55	7 361.48
一年内到期的非流动资产	0.00	44 539.77
其他流动资产	1 561 730.19	2 309 114.42
流动资产合计	21 363 298.72	21 336 404.10
非流动资产：		
发放贷款和垫款	527 380.56	1 442 378.64
其他债权投资	50 220.23	29 683.63
长期股权投资	811 984.11	706 418.62
其他权益工具投资	778 840.59	464 460.17
其他非流动金融资产	200 348.33	200 348.33
投资性房地产	46 342.09	49 864.87
固定资产	1 899 052.51	1 912 193.08
在建工程	401 608.27	243 105.14
无形资产	587 828.88	530 554.11
商誉	20 190.27	32 591.94

项　目	期末余额	期初余额
长期待摊费用	856.79	271.81
递延所得税资产	1 155 029.22	1 254 108.51
其他非流动资产	78 811.80	94 832.80
非流动资产合计	6 558 493.65	6 960 811.65
资产总计	27 921 792.36	28 297 215.74
流动负债：		
短期借款	2 030 438.47	159 4417.65
吸收存款及同业存放	26 100.67	35 251.23
拆入资金	30 002.03	100 044.67
应付票据	2 142 707.20	2528 520.78
应付账款	3 160 465.92	4 165 681.58
预收款项	0.00	0.00
合同负债	1 167 818.04	731 180.44
卖出回购金融资产款	47 503.38	207 450.00
应付职工薪酬	336 535.55	343 096.90
应交税费	230 135.56	370 377.97
其他应付款	237 939.57	271 269.30
其他流动负债	6 438 225.43	6 609 539.51
流动负债合计	15 847 871.81	16 956 830.02
非流动负债：		
长期借款	186 071.38	4 688.59
长期应付职工薪酬	14 985.98	14 102.12
递延收益	43 703.37	24 050.43
递延所得税负债	141 111.11	92 778.93
非流动负债合计	385 871.84	135 620.07
负债合计	16 233 743.65	17 092 450.09
股东权益：		
实收资本（或股本）	601 573.09	601 573.09
资本公积	12 185.03	9 337.95
减：库存股	518 227.39	0.00
其他综合收益	739 606.02	626 029.20
盈余公积	349 967.16	349 967.16
一般风险准备	49 757.58	48 985.58
未分配利润	10 284 159.64	9 379 464.35
归属于母公司所有者权益合计	11 519 021.12	11 015 357.33
少数股东权益	169 027.59	189 408.32
所有者权益	11 688 048.71	11 204 765.65
负债和股东权益合计	27 921 792.36	28 297 215.74

②利润表。利润表是反映企业一定会计期间内经营成果的会计报表。企业一定会计期间的经营状况既可能表现为盈利，也可能表现为亏损，因此利润表也称损益表。与资产负债表不同，利润表是一种动态报表，主要揭示了企业在某一特定时期的收入实现情况、费用耗费情况以及企业实现的利润或发生亏损情况。利润表的列报可以反映企业经营业绩的主要来源和构成，帮助报表使用者判断利润的连续性和稳定性、利润的质量和风险，一般来说，越是靠前的项目，其连续性和稳定性应越好。

利润表是根据"利润 = 收入 – 费用"这一基本关系分 4 步编制的，不同步骤下的数据反映利润的不同来源。具体的步骤如下：

第 1 步，以营业收入为基础，减去营业成本、税金及附加、销售费用、管理费用、研发费用、财务费用、资产减值损失，加上其他收益、资产处置收益、公允价值变动收益和投资收益，计算出营业利润；

第 2 步，以营业利润为基础，加上营业外收入，减去营业外支出，计算出利润总额；

第 3 步，以利润总额为基础，减去所得税费用，计算出净利润；

第 4 步，净利润加上其他综合收益税后净额，计算出综合收益总额。

本书选取的 GL 公司 2020 年的合并利润表如表 1-2 所示。

表 1-2　2020 年 GL 公司合并利润表　　　　单位：万元

项　　目	2020 年	2019 年
一、营业总收入	17 049 741.57	20 050 833.36
其中：营业收入	16 819 920.44	19 815 302.75
二、营业总成本	14 626 068.19	17 072 357.38
其中：营业成本	12 422 903.37	1 4349 937.26
利息支出	30 444.81	11 058.00
手续费及佣金支出	51.63	60.34
税金及附加	96 460.07	154 298.37
销售费用	1 304 324.18	1 830 981.22
管理费用	36 0378.28	379 564.56
研发费用	605 256.31	589 121.97
财务费用	−193 750.47	−242 664.34
其中：利息费用	108 836.94	159 827.63
加：其他收益	116 412.01	93 614.86
投资收益	71 301.01	−22 663.48
其中：对联营企业和合营企业的投资收益	3 531.43	−2 098.32
公允价值变动收益	20 015.35	22 826.41
信用减值损失（损失以"–"号填列）	19 282.47	−27 944.86
资产减值损失（损失以"–"号填列）	−46 627.03	−84 289.33
资产处置收益（损失以"–"号填列）	294.60	491.12
三、营业利润	2 604 351.78	2 960 510.71
加：营业外收入	28 716.07	34 570.67
减：营业外支出	2 174.11	59 810.66

项　目	2020 年	2019 年
四、利润总额	2 630 893.74	2 935 270.72
减：所得税	402 969.52	452 546.36
五、净利润	2 227 924.22	2 482 724.36
归属于母公司股东的净利润	2 217 510.81	2 469 664.13
少数股东损益	10 413.41	13 060.23
六、其他综合收益的税后净额	113 598.17	688 014.31
归属母公司股东其他综合收益的税后净额	113 576.82	688 053.85
归属于少数股东其他综合收益的税后净额	21.35	−39.54
七、综合收益总额	2 341 522.39	3 170 738.67
归属于母公司所有者的综合收益总额	2 331 087.64	3 157 717.99
归属于少数股东的综合收益总额	10 434.75	13 020.68
八、每股收益：		
基本每股收益（元/股）	3.71	4.11
稀释每股收益（元/股）	3.71	4.11

③现金流量表。现金流量表是反映企业一定会计期间内由经营活动、投资活动和筹资活动所产生的现金流入与现金流出的会计报表。现金流量表可以概括反映企业现金变动的原因和构成，帮助报表使用者分析和判断现金流入和现金流出的连续性和稳定性、现金来源的质量和风险以及了解和评价企业获取现金的能力。现金流量表以现金和现金等价物为基础来编制。现金是指企业的库存现金以及可以随时用于支付的银行存款，它是资产负债表的"货币资金"项目中真正可以随时支取的部分，由于被指定了特殊用途而不能随意支取的部分不应包括在内，如其他货币资金中的银行承兑汇票开票保证金、借款质押保证金、金融机构存放中央银行款项中的法定存款准备金，以及由于受当地外汇管制或其他立法的限制而无法正常使用的外币等；现金等价物是指公司持有的期限短、变现能力强、易于转换为已知金额的现金和价值变动风险很小的投资，比如银行理财产品、短期国债投资等，因此现金等价物跟现金的本质是一样的。权益性投资变现的金额通常不确定，因而不属于现金等价物。

现金流量表的原理是按照引起现金流量变化的活动来进行分类列示，因此，现金流量表在结构上将企业一定期间产生的现金流量分为三类：经营活动现金流量、投资活动现金流量和筹资活动现金流量。第一，经营活动是指企业投资活动和筹资活动以外的所有交易和事项。各类企业由于行业特点不同，因此对经营活动的认定存在一定差异。一般工商企业的经营活动主要包括购买商品、接受劳务、销售商品、提供劳务、支付税费等；银行的经营活动主要包括吸收客户存款、发放贷款。第二，投资活动是指企业长期资产的购建活动、企业的并购活动以及现金等价物外的金融资产的投资活动及上述资产的处置活动。长期资产包括固定资产、无形资产、在建工程、研发支出以及其他持有期限在一年以上的资产。第三，筹资活动是指企业筹集资金及偿还资金或给予资金回报的活动，包括股东投资入股、给股东现金分红、向银行或其他债权人借入款项、偿还债务本金、支付利息等。

本书选取的 GL 公司 2020 年的合并现金流量表如表 1-3 所示。

表 1-3 2020 年 GL 公司合并现金流量表 单位：万元

项　目	2020 年	2019 年
一、经营活动产生的现金流量：		
销售商品、提供劳务收到的现金	15 589 038.43	16 638 769.80
客户存款和同业存放款项净增加额	−9 250.68	3 189.82
向其他金融机构拆入资金净增加额	−70 000.00	100 000.00
收取利息、手续费及佣金的现金	113 726.56	105 138.98
回购业务资金净增加额	47 500.00	207 450.00
收到的税费返还	248 429.31	185 437.35
收到其他与经营活动有关现金	469 832.80	279 606.38
经营活动现金流入小计	16 389 276.43	17 519 592.33
购买商品、接受劳务支付的现金	12 179 312.13	9 421 477.14
客户贷款及垫款净增加额	−909 137.74	752 947.38
存放中央银行和同业款项净增加额	−97 619.25	−3 134.17
支付利息手续费及佣金的现金	31 275.34	10 332.74
支付给职工以及为职工支付的现金	890 127.71	883 121.37
支付的各项税费	818 405.29	1 512 831.18
支付其他与经营活动有关现金	1 553 049.21	2 152 645.28
经营活动现金流出小计	14 465 412.70	14 730 220.92
经营活动产生的现金流量净额	1 923 863.73	2 789 371.41
二、投资活动产生的现金流量：		
收回投资收到的现金	952 063.98	313 097.40
取得投资收益收到的现金	30 541.17	42 692.00
处置固定资产、无形资产和其他长期资产收回的现金净额	663.18	961.45
收到其他与投资活动有关现金	432 264.94	487 802.53
投资活动现金流入小计	1 415 533.28	844 553.39
购建固定资产、无形资产和其他长期资产支付的现金	452 864.68	471 318.80
投资支付的现金	356 105.60	719 275.60
取得子公司及其他营业单位支付的现金净额	42 587.54	77 418.38
支付其他与投资活动有关现金	554 202.45	704 045.47
投资活动现金流出小计	1 405 760.26	1972 058.25
投资活动产生的现金流量净额	9 773.02	−1 127 504.86
三、筹资活动产生的现金流量：		
吸收投资收到的现金	1 467.00	32 685.00
其中：子公司吸收少数股东投资收到的现金	1 467.00	32 685.00
取得借款收到的现金	3 759 979.15	2 126 825.79
筹资活动现金流入小计	3 761 446.15	2 159 510.79

项　目	2020 年	2019 年
偿还债务支付的现金	2 947 543.11	2 765 770.37
分配股利、利润或偿付利息支付的现金	1 423 601.44	1 315 938.04
其中：子公司支付给少数股东的股利、利润	41 160.71	
支付其他与筹资活动有关现金	1 501 451.35	
筹资活动现金流出小计	5 872 595.90	4 081 708.40
筹资活动产生的现金流量净额	−2 111 149.75	−1 922 197.61
四、汇率变动对现金及现金等价物的影响	−37 239.21	20 376.16
五、现金及现金等价物净增加额	−214 752.22	−239 954.90
加：期初现金及现金等价物余额	2 637 257.18	2 877 212.08
六、期末现金及现金等价物余额	2 422 504.96	2 637 257.18

④所有者（股东）权益变动表。所有者（股东）权益变动表是反映构成所有者权益的各个组成部分在某一会计期间内增减变动情况的会计报表。所有者权益变动表既可以为报表使用者提供所有者权益总量增减变动的信息，也能为其提供所有者权益增减变动的结构性信息，特别是能够让报表使用者理解所有者权益增减变动的根源。

所有者权益变动表以矩阵的形式列示：一方面，列示导致所有者权益变动的交易或事项，即所有者权益变动的来源，对一定时期所有者权益的变动情况进行全面反映；另一方面，按照所有者权益各组成部分（即实收资本、资本公积、盈余公积、未分配利润和库存股）列示交易或事项对所有者权益各部分的影响。

本书选取的 GL 公司 2020 年的归属于母公司所有者权益变动表如表 1-4 所示。

表 1-4　2020 年 GL 公司合并所有者权益变动表　　单位：万元

项　目	归属于母公司所有者权益							少数股东权益	所有者权益合计
	股本	资本公积	减：库存股	其他综合收益	盈余公积	一般风险准备	未分配利润		
一、上年期末余额	601 573.09	9 337.95		626 029.20	349 967.16	48 985.58	9 379 464.35	189 408.32	11 204 765.65
加：会计政策变更									
前期差错更正									
同一控制下企业合并									
二、本年期初余额	601 573.09	9 337.95		626 029.20	349 967.16	48 985.58	9 379 464.35	189 408.32	11 204 765.65
三、本年规模变动原因									
（一）综合收益总额				113 576.82			2 217 510.81	10 434.75	2 341 522.39

续表

| 项目 | 股本 | 归属于母公司所有者权益 | | | | | | 少数股东权益 | 所有者权益合计 |
		资本公积	减：库存股	其他综合收益	盈余公积	一般风险准备	未分配利润		
（二）股东投入和减少资本		296.64	518 227.39					12 895.65	−505 035.09
1. 股东投入的普通股								1 467.00	1 467.00
2. 股份支付计入股东权益的金额									
3. 其他		296.64	518 227.39					11 428.65	−506 502.09
（三）利润分配						771.99	−1 314 814.32	−41 160.71	−1 355 203.03
1. 提取盈余公积									
2. 提取一般风险准备						771.99	−771.99		
3. 对股东的分配							−1 314 042.33	−41 160.71	−1 355 203.03
4. 其他									
（四）股东权益内部结转		2 550.44					1 998.79	−2 550.44	1 998.79
1. 其他综合收益结转留存收益							1 998.79		1 998.79
2. 其他		2 550.44						−2 550.44	
四、本期期末余额	601 573.09	12 185.03	518 227.39	739 606.02	349 967.16	49 757.58	10284159.64	169 027.59	11 688 048.71

　　总之，资产负债表是时点报表，可以比喻为企业的"一张照片"，而利润表、现金流量表和所有者权益变动表都是反映企业在一段期间内的财务情况变动的报表，可以比喻为"一段录像"，这四张报表的项目之间存在着一定的逻辑和勾稽关系，期初的资产负债表到期末的资产负债表发生的财务状况的变动，可以用利润表、现金流量表和所有者权益变动表来解释。这些报表之间的数据关系，可以用图 1-2 来表示。

　　从图 1-2 中可以看出，期初资产负债表中的现金加上现金流量表中的现金净变化等于期末资产负债表中的现金；利润表中的净利润会增加股东权益，如果公司与股东之间没有发生其他的经济事项（现金分红、增资扩股等），那么所有者权益变动表中的净变化与净利润一致；期初资产负债表中的股东权益加上所有者权益变动表中的净变化等于期末资产负债表中的股东权益。

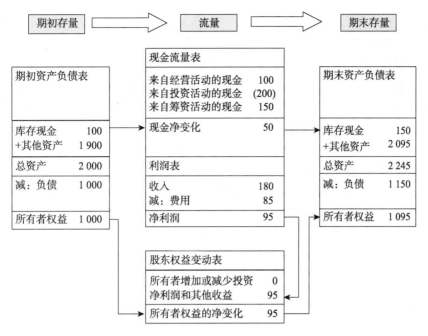

图 1-2 财务报表之间的数据关系（单位：万元）

4. 报表附注

报表附注是财务报表不可或缺的部分，是对在资产负债表、利润表、现金流量表和所有者权益变动表等报表中列示项目的文字描述或明细资料，以及未能在这些报表中列示项目的说明。基本财务报表中的数字是经过分类与汇总后的结果，是对企业发生的经济业务的高度简化和浓缩。如果没有形成这些数字所使用的会计政策和会计估计，以及理解这些数字所必需的披露，基本财务报表就不可能充分发挥效用。因此，报表附注与资产负债表、利润表、现金流量表、所有者权益变动表等报表具有同等的重要性，是财务报表的重要组成部分。报表使用者要了解企业的财务状况、经营成果和现金流量，应当全面阅读报表附注。为了方便报表使用者阅读，四张报表中都有附注栏，附注栏中的数字即该报表项目的附注索引。

报表附注有两个重要的作用：一是说明报表项目的具体内容构成和公司在计算这些项目时所采用的会计政策和会计估计；二是补充披露报表没有包含的信息，也可以称为"表外信息"。

报表附注一般应当包括下列内容。

（1）企业的基本情况。企业的基本情况包括企业注册地、组织形式和总部地址；企业的业务性质和主要经营活动；母公司以及集团最终母公司的名称等。

（2）财务报表的编制基础。

（3）遵循企业会计准则的声明。

（4）重要会计政策的说明，包括财务报表项目的计量基础和会计政策的确定依据等。

（5）重要会计估计的说明，包括可能导致下一个会计期间内资产、负债账面价值重大调整的会计估计的确定依据等。

（6）会计政策和会计估计变更以及差错更正的说明。

（7）重要报表项目的说明，对在资产负债表、利润表、现金流量表和所有者权益变动表中列示的重要项目的进一步说明，包括终止经营税后利润的金额及其构成情况等。

（8）重要事项的说明，主要包括或有和承诺事项、资产负债表日后非调整事项、关联方关系及其交易等需要说明的事项。

（9）在资产负债表日后、财务报告批准报出日前提议或宣布发放的股利总额和每股股利金额（或向投资者分配的利润总额）。

总之，报表附注要求披露的信息非常广泛，在上市公司的年度报告中进行披露，所占篇幅通常很大，所披露内容由于涉及上市公司的具体业务和经营情况，因此往往带有很强的上市公司个性化色彩，是分析者了解上市公司报表各项目当期变动原因、解读各项目背后的管理活动、判断上市公司财务状况质量和管理质量的重要资料。

 思考题

1. 简述财务分析的基本内涵。
2. 不同的分析主体财务分析的目的有什么不同？
3. 财务分析应包括哪些基本内容？
4. 财务分析对财务分析信息的质量要求有哪些？
5. 运用行业标准有哪些限制条件？
6. 四张基本财务报表之间有什么关系？

案例分析   自学自测   扫描此码

第二章

财务分析程序与方法

学习目标

1. 了解财务分析的一般程序。
2. 理解战略分析的内容。
3. 理解会计分析的内容。
4. 理解财务分析报告的内容和写作要求。
5. 掌握财务分析的基本方法。

"双减"政策后新东方发出首份财务报告

新东方由 1993 年成立的北京新东方学校发展壮大而来。2001 年，新东方教育科技集团挂牌成立，新东方步入国际化、多元化的教育集团发展阶段。2006 年 9 月 7 日，新东方在美国纽约证券交易所成功上市，成为中国大陆第一家在美国上市的教育机构。2016 年 6 月，新东方宣布 2016 财年（2015.6.1—2016.5.31）集团收入突破 100 亿元人民币，成为中国第一家收入过百亿人民币的教育培训机构。2017 年 4 月，新东方市值突破 100 亿美元，成为中国第一家市值过百亿美元的教育品牌。2019 年 3 月，新东方在线在香港证券交易所成功上市，成为港股在线教育第一股。新东方正式开启了双资本平台战略。

双减政策出台之前，根据中国教育学会发布的报告显示，在北京、上海、广州等一线城市，参加课外辅导的中小学生，占到在校生总数的 70% 左右。另有一个对部分上海中小学家长的问卷调查显示，有 84% 的孩子参加课外辅导班。课外辅导市场的兴旺，不仅让部分补课老师收入大增，更催生了一批大型学科类培训机构壮大，新东方就是其中的一艘培训航母。

当时，投资在线教育的基本逻辑是，中国约有 1.8 亿名中小学生，而在线教育的渗透率不过 10% 左右。即使在 2020 年各家企业疯狂获客的情况下，吸引的中小学生也不到 5 000万。不少行业人士认为，这意味着在线教育还有 3 倍至 4 倍的增长空间。

然而，2021 年 7 月 24 日，中办、国办印发了《关于进一步减轻义务教育阶段学生作业负担和校外培训负担的意见》，"双减"政策正式向社会公开。随着 2021 年"双减"意见等一系列新规的出台和配套措施落实，校外培训机构上市公司的行情也随之掉头向下，新东方等校外培训机构上市公司股票价格相对前期高点都已跌去近九成。

双减政策正式落地后，新东方发出的首份半年财报，财务数据显示，新东方半年营业收入为 19.67 亿美元，上年同期营业收入为 18.74 亿美元，营业收入增长了 0.93 元，增幅为 4.9%。虽然营业收入增长了，但是新东方在利润上却产生了巨额亏损，6 个月内经营共亏损了 7.36 亿美元，上年同期经营利润为 1.18 亿美元，净亏损高达 9.07 亿美元（折合人民币 57.32 亿元），上年同期净利润为 1.79 亿美元，跌幅竟达 606%，而其亏的原因，据披露可能与裁员、教学点退租产生的费用，以及 k-9 教学的关停有关。这是 2006 年上市以来，新东方首份业绩亏损财报。

由此可见，会计报表反映了企业当期的财务状况和经营成果，在其背后还隐藏着深层次的经营环境、行业特点和企业经营战略，作为投资者（或其他财务报表分析者），要全面评价企业当前各项财务状况质量和财务效率、预测企业未来的发展前景，就不能将目光仅仅局限在会计报表上，还必须结合宏观经济环境和未来走势、行业特点和发展前景、企业战略规划和经营策略等信息进行全面分析。在财务分析中要正确综合运用这些宏观信息、行业信息和企业信息，就必须了解并掌握财务分析的程序和方法。

资料来源：https://www.ddnx.com/nvren/745916.html

第一节　财务分析的一般程序

财务分析的程序是指进行财务分析所应遵循的一般流程，它是进行财务分析的基础与关键。由于财务分析目的多样性、内容的广泛性，因而财务分析是一个复杂的过程。理论上不存在唯一的通用财务分析流程，但多种多样的财务分析流程，它们存在共同点，可将其归纳为以下三个阶段 8 个步骤。

一、财务分析前期准备阶段

财务分析前期准备阶段主要由以下 3 个步骤组成。

1. 明确财务分析目的，确定分析范围

前已述及，不同的分析主体，财务分析目的是不同的。分析目的是分析工作的灵魂，这就要求分析者首先确立分析目的的并且要把分析目的明确化。只有明确了财务分析的目的，才能正确地搜集整理资料，选择正确的分析方法。财务分析的内容十分广泛，但不是每次财务分析都要面面俱到，应当根据分析目的确定与之相应的分析范围和重点内容，这样才能做到有的放矢，提高财务分析的效率，节约收集分析信息、选择分析方法等环节的成本。

2. 制订财务分析计划

财务分析工作量大、内容繁多，一份详细分析计划是财务分析工作顺利进行的保证。财务分析计划应包括财务分析人员的组成和分工、时间进度安排、财务分析内容及拟采用的分析方法和分析步骤等内容。财务分析计划的形式可以是一个正式书面文件，也可以是一个草案或是口头的。

3. 搜集整理财务分析信息

财务分析信息是财务分析的基础，信息搜集整理的及时性、完整性、准确性，对分析的正确性有直接的影响。财务分析信息的搜集整理应根据分析的目的和计划进行，切忌信

息不全或者信息泛滥。财务分析信息的主要依据是企业的财务数据，而财务报表是财务数据的主要载体，因而财务报表是需要收集的最主要资料，包括企业的资产负债表、利润表、现金流量表、所有者权益变动表及报表附注等。除此之外，还要搜集企业内部供产销各方面的有关资料及企业外部的宏观经济形势信息、行业情况信息、其他同类企业的经营状况等与分析目的相关的信息。信息收集可以通过查找资料、专题调研、座谈会或有关会议等多种渠道来完成。

收集信息工作完成后，还需要对所收集的信息进行整理和核实。根据分析的目的和分析人员分工，将信息进行分类并做好登记工作，派专人负责对所搜集的信息资料进行认真的核对，保证信息的真实可靠。

二、财务分析实施阶段

完成前期准备工作后就正式进入财务分析的实施阶段，财务分析实施好坏直接关系到财务分析工作的成败。这一阶段主要由以下 4 个步骤组成：

1. 企业战略分析

企业创造价值的过程起源于企业战略。企业战略对企业财务报表数字具有决定性的作用。所谓企业战略分析就是通过对企业所在行业或企业拟进入行业的分析，明确企业自身地位和应采取的竞争战略，了解与掌握企业的发展潜力。企业战略分析是会计分析和财务能力分析的导向，通过企业战略分析，分析人员能深入了解企业所处的经营环境和对自身经营战略的选择与表述，从而能进行客观、正确的会计分析和财务能力分析。

2. 会计分析

会计分析的目的在于评价企业会计所反映的财务状况与经营成果的真实程度，为财务分析提供客观和有效的数据资料。会计分析要发挥的作用，一是通过对会计政策、会计方法、会计披露的评价，揭示会计信息的质量；二是对发现由于会计政策、会计估计变更而引起的会计信息差异，应通过一定的方式加以说明或调整，使会计信息能更好地反映企业真实的经济活动情况，为财务能力分析奠定基础，并保证财务分析结论的可靠性。

3. 财务状况质量分析和财务能力分析

财务状况质量分析和财务能力分析是整个分析工作的主要环节，是在战略分析和会计分析的基础上进行的。财务状况质量分析包括资产质量、资本结构质量、利润质量及现金流量质量等方面分析。财务能力分析主要是根据会计报表数据，通过财务比率指标的计算与分析，来揭示企业的偿债能力、盈利能力、营运能力、发展能力等。

4. 前景判断

前景判断是在财务综合分析结论的基础上，对企业未来的风险和价值所做的判断。前景判断主要内容是财务综合分析、财务预测分析和企业估价。财务综合分析是在应用各种财务分析方法进行分析的基础上，将定量分析结果、定性分析判断及实际调查情况结合起来，以得出财务分析结论的过程。财务分析结论的正确与否是判断财务分析质量的唯一标准。一个正确分析结论的得出往往需要经过几次反复，找出各个方面各种属性之间的有机联系，避免"盲人摸象"，形成对事物的整体结论。财务分析不仅要事后分析原因，得出分析结论，还有一个重要的任务就是应用历史或现实财务分析结果预测未来财务状况和判断企业的价值。

三、编写财务分析报告阶段

编写财务分析报告是财务分析的最后步骤和内容。财务分析报告是将分析过程中发现的基本问题、得出的分析结论，以及针对问题提出的措施、建议进行概括与总结并形成书面文字，为财务分析主体及财务分析报告的其他受益者提供决策依据。财务分析报告不仅是对财务分析工作的总结，而且还可作为历史信息，供以后的财务分析参考，保证财务分析的连续性。

第二节　战略分析与会计分析

一、战略分析

在明确财务分析目的、搜集整理财务分析信息的基础上，企业战略分析成为财务分析实施阶段的基础和起点，对后续的会计分析和财务分析起着导向作用。企业战略分析旨在通过对企业所在行业或企业拟进入行业的分析，明确企业自身地位及应采取的竞争策略，以权衡收益与风险，了解与掌握企业的发展潜力，特别是在企业价值创造或盈利方面的潜力。因此，战略分析一般包括行业分析和企业竞争策略分析。

（一）行业分析

通过对企业所在行业的分析，明确企业所处行业的竞争程度和地位，有利于分析者进行正确的决策。行业分析的目的在于分析评价企业所处行业的盈利能力与盈利潜力。迈克尔·波特在《竞争战略》一书中详细阐述了决定行业盈利水平的经济因素。波特把这些因素分为五种基本竞争力量，即潜在进入者、替代品、购买者、供应者与现有竞争者间的抗衡。在一个行业中，这五种力量共同决定了行业竞争的强度以及行业利润率。图 2-1 所示为波特的五力模型，列示影响行业盈利能力的五大因素。

1. 同行业内现有竞争者的竞争能力分析

在同一行业的企业或多或少都存在着相互制约的关系，一个企业的行为往往会影响行业中其他企业的经营活动。为了赢得市场份额和顾客的认可，它们通常会进行激烈的竞争。行业内现有企业间的竞争通常是五种竞争力量中最强大的。对大多数行业来说，总体竞争程度和盈利水平主要取决于同行业企业之间的竞争。同行业企业之间的竞争主要表现为价格竞争、广告、产品创新和售后服务等方面。行业现有企业间的竞争程度分析主要应从影响企业间竞争的因素入手，主要包括以下几个方面内容。

（1）行业成长性分析。在一个迅速扩张的市场上，企业可能不得不动用所有的财务资源和竞争资源去满足不断增长的客户需求，而很少考虑花费多大代价去抢夺竞争对手的客户。但是，当市场需求增长缓慢或市场需求突然下降时，行业内竞争通常会变得异常激烈。

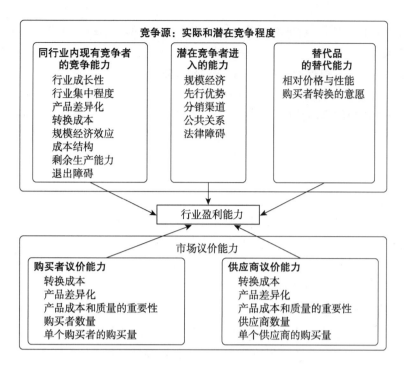

図 2-1 波特五力模型

急需扩张的企业常常会降低价格，或采取其他扩大销售的市场策略争夺市场份额。

（2）行业集中程度分析。行业的集中度是指在某个市场中参与竞争的企业的数量、规模和分布。一般而言，如果行业市场份额主要集中在少数企业，即集中程度高，则竞争度较低。

（3）产品差异化分析。当一个行业中的产品和服务很难区分时，企业间的竞争实质上是基于价格的竞争，而且很难保证顾客的忠诚度。相互竞争的企业提供的产品和服务的相似性越大，竞争程度越高，那么顾客就越可能选择价格便宜的替代品，企业通过削减价格刺激销售的动机也就越大。

（4）规模经济效应分析。具有规模经济的行业，其固定成本与变动成本之比往往较高，此时企业为争夺市场份额进行的价格竞争就激烈。

（5）过剩的生产能力和退出障碍分析。如果一个行业内存在生产能力过剩，则各个企业就可能通过降低价格以全力生产、销售。过剩的生产能力能否离开市场与退出障碍有关。当企业很难退出一个行业或退出的代价相当高时，行业内可能因为存在过剩的生产能力而导致企业间激烈的竞争。

2. 潜在竞争者进入的能力分析

如果某行业能赚取超额利润，那么，这个行业对潜在进入者来说就是非常具有吸引力。除非新进入者的加入遭到外在因素的阻碍，否则利润率就会下降到一般的竞争性获利水平。行业的一个新进入者对于现存的企业而言是一种竞争威胁。进入者增加了新的生产能力，并且潜在地侵蚀了现有企业的市场份额。因而，新进入者进入行业的难易程度是影响行业获利能力的一个重要因素。新进入者进入行业的难易程度通常由以下4个方面的因素决定。

（1）规模经济性因素。规模经济性程度越高，新企业进入难度越大。因为要进入该行业，企业必须进行大规模投资。否则，如果投资规模小而达不到规模经济性，企业很难取得竞争优势，因此增加了新企业进入的困难。

（2）先进入优势因素。新进入企业与行业现有企业在竞争上总是处于相对不利的地位。因为先进入企业为防止新企业进入，在制定行业标准或规则方面总是偏向于现有企业；同时现有企业通常具有成本优势，这也增加了新进入的难度。

（3）销售网与关系网因素。新进入企业要生存与发展，必然要打入现有企业的销售网与关系网。因此，现有企业销售网与关系网的规模与程度将影响着新企业进入的难易程度。

（4）法律和制度障碍因素。许多行业存在的法律障碍制约了新公司的进入，比如研究密集型行业中的专利权和著作权。由于政府管制的因素，很多行业的进入存在诸多的法律和制度的障碍，如我国的能源行业、电力行业以及电信行业等。因此，法律和制度限制程度直接制约着新企业进入的难易程度。

3. 替代品的替代能力分析

目前，在很多行业中，企业不仅需要与同行业的产品竞争，而且需要同其他领域生产替代品的企业进行激烈的竞争。当行业存在替代品越多时，其竞争程度越加剧。尽管通常情况下，替代品并不能完全取代现有产品，但却引入了新技术或降低了生产成本，导致价格竞争更为激烈。因此，低成本替代品的存在较大程度地限制了行业的利润水平。替代品价格成为现有产品的潜在上限，当替代品的相对价格降低或顾客的转换成本较低时，顾客则可能放弃现有产品，因此现有产品受到的来自替代品的竞争压力将更大。但如果某种产品不存在近似的替代产品，就意味着消费者对价格是相对不敏感的，消费者的需求相对于产品价格是缺乏弹性的。

4. 供应商的议价能力分析

在很多行业中，供应商的讨价还价能力是影响竞争强度的重要因素，并且会进一步影响这一行业的潜在利润。影响企业与供应商议价能力的因素主要有以下几个方面。

（1）供应商的数量对议价能力的影响。当企业的供应商越少，可供选择的产品或服务也越少时，供应商方面的议价能力就越强；反之，则企业的议价能力越强。

（2）供应商的重要程度对议价能力的影响。供应商对企业的重要程度取决于其供应产品对企业产品的影响程度。如果供应商所提供的产品占其下游企业产品成本很大的比例，从而对企业的产品生产过程起着至关重要的作用，或者对该企业的产品质量有着明显的影响，而替代产品较少，则供应商的议价力增强；反之，企业具有更好的议价能力。

（3）单个供应商的供应量。单个供应商对企业的供应量越大，往往对企业的影响与制约程度越大，其议价能力也越强。

5. 购买方的议价能力分析

购买方（客户）在价格、质量、服务或者其他的销售条款上的谈判优势，都能使其成为一种强大的竞争力量，买方的议价能力就会增强。影响企业与购买方议价能力的因素有很多，如替代成本、产品差异、成本与质量的重要性、客户数量等，将这些因素归纳起来主要体现在以下两个方面。

（1）价格敏感程度的影响。价格敏感程度取决于产品差别程度及替代成本水平。产品差别越小，替代成本越低，价格敏感度越强，客户的议价能力越强。另外，客户对价格的敏感程度还取决于企业产品对客户的成本构成影响程度。如果企业产品在客户成本中占较大比重，客户将对其价格十分敏感；反之，则敏感程度下降。

（2）相对议价能力的影响。价格敏感程度虽然会对价格产生影响，但实际价格还取决于客户相对议价能力。影响其议价能力的因素有：企业与客户的供需平衡状况，单个客户的购买量，可供选择的替代产品数量，客户选择替代产品的成本水平，客户的逆向合并威胁等。

总之，一般而言，现有企业间的竞争程度越高，行业的平均盈利能力就越低；新进入企业的威胁越大，就会使行业中的竞争者越多，这样就提高了同行业的竞争程度，降低了行业的平均盈利能力；当行业存在许多替代产品或替代服务时，其竞争程度加剧，同样也会导致行业的平均盈利能力降低；如果购买方（客户）的议价能力强，则会制约产品价格提高的可能性，甚至导致产品价格降低，这样就会削弱行业的平均盈利能力；如果供应商的议价能力强，则有可能提升原材料的价格，从而增加企业产品的成本，同样也会削弱行业的平均盈利能力。

（二）企业竞争策略分析

一家企业的利润水平不仅受所处行业的影响，而且还受企业在行业中的竞争策略的影响，企业只有选择一个非常具有吸引力的行业，而且本身又具有明显竞争策略优势，才能获得更高的收益。企业竞争策略分析的关键在于企业如何根据行业分析的结果，正确选择企业的竞争策略，使企业保持持久竞争优势和高盈利能力。企业进行竞争的策略有很多，其中低成本竞争策略和产品差异策略是最重要的两种。

1. 低成本竞争策略分析

低成本竞争策略也称成本领先竞争策略，是指企业通过有效途径降低成本，使企业的成本低于提供相同产品或服务的竞争对手。企业实施低成本竞争策略的目的是要成为行业中低成本生产厂商，不断寻找、创造成本优势。企业可通过以下几种途径取得低成本的优势：①利用规模经济和范围经济，降低产品成本。②优化资源利用率，降低产品成本。③简化产品设计和减少研发支出、广告等费用。④提高与供应商的议价能力，降低采购成本。⑤提高组织效率，建立严格成本控制系统。

如果某行业市场上的顾客对价格很敏感，较少关心产品间的差异，讨价还价能力很强，那么对这些行业来说，产品和服务的竞争除了成本以外很少有其他的更可行、更有效的途径，成本优势也就成为竞争优势的最主要基础。当企业所处行业替代产品威胁较小、新企业进入威胁较大时，企业更愿意选择低成本竞争策略。一般而言，采用这种策略的企业往往投资于有效的生产规模，重视降低生产成本和各项费用，极少投资于高风险的研发。

2. 产品差异化策略分析

产品差异化策略是指通过创造一种顾客认为重要的有差别的或独特的产品或服务来获

得竞争优势。差异化的价值在于创造的产品、服务或是企业形象被行业和顾客都视为独一无二，并相信这种特质能带来价值。

企业实施产品差异化策略之前必须清楚地了解自己的顾客是谁，顾客认为产品或服务的哪些特质是重要的、有价值的，他们愿意为此支付的价格是多少。在仔细研究购买者的需求和偏好之后，企业必须使产品或服务包含特定的购买者想要的属性，要使自己提供的这些属性与竞争对手提供的属性有明显的区分点，或者开发出某种独特的能力来满足购买者的需求。成功的差异化战略既有利于企业以较高的价格出售产品，同时，又能赢得顾客的忠诚，因为顾客可能对产品的特色有很强的依赖感。一旦产品所获得的额外价格超过了实现差异化而花费的成本，差异化就可以提高企业的利润水平。

采用这种策略的企业必须对研究开发、工程技术和销售能力等方面进行较大投资，同时对企业的组织结构和控制系统也鼓励创造和革新。

值得注意的是以上两种策略并不是相互排斥的，实际上，成功的企业在选择某一竞争策略时，要兼顾另一种竞争策略，即追求产品差异，不能忽视成本；追求低成本竞争策略，不能完全忽视产品或服务差异。这样企业才能获得持续的竞争优势。

企业采取不同的竞争策略，其财务状况和财务成果就会呈现不同的态势，对财务状况和财务成果的评价标准也会不同。因此，企业竞争策略分析与会计分析、财务能力分析有很强的关联性。

二、会计分析

财务报表是财务分析的主要信息来源，其信息质量水平对分析结果的准确性有直接的影响。而报表中的数据受会计政策、会计估计等因素的影响。新会计准则留给会计人员更多职业判断空间，从而给了企业管理层更大的会计政策选择权。管理层除了本身职业判断能力高低会影响着会计信息的质量外，往往还存在着有意滥用会计政策的选择权来谋求利益的可能。因此，进行财务分析时，分析人员不能只关心报表数据的大小，还要关心这些数据是在何种会计政策下产生的，并对企业会计信息的质量状况作出判断。会计分析的目的就是评估财务报表披露的会计信息对企业经济活动反映的真实程度。会计分析的前提是企业存在盈余管理，会计分析的重点是分析和评判会计政策与会计估计的恰当性，评估会计信息的扭曲程度，去伪存真，调整财务报表数据，使会计信息能真实反映企业经济活动的实际，为财务分析提供客观和有效的数据资料，提升财务分析结论的可靠性。分析和评判会计政策与会计估计可通过以下步骤来进行：

1. 辨认关键的会计政策

企业的行业特点和自身的竞争策略选择决定了其关键的成功因素及主要风险，而企业会计政策和会计估计的选择体现了企业如何处理这些关键成功因素和风险。因此，进行会计分析时，分析人员首先应辨别企业用于反映这些成功因素和风险因素的关键会计政策和会计估计，通过分析这些会计政策和会计估计及由此产生的会计信息，来评估这些会计政策和会计估计是否与企业的行业特征及竞争策略选择相符合。例如，对于房地产企业，投资性房地产项目的后续计量模式就是企业的关键会计政策；对于银行等金融企业，利息和信贷风险是关键，那么利息收入确认、贷款准备金的计提等会计政策就是企业关键会计政策。对于实施差异化、以产品质量和创新为主要竞争优势的企业而言，与研究开发和售后服务相关的会计政策就显得十分重要，而对于实施成本领先策略的企业，存货管理是关键，与存货相关的会计政策就非常重要。

2. 评估企业会计政策的弹性

会计政策的选择是所有企业都要面临的，但由于企业不同，其关键会计政策和会计估计是不同的，因而其会计政策的弹性也是有很大的差异。有些企业的关键会计政策和会计估计选择受到会计准则的严格限制，因而受管理层的选择权影响就比较小，会计政策的弹性就小；而有些企业管理层在选择关键会计政策和会计估计方面具有较大灵活性，会计政策的弹性就大。例如，研究开发支出会计处理是高新技术类企业关键会计政策，但是研究开发支出受到会计准则的严格限制，企业管理层对研发支出的会计处理选择的余地非常小；而银行的管理层对信贷资产的质量和贷款损失准备的计提等关键会计政策拥有较大的选择权，具有较大的弹性。另外，对于有些会计政策和会计估计，如资产折旧方法、折旧的年限、存货计价、坏账的计提比例等，大部分企业的管理层都有较大的选择权，这些会计政策和会计估计的弹性比较大。会计政策弹性越大，企业管理层利用会计准则赋予的选择权来掩盖企业真实业绩的可能性越大。因此，会计政策的弹性越大，财务分析者就越需要谨慎。

3. 评价会计策略的合理性

会计策略是指企业管理层具有在不同会计政策、会计估计之间进行选择的权力。不同的会计策略能够产生不同的经营成果和财务成果。会计弹性在不同企业间广泛存在，管理层往往借助于会计政策选择来实现期望的经济结果，隐瞒企业的真实业绩。因此，会计分析应对管理层选择的会计策略适当性进行评价，明确管理层选择会计政策的意图。通常，财务分析人员可从以下 4 个方面来分析判断管理层选择会计政策是否合理：①分析企业选择的关键会计政策、会计估计是否与行业惯例一致，如果不一致，原因是什么，分析人员需要判断不一致原因的合理性。②分析企业管理层是否存在利用会计弹性进行盈余管理的动机，例如管理层是否持有企业大量股份，企业是否要在资本市场上进行融资，管理层是否因经营业绩而影响薪酬目标等等。③分析企业过去采取的会计政策和会计估计是否符合实际情况。④分析企业关键会计政策和会计估计是否变更，是自愿变更还是强制变更，变更的理由是否充分，变更对企业的影响多大等等。总之，评价会计策略合理性是应结合企业的经营战略进行的，并不是所有会计政策和会计估计的变更都是出自盈余管理的动机。如果采用会计政策、会计估计和企业的经营战略相一致，会计策略的选择就是合理的、适当的。反之，选择会计政策、会计估计是出自管理层盈余管理的动机，会计策略的选择就是不合理的、不适当的。

4. 评价会计信息披露的质量

企业会计信息披露载体除了会计报表外，还有报表附注、管理层讨论与分析、董事会报告、监事会报告、临时报告等。不管是投资者还是债权人等分析主体，为了做出正确决策，都希望管理层能更加充分披露与企业经营有关的信息。但是，会计准则只规定了会计信息最低限度的披露要求，这种最低的披露要求构成了企业会计信息的"强制性披露"，而在信息的"自愿披露"方面，管理层拥有较大的选择权。因此，管理层会计信息披露的及时性、广度和深度反映了会计信息披露的质量情况，是衡量会计信息质量高低的重要尺度。

5. 识别潜在的危险信号

由于会计报表之间存在着勾稽关系，管理层任何形式的财务舞弊行为都可能在会计报表上留下痕迹，分析者可根据这些危险信号来判断会计信息的质量。常见的危险信号主要有以下几项：没加解释的会计政策和会计估计的变化，尤其是企业经营不佳时的会计政策和会计估计变更；与销售增长相比，应收账款和存货的异常增长；期末发生大额非经常性交易；异常的巨额资产冲销；频繁的关联交易；利润额与经营现金流之间的差距加大；被出具非标准审计意见或者无缘由更换会计事务所等。每一种危险信号都可能有很多解释，有的是正当的解释理由，如应收账款的异常增加有可能是企业改变了销售策略等，当然更多的可能是管理层人为操纵使报表的信息偏离企业经营现实的行为。因此，分析人员在做出最终结论前，必须深入分析这些危险信号背后的经济活动。识别危险信号只是深入分析的起点，而不是终点。

6. 消除会计信息的失真

如果通过会计分析发现由于会计政策、会计估计等原因引起对外报告的会计数据失真、掩盖了企业经营真实业绩的情况，分析人员应在充分收集信息的基础上，从多个方面进行分析，去伪存真，调整会计数据，尽量还原企业经营活动的本来面貌，消除会计信息的失真问题。消除会计信息失真的常用方法包括以下 4 种：①现金流量和报表附注法。现金流量表和报表附注可以帮助分析人员鉴别报告中数据的误导性。现金流量往往更能真实地反映企业的业务情况，所以，首先结合现金流量表来对资产负债表和利润表进行数据调整。在调整中，遇到需要一些明细数据的情况时，则查阅报表附注。例如，现金流量表提供了关于利润表中单个支出项目如何同基本现金流量区分的资料，如果企业将本应计为费用的成本资本化了，那么现金流量表中的信息提供了进行必要调整的依据。又如，当企业改变会计政策时，如果变化是实质性的，那么企业提供的附注可以说明变化产生的影响。②关联交易调整法。有些企业会通过关联交易的方法对报表的数据进行操纵。遇到这种情况，需要对关联交易的金额、价格等按照非关联交易下的情形进行调整，比如，将关联交易价格调整为非关联第三方的公允交易价格。③虚拟资产剔除法。有些企业的报表数据有水分，应将这些水分剔除掉。比如我国上市公司的商誉问题就引起了各方关注，煤炭类公司的商誉为 50 亿元，但挖煤是很难挖出这么大的商誉来。所以在分析时就要把商誉从资产中扣除，然后计算资产负债率等财务指标，这才是有意义的。④真实交易模拟法。有些企业的报表数据是公司高管操纵的结果，并没有真实的交易业务作为支撑，这个时候可用真实交易模拟法来调整报表数据。比如，虚增客户和销售，可通过实地调研，按照掌握的客户和销售数据测算出真实的客户数量和销售收入。

第三节　财务分析报告

一、财务分析报告的含义

财务分析报告是指财务分析主体对企业在一定时期的筹资活动、投资活动、经营活动中的盈利能力、营运能力、偿债能力等进行分析和评价所形成的书面文字报告。

财务分析的主体可能是经营者，也可能是财务分析师或其他与企业利益相关者。企业的投资者、债权人等外部主体在进行投资、借贷和其他决策时，并不能完全依据经营者财务分析报告的结论。财务部门的分析人员或聘请的财务分析专家，会提供自己的财务分析报告，为决策者进行决策提供更客观的分析资料。当然，企业内部和外部单位和个人针对企业本身的财务信息各有侧重，内部的经营管理者会较全面地关注企业的全部财务信息，一般要进行全面分析，而企业外部的财务信息使用者侧重于自己决策方面的信息，并且可能是某一专题对许多企业进行分析得到的财务信息。如银行较关注自己的债权是否能到期得以偿还，从而可根据对众多企业偿债能力的分析，形成关于企业偿债能力状况的财务分析报告，为领导者进行信贷决策提供客观依据。

二、财务分析报告的作用

财务分析报告是对企业财务分析结果的概括与总结。它对企业的经营者、投资者、债权人及其他利益相关者了解企业生产经营和财务状况、经营成果，并进行投资、信贷、经营、交易决策等都有至关重要的意义。

1. 财务分析报告是经营者汇报受托责任履行情况的书面报告性文件

它是企业经营者向董事会、股东大会或职工代表大会所汇报的一份重要的书面文件。财务分析报告全面概括总结了企业经营者在一定时期的生产经营业绩，说明了企业经营目标的实现程度或完成情况，揭示了企业生产经营过程中存在的问题，并提出了解决问题的措施和将来打算。同时，企业董事会、股东大会及职工代表大会可据此份报告对企业的经营者进行评价和奖惩。

2. 财务分析报告可以为企业改善与加强生产经营管理提供重要依据

企业财务分析报告较全面地揭示了企业的偿债能力、营运能力、盈利能力、发展能力等各方面所取得的成绩和存在的问题及不足，为企业的经营者改善经营管理提供了信息，并可起到预警的功效，同时为企业改善经营管理指明了方向。企业针对财务分析报告中提出的问题，积极采取相应措施加以解决，这对于改善企业经营管理，提高财务运行质量和经济效益有着重要作用。

3. 财务分析报告可以为企业外部潜在的投资者、债权人、政府等有关部门来评价企业经营状况与财务状况提供参考

他们从各自分析的目的出发，要经常运用企业的资料对企业进行财务分析，当然他们运用的较多的，也是最直接的依据是企业财务报表，但通过企业的财务分析报告能给他们提供许多财务报表所不能提供的资料，因此企业的财务分析报告也就成为企业外部分析者的重要参考资料。

三、财务分析报告的类型与内容

1. 财务分析报告的类型

根据不同的分类标准，财务分析报告呈现不同的类型。其中按照财务分析报告内容与范围和按照财务分析时间是常用的两大分类标准。

1）按照财务分析报告内容与范围划分

按照财务分析报告内容与范围不同，财务分析报告可分为综合分析报告、专题分析报告和简要分析报告。

综合分析报告又称全面分析报告，是指对企业整体运营及财务状况的分析评价而形成的书面分析评价报告。综合分析报告内容丰富、涉及面广，对财务报告使用者做出各项决策有深远影响。综合分析报告一般适用于定期分析，可在年度中期或年末进行编报。编写时必须对分析的各项具体内容的轻重缓急做出合理安排，既要全面，又要抓住重点。

专题分析报告又称单项分析报告，是指对企业的经营管理活动中的某些重大事项、关键问题或薄弱环节等进行专门分析而形成的书面分析评价报告。专题分析报告具有不受报告时间限制、写法灵活多样、一事一议，容易被经营管理者接受。这种分析报告能为各级领导做出决策提供现实的依据，从而能引起领导和业务部门对所分析的问题高度重视，并提高管理水平。专题分析报告一般适用于不定期财务分析，可根据企业实际需要随时进行编报。

简要分析报告，是指对主要经济指标在一定时期内存在的主要或比较突出的问题，进行概要的分析而形成的书面分析评价报告。简要分析报告简明扼要、切中要害。通过分析，能反映和说明企业在分析期内业务经营的基本情况、企业累计完成各项经济指标的情况并预测未来发展趋势，主要适用于定期分析，可按月、季进行编制。

2）按财务分析报告分析时间划分

按照分析时间不同划分，财务分析报告可分为定期财务分析报告与不定期财务分报告。

定期财务分析报告，是由上级主管部门或企业内部规定的每隔一段相等的时间应予编制和报送的财务分析报告。定期财务分析报告可以分为日、周、季、半年和年度报告等，而常用的一般有月、季、半年和年度报告。

不定期财务分析报告，是从财务活动和经营管理实际需要出发，不做时间规定而编制的财务分析报告。不定期财务分析报告可以对企业以及相关利益者认为有必要的、任何时点上的财务活动的有关情况进行分析与评价。如上述的专题分析报告就属于不定期分析报告。

2. 财务分析报告的内容

财务分析报告的结构和内容并不是固定不变的，根据不同的分析目的或针对不同的财务分析报告服务对象，分析报告的内容侧重点也应该是不同的。不同用途、不同类型的财务分析报告，其格式和内容各有不同。其中综合财务分析报告的格式比较规范，内容也比较完整，其内容主要包括提要段、说明段、分析段和建议段。

（1）提要段。提要段即企业基本财务情况反映，主要说明企业财务分析指标的完成情况，包括企业的盈利能力状况，如利润额及增长率、各种利润率等；企业偿债能力状况，如资产负债率、流动比率、速动比率的情况等；企业营运状况，如存货周转率、应收账款周转率、各项资产额的变动和资产结构变动、资金来源状况等；企业产品成本的升降情况等。另外一些对外报送的财务分析报告，还应说明企业的性质、规模、职工人数、主要产品等情况，以便于财务分析报告使用者对企业有比较全面的了解。

（2）说明段。说明段即主要成绩及重大事项说明。这部分内容是在前一部分内容的基础上，主要对企业经营管理中所取得的成绩及原因进行说明。如本年企业筹资活动的现金流量增加值提升，原因是本年银行提供了一大笔短期借款给本企业，同时企业本年股票上市融资增加。又如企业本年利润明显高于去年，主要原因是本年从国外引进一条先进生产流水线，并对旧机器进行了一次大修，提高了生产效率，产品单耗下降，同时提高了产品质量，使得本企业产品在市场上的销售急剧上升，市场份额扩大。

（3）分析段。分析段即存在问题的分析，这是企业财务分析的关键点所在。对企业存在问题进行分析，既要抓住实质问题，更要搞清问题的起因。如一家企业近期资金总是"青黄不接"，经诊断，问题在于企业铺得"摊子"过大，既进行房地产投资，也投资网络技术，另外涉猎自身还不太熟悉的移动电话的制作投资等。当然外在原因也有，近期经济过热，市场一片繁荣，金融资金利率较高，靠权益资本融资短期不能得到解决，所以对于存在的问题要分清是企业自身主观原因引起的，还是企业"看不见"的客观原因造成的。

（4）建议段。建议段即提出改进措施意见。对于企业而言，财务分析的目的是发现问题并解决问题。财务分析报告对企业存在的问题必须提出切实可行的解决意见。如企业在资金较为紧张的情况下，可以减少一些固定资产的投资，有条件发行短期企业债券以渡难关，开源节流，压缩成本，追求一种"集约"型企业经济效益。

四、财务分析报告的格式

财务分析报告的格式，主要包括标题、落款、摘要、目录、正文、参考文献及附件等内容。

（1）标题。标题是对财务分析报告的最精炼的概括，它不仅要确切地体现分析报告的主题思想，而且要用语简洁、醒目。由于财务分析报告的内容不同，其标题也就没有统一标准和固定模式，应根据具体的分析内容而定。标题一般由单位名称、时限、文种三要素构成，或由时限、文种两要素构成，如"某单位某月份简要会计报表分析报告""某年度综合财务分析报告""某年度资产使用效率分析报告"等都是较合适的标题。财务分析报告要严格地围绕拟定的标题，利用所搜集的资料进行分析并撰写。

（2）落款。财务分析报告的落款一般包括报告单位名称、负责部门和撰写人姓名，并标明报告完成日期等。落款可以放在财务分析报告封面的下面，也可在财务分析报告的最后。

（3）摘要。摘要是对当期财务分析报告内容的高度浓缩，一定要言简意赅。摘要有归纳型、描述型和混合型三种类型。一般来说，摘要主要应包含分析研究意义、分析研究过程、分析研究方法、分析结论和建议等。

（4）目录。目录是展示该财务分析报告所列的内容及其所在页码。

（5）正文。财务分析报告的正文一般包括开头、主体和结尾三部分。①报告的开头应包括财务分析报告的概要段与说明段的内容，主要是概述企业的基本情况、战略目标、行业背景以及财务重要数据和指标、经营特点与态势、取得的成绩与存在的主要问题等，也可以做出初步评价。报告开头是为全文做好铺垫作用的，一般要求语言精练。②报告的主体，是财务分析报告的分析部分，分析的内容因报告类型不同而有所不同。分析时既要总结成功的经验，又要找出问题及其形成的原因。分析原因时一定要注意分清主次原因，抓主要矛盾。在报告的分析部分要通过实际数据探寻深藏其背后的关键性要素，通过系统、综合的分析，揭示出问题的本质和症结所在。③报告的结尾，是对正文做出客观的评价与总结之后，针对存在的问题及其形成的原因，提出改进的意见、建议或措施。结尾要求内容具体，针对性强，意见中肯，建议切实并具有可操作性。

（6）参考文献。参考文献是指完成财务分析报告中所引用、参考的著作、期刊等文献资料，通常在正文后面列示。

（7）附件。财务分析报告的附件一般包括财务分析涉及的各年度的完整财务报表、审计报告、财务计划或预算书等财务分析报告中所引用的重要财务及其他信息资料，以及分析过程中形成的大量详细的计算分析工作底表。为了保持财务分析报告正文版面简洁、易于阅读，常常将这些报告、资料或计算分析工作底表列在报告的最后作为附录或附件供报告使用者作为详细参考。

五、财务分析报告的编写要求

财务分析报告的编写除了要求编写人员明确财务分析报告的格式和内容、具备非常专业的财务分析知识和技巧外，还需具备较强的文字组织能力。概括起来，财务分析报告的编写要求有以下4点。

1. 统筹安排，重点突出

财务分析报告的编写要根据分析的目的和要求，突出对关键问题进行重点分析，不能"撒胡椒面"面面俱到，不分主次。当然，在突出重点的同时要兼顾一般，因为企业经营活动和财务活动是相互联系、相互影响的。"只见树木不见森林"的做法很难对分析的问题有一个全面、正确的看法。

2. 客观公正，真实可靠

财务分析报告编写得客观公正，真实可靠，是充分发挥财务分析报告作用的关键。如果财务分析报告不能客观公允，甚至人为地弄虚作假，会使财务分析报告使用者得出错误结论，造成决策失误。要做到财务分析报告客观公正、真实可靠，一方面取决于本身依据的财务分析基础资料真实可靠，另一方面又取决于财务人员运用正确的分析方法，客观公正地进行分析评价。

3. 注重时效，及时编报

财务分析报告具有很强的时效性，过时的财务分析报告对于财务分析报告的使用者均无任何作用，甚至产生危害。这是因为财务分析报告使用者的任何决策方案都具有一定的时间限制和要求。财务分析报告只有编报及时，才能有利于财务分析报告的使用者使用。

4. 报告清楚，文字简练

财务分析报告要清楚，必须做到报告的结构合理，条理清晰，论点和论据明确，结论清楚。财务分析报告的编写切忌冗长，要做到文字精练，既要做到言简意赅，又要使报告内容清楚。

第四节　财务分析的基本方法

财务报表作为一种高度综合的信息披露形式只能提供企业有关总体财务信息情况，难以提供对决策有用的具体信息，只有通过专门的财务分析方法，才能把蕴涵在财务报表中的总体财务信息转化为对决策有用的信息和结论。财务分析的目的不同，所选用的分析方法也应当不同。常用的分析方法有水平分析法、趋势分析法、垂直分析法、比率分析法、因素分析法、综合分析法和项目质量分析法等。

一、水平分析法

水平分析法又称水平分析或横向比较法，是指将反映企业报告期财务状况的信息与反映企业前期或历史某一时期财务状况的信息进行对比（包括某一期或数期财务报表中的相同项目），确定出差异，以便分析和判断企业经营业绩或财务状况的发展变动情况的一种财务分析方法。水平分析法在会计报表分析中应用较多。

水平分析法的基本要点是将报表资料中不同时期的同项数据进行对比，对比的方式有以下三种：

第一，绝对数增减变动数量，也可称为增减额，反映报表某项目的绝对值增减变动情况，说明变动规模。其计算公式为：

$$绝对数变动数量 = 分析期某项指标实际数 - 基期同项指标实际数$$

第二，增减变动率，也可称为增减率，反映报表某项目的相对值增减变动情况，说明增减幅度。其计算公式为：

$$增减变动率 = \frac{分析期某项指标实际数 - 基期同项指标实际数}{基期同项指标实际数} \times 100\%$$

第三，变动比率值，其计算公式为：

$$变动比率值 = \frac{分析期某项指标实际数}{基期同项指标实际数} \times 100\%$$

上面公式中所说的基期，主要是由比较标准决定。如果与历史标准比较，基期可指上年度，也可指以前某年度；如果与同行业企业比较，基期可指本行业先进水平，也可指平均水平；如果与预算或计划比较，基期就是预算或计划数。

水平分析法是财务分析的最基本方法。应用水平分析法时，首先，要注意可比性的问题：第一，对比指标内容、范围和计算方法应当相同；第二，会计计量标准、会计政策和会计处理方法应当相同；第三，对比指标所反映的时间长度应当相同；第四，企业类型、经营规模和财务规模应当基本相同。如果存在不可比的情况，应进行调整计算，剔除不可比因素影响后，再进行对比，这样比较的结果才有实际意义。其次，应用水平分析法，还应将变动量和变动率两种对比方式分析结合起来运用，仅用其中一种可能得出片面的甚至错误的结论。

二、趋势分析法

趋势分析法是水平分析法的扩展运用，是根据企业连续几个时期的分析资料，以某一时期为基期，计算每一期各项目对基期同一项目的变动或趋势百分比，形成一系列具有可比性的百分数或指数，确定分析期各有关项目的变动情况和趋势的一种财务分析方法。趋势分析法既可用于对会计报表的整体分析，即研究一定时期报表各项目的变动趋势，也可对某些主要指标的发展趋势进行分析。

趋势分析法按其基期选择的不同有两种基本形式：定基趋势分析法和环比趋势分析法。前者是把不同分析期项目的金额与固定基期同一项目的金额进行对比，而后者则是把不同分析期项目的金额与其前一时期同一项目的金额进行对比。其计算公式分别为：

$$定期趋势百分比 = \frac{分析期某项指标金额}{固定基期同项指标金额} \times 100\%$$

或

$$定期趋势指数 = \frac{分析期某项指标金额}{固定基期同项指标金额}$$

$$环比趋势百分比 = \frac{分析期某项指标金额}{上期同项指标金额} \times 100\%$$

或

$$环比趋势指数 = \frac{分析期某项指标金额}{上期同项指标金额}$$

上述两种分析方法的实质是一致的，只是分别侧重于从不同的角度对财务趋势进行分析，在实际财务分析过程中，通常采用定基趋势分析法。

趋势分析法一般包括三个步骤：第 1 步计算趋势百分比或指数；第 2 步根据指数计算结果，评价与判断企业各项指标的变动趋势及其合理性；第 3 步根据企业各期的变动情况，研究其变动趋势或规律，预测出企业未来的发展趋势。

在进行趋势分析时，应注意以下几个问题：

（1）前后期间所采用的会计政策一致，如果不一致，应对前期相关项目进行追溯调整。

（2）应考虑各期内部重要事项（如重大资产重组）和外部环境因素（如金融危机）对各期财务数据造成的影响，在分析中需要对异常值做特殊处理。

（3）当趋势分析涉及的期限较长时，应考虑物价水平变动因素对各期财务数据造成的影响，必要时可先消除物价变动带来的影响，再进行分析。

三、垂直分析法

垂直分析法也称为结构分析法或纵向比较分析法，它是用来计算报表中各项目占总体（即为共同比）的比重或结构，它反映报表中的项目与总体关系情况及其变动情况的一种财务分析方法。垂直分析法是以各项目金额占总金额的百分比，来揭示各项目的重要程度，并将分析期各项目的百分比与基期同项目的百分比（或同类企业的可比项目的百分比）进行对比，研究各项目的比重变动情况。因此，垂直分析法一般有三个步骤：

第一，确定报表中各项目占总额的比重或百分比，其计算公式为：

$$某项目比重 = \frac{该项目金额}{各项目总金额} \times 100\%$$

第二，通过各项目的比重，分析各项目在企业经营中的重要性。一般项目比重越大，说明其重要程度越高，对总体的影响越大。

第三，将分析期各项目的比重与前期同项目（或同类企业的可比项目）比重对比，研究各项目的比重变动情况。

垂直分析法用于整个会计报表结构分析时，共同比应当视报表不同而设定。例如，资产负债表一般以资产总额或权益总额为共同比，利润表一般以营业收入为共同比等。会计报表经过垂直分析法处理后，称为共同比报表或同度量报表、总体结构报表。

四、比率分析法

比率分析法是将影响财务状况的两个相关项目联系起来，通过计算比率，反映它们之间的关系，借以评价企业财务状况和经营状况的一种财务分析方法。比率分析的形式有三种：①百分率，如资本收益率10%。②比率，如流动比率2：1。③分数，负债为总资产的1/2。比率作为一种相对数，可以把一些用绝对数不可比的指标转化为可比的财务量化指标，从而准确揭示报表内各有关项目之间的相关性，产生了许多新的、更为有用的信息。例如，甲企业资产总额为5 000万元，息税前利润为400万元，乙企业资产总额为2 000万元，息税前利润为280万元，表面看甲企业收益额高于乙企业，实际上乙企业资产报酬率远大于甲企业的资产报酬率，乙企业的总资产所取得的利润水平和能力远高于甲企业。由此可见，通过比率分析，利用一个或几个财务比率就可以独立地提示和说明某一方面的财务状况和经营业绩，或者说明某一方面的财务能力。所以，比率分析法是财务分析的一种重要方法。

根据不同的财务分析目的，比率分析法主要包括以下三类。

（1）相关比率分析是反映经济活动中两个性质不同但又相关项目比值的财务比率，如流动比率、速动比率等。利用相关比率可以考察各项经济活动之间的相互关系，从而揭示企业的财务状况。

（2）构成比率分析是反映某项经济指标的各个组成部分占总体比重的财务比率，如货币资金与流动资产总额的比率、短期借款与负债总额的比率等。

（3）效率比率分析是反映某项经济活动投入与产出之间关系的财务比率，如资产报酬率、净资产收益率等。利用效率比率可考察经济活动的经济效益，揭示企业的盈利能力。

比率分析法以其简单、明了、可比性强等优点在财务分析实践中被广泛采用，但运用比率分析法中应注意以下几个问题。

（1）对比项目具有相关性，不相关项目进行对比是没有意义的。

（2）对比项目口径的一致性，即比率的分子与分母项必须在时间、范围等方面保持口径一致。

（3）选择比较的标准要具有科学性，要注意行业因素、生产经营情况的差异等因素。

（4）要注意将各种比率有机联系起来进行全面分析，不可孤立地看某种或某类比率，同时还必须结合其他许多因素（如分析角度、行业特点、企业生产经营特点、企业所处经营周期以及内外环境因素等）做更深层次的探究，才能做出正确的判断和评价，更好地为决策服务。

五、因素分析法

人们对事物的研究，不仅仅局限于知道它的结果，更重要的是要探究产生这种结果的原因。就某项财务指标而言，它的高低往往是由多个因素共同影响和决定的，只有知道各个因素对其的作用，才能更准确地把握财务指标变动的原因，以便采取有针对性的措施，实现预定的财务目标。

因素分析法是根据财务指标与其各个影响因素之间的关系，来确定各个影响因素的变动对该指标的影响方向和程度的一种分析方法。因素分析法根据其分析特点可分为连环替代法和差额计算法两种。

（一）连环替代法

连环替代法是因素分析法的基本形式，它是根据因素之间的内在依存关系，依次测定各因素变动对财务指标变动影响的程度和方向的一种分析方法。

1. 连环替代法的基本程序

（1）确定分析指标与其影响因素之间的关系。通常是用指标分解法，即将财务指标在计算公式的基础上进行分解或扩展，从而得出各影响因素与分析指标之间的关系式。这个关系式不一定是乘除关系，也可能是加减关系。如果影响因素之间是加减关系，则各因素对财务指标的影响程度很容易确定；如果影响因素之间是乘除关系，则各因素对财务指标的影响方向和程度相对复杂。比如材料费用总额的分解过程如下：

材料费用总额＝产品产量×单位产品材料费用＝产品产量×单位产品耗用量×材料单价

（2）构建分析体系，确定分析对象。按照上面所确定的分析指标与影响因素之间的关系，将分析指标的分析期数值与基期数值列出两个关系式或指标体系，并以此计算分析指标的报告期数值与基期数值的总差异数，这个总差异数就是分析对象。

基期材料费用＝基期产品产量×基期单位产品耗用量×基期材料单价

分析期材料费用＝分析期产品产量×分析期单位产品耗用量×分析期材料单价

分析对象＝分析期材料费用－基期材料费用

（3）连环顺序替代，计算替代结果。以基期指标体系为计算基础，用分析期指标体系中的每一个因素的实际数顺序地替代其相应的基期数，每次替代一个因素，替代后的因素被保留下来。计算替代结果就是在每次替代后，按关系式计算其结果。有几个因素就替代几次，直到所有因素都被替代成实际数为止，并相应计算出替代结果。

（4）比较各因素的替代结果，确定各因素对分析指标的影响程度。将每次替代所得的结果与前一次计算结果相比较，两者之差即为某一因素对分析指标影响的程度和方向。

（5）检验分析结果，分析变动原因。连环替代结束后将各因素对分析指标的影响额相加，其代数和应等于分析对象。如果两者相等，说明分析结果可能是正确的；如果两者不相等，则说明分析结果一定是错误的。利用这一计算结果，结合企业的具体情况，即可对分析指标变动原因做出正确而切合实际的分析。

下面，我们举例来具体说明连环替代法的计算过程。

某企业 20×1 年和 20×2 年有关材料费用、产品产量、单位产品耗用量、材料单价的资料，如表 2-1 所示。

表 2-1　某企业 20×1 年和 20×2 年财务指标表

指标	20×1 年	20×2 年
产品产量（万件）	10	11.5
单位产品耗用量（千克/件）	20	18
材料单价（元/千克）	10	12
材料费用（万元）	2 000	2 484

要求：分析该企业 20×2 年材料费用总额增加的原因。

本例的分析对象为材料费用指标，它与影响因素之间的关系为：

材料费用总额 = 产品产量×单位产品耗用量×材料单价

分析期指标体系：$11.5 \times 18 \times 12 = 2\,484$（万元）

基期指标体系：$10 \times 20 \times 10 = 2\,000$（万元）

分析对象：$2\,484 - 2\,000 = 484$（万元）

下面进行连环顺序替代，并计算各个因素对材料费用的影响程度和方向。

基期指标体系：$10 \times 20 \times 10 = 2\,000$（万元）　　　　　　　　①

第一次替代：$11.5 \times 20 \times 10 = 2\,300$（万元）　　　　　　　②

第二次替代：$11.5 \times 18 \times 10 = 2\,070$（万元）　　　　　　　③

第三次替代（实际数）：$11.5 \times 18 \times 12 = 2\,484$（万元）　　　④

产品产量提高对材料费用的影响：②－① = $2\,300 - 2\,000 = 300$（万元）

单位产品耗用量节约对材料费用的影响：③－② = $2\,070 - 2\,300 = -230$（万元）

材料单价提高对材料费用的影响：④－③ = $2\,484 - 2\,070 = 414$（万元）

三个因素的共同影响：$300 - 230 + 414 = 484$（万元）

总之，该企业 20×2 年材料费用总额增加了 484 万元，主要原因在于产量提高而使材料费用增加了 300 万元，材料单耗下降而使材料费用降低了 230 万元，材料单价提高而使材料费用提高了 414 万元。

2. 应用连环替代法应注意的问题

连环替代法作为因素分析方法的主要形式，在实践中应用比较广泛。但是，应用连环替代过程中必须注意以下四个问题。

（1）因素分解的相关性。所谓相关性是指按照因果关系确定分析指标的影响因素，保证所分解出来的影响因素具有经济意义。这就是说，因素分解不仅要求数学算式上相等就行，还要求有经济意义。当然，有经济意义的因素分解式并不是唯一的，一个分析指标可分解为不同的有经济意义的因素分解式。这就需要根据分析目的和要求，确定合适的因素分解式，以找出影响分析指标变动的真正原因。

（2）分析前提的假定性。所谓假定性是指分析某一因素对分析指标差异的影响时，必须假定其他因素不变，否则就不能分清各单一因素对分析对象的影响程度。这实际上是非常强的一个假设，也是连环替代法的一个重要缺陷。因为实际中分析指标的变动往往是有许多因素共同作用的结果，它们之间的共同作用越大，假定的准确性越差，分析结果的偏差就会越大。因此，在因素分解时，并非分解的因素越多越好，而应根据实际情况，具体问题具体分析。

（3）因素替代的顺序性。所谓顺序性是指替代置换各因素时，要按一定的顺序逐个替代，不能随意改变各因素替代的先后顺序，即影响因素替代的顺序不一样，替代计算的结果也不一样，因素排列顺序不能交换。因此，连环替代法中替代顺序的确定非常关键。然而，如何确定正确的替代顺序呢？这是一个理论上和实践中都没有很好解决的问题。一般认为，确定替代顺序必须以分析目的为依据，并考虑各因素的依存关系和重要程度。根据因素之间的相互依存关系，一般的替换顺序是基本因素在前，从属因素在后；主要因素在前，次要因素在后；数量因素在前，质量因素在后；实物量指标在前，货币量指标在后。

（4）顺序替代的连环性。连环性是指确定各因素变动对分析对象的影响时，都是将某因素替代后的结果与该因素替代前的结果对比，一环套一环。这样才既能保证各因素对分析对象影响结果的可分性，又便于检验分析结果的准确性。

（二）差额计算法

差额计算法不是一种单独的因素分析法，只不过是连环替代法的一种简化形式，其分析的原理与连环替代法是完全相同的，不同的只是分析程序上的差异，即将连环替代法的第三步骤和第四步骤合并为一个步骤进行。因此，所谓差额计算法是直接利用各影响因素的分析期与基期之间的差额，在其他因素不变的假定条件下，计算各因素对分析指标的影响程度。

根据上例提供的数据，运用差额计算法计算各因素变动对材料费用总额的影响程度：

产品产量对材料费用的影响：$(11.5 - 10) \times 20 \times 10 = 300$（万元）

材料单耗对材料费用的影响：$11.5 \times (18 - 20) \times 10 = -230$（万元）

材料单价对材料费用的影响：$11.5 \times 18 \times (12 - 10) = 414$（万元）

三个因素的共同影响：$300 - 230 + 414 = 484$（万元）

由此可见，差额计算法分析结果与连环替代法完全相同，但是计算过程更为简单明了。应当指出，应用连环替代法应注意的问题，在应用差额计算法时同样要注意。除此之外，还应注意的是，并非所有连环替代法都可按上述差额计算法的方式进行简化。特别是在各影响因素之间不是连乘的情况下，运用差额计算法必须慎重。

六、综合分析法

上面介绍方法主要是对单一指标进行的某一财务方面的分析和比较，要全面地评价企业的财务状况和经营成果，还需对各种财务信息进行系统、综合的分析。综合分析法主要分为两大类：一类是财务报表的综合分析，如资产负债表中的资产与权益综合分析、利润与现金流量的综合分析等；二类是财务指标体系的综合分析，主要有杜邦分析法、沃尔评分法等。这些综合分析方法将在后面章节中详细介绍。

七、项目质量分析法

项目质量分析法主要是通过对财务报表各项目的规模、结构以及状态进行分析，还原企业所发生的经营活动和理财活动，并根据各项目自身特征和管理要求，结合企业具体经营环境和经营战略，对各项目的质量进行评价。在此基础上，还可以对企业整体的资产质量、资本结构质量、利润质量以及现金流量质量进行分析与评价，最终对企业财务状况质量做出整体判断。

在进行项目质量分析时，通常不需要面面俱到地对报表中的每一个项目进行分析，而是根据重要性原则和例外原则，找出重大项目和异动项目，这样便于提高分析效率。对于每个企业来说，其重大项目和异动项目会因企业所处的行业、自身经营战略的选择以及具体业务环境不同而有所不同，因此，每个企业在利用项目质量分析法进行分析时，需要分析的项目可能不同。

思考题

1. 财务分析的一般程序包括哪些阶段和步骤？
2. 财务分析常用方法有哪些？各有什么特点？运用时应注意哪些问题？
3. 如何理解战略分析和会计分析在财务分析中的地位和作用？
4. 财务分析报告包括哪些内容？编写财务分析报告时应注意哪些问题？

案例分析

自学自测   扫描此码

第三章

资产负债表分析

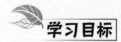

学习目标

1. 了解资产负债表分析的含义、目的和内容。
2. 掌握资产负债表水平分析表的编制相关知识。
3. 掌握资产负债表结构分析评价的方法和内容。
4. 理解资产、负债和所有者权益主要项目的质量分析要点。

导入案例

QW 公司被质疑"财务大洗澡"

QW 公司 2003 年成为 A 股的一家环保企业，主要经营业务为环卫服务和固废处理。该公司 2003 年至 2017 年公司业绩翻了 45 倍，2017 年净利润高达 12.51 亿元，被市场捧为绩优股。但 2017 年后公司业绩开始连年下滑，2018 年、2019 年净利润分别只有 6.44 亿元、3.59 亿元。2020 年，QW 公司直接"变脸"，巨亏 15.37 亿元，是 2003 年以来第一次利润出现亏损。有一便有二，2021 年，该公司亏损金额扩大至约 50 亿元。

巨亏背后，QW 公司到底出了什么问题呢？

2017 年，公司资产减值损失只有 1436 万元，但是 2018 年陡升至 2.65 亿元，2019 年信用减值损失又突然高达 2.65 亿元。2020 年，公司资产减值损失为 2.16 亿元，信用减值损失为 11.33 亿元。2021 年 7 月，该公司突击计提 22 亿元资产减值损失。2021 年三季报显示，资产减值损失为 31.09 亿元，信用减值损失为 2.82 亿元。一系列的减值让人叹为观止。

减值背后，QW 公司常年应收账款高挂，2020 年信用减值 11.33 亿元后，应收账款账面余额仍高达 55.88 亿元，2021 年三季度增至 57.09 亿元。在建工程更为夸张，从 2017 年起直接跨入百亿元规模，当年在建工程费用高达 128.86 亿元，2019 年末最高达 141.83 亿元。仅这两项就占了公司总资产的一半。通过计提大额的资产减值损失及部分项目转固后，截至 2021 年三季度末，在建工程费用只有 5.75 亿元了。

不难发现，2021 年的巨亏并非营业收入下滑，主要是资产减值所致。该公司提到，2021 年公司对已停建项目、拟退出项目计提资产减值，对部分款项回收存在实质性障碍的应收账款、其他应收款、长期应收款及应收票据也计提信用减值损失。

该公司曾在 2021 年 10 月 22 日和 2022 年 2 月 7 日，两次收到深交所下发的关注函，要求说明相关减值的合理性，是否存在通过资产减值方式进行"业绩大洗澡"的情形？但面对交易所的问询，公司的回复却一拖再拖。交易所问询迟迟不予回复，该公司被质疑"财务大洗澡"。

资产负债表反映特定时点的财务状况，为什么会对经营成果产生影响？企业资产规模与效益之间不一定有直接关系，也就是说资产规模大的企业，效益未必好。所以分析一家企业的财务状况时，不仅要关注企业的资产规模，更应关注企业的资产质量。如何对资产负债表进行分析，怎样结合报表附注和其他方面的信息对企业资产的质量进行有效分析评价，资产的质量又是如何影响企业业绩的，这些都是本章要解决的关键问题。

资料来源：http://epaper.zqrb.cn/html/2022-02/14/content_808051.htm

第一节　资产负债表分析认知

一、资产负债表分析的含义与目的

资产负债表是企业最重要的会计报表之一，尽管它能提供企业在某一特定时期拥有或控制的资产、所承担的经济义务以及所有者对净资产要求权的信息，但这些信息还不能满足报表使用者进行决策的需要，只有通过资产负债表分析，全面了解企业会计报表对企业财务状况的反映程度，以及所提供会计信息的质量，并据此对企业资产和权益的变动情况及企业财务状况做出合理恰当的评价，才可能最大限度地满足报表使用者的要求。

资产负债表分析的目的具体体现在以下 5 个方面。

1. 揭示资产负债表及相关项目的内涵

虽然资产负债表上的数据是企业财务活动的直接结果，但是这种结果是通过企业管理人员依据某种会计政策，按照某种具体会计处理方法进行会计处理后编制出来的。因此，企业采用哪种会计政策，使用哪种会计处理方法，必然会对资产负债表上数据产生影响。也就是说，资产负债表的数据只有结合企业的具体会计政策和会计处理方法进行分析才有意义，才能明确资产负债表各项目的具体内涵。否则，就会把一些由于会计政策和会计处理方法选择不同而导致的差异视为企业生产经营结果的差异，从而得出错误的结论。通过资产负债表分析，揭示出资产负债表及相关项目的内涵，可以将会计政策、会计处理方法对报表项目的影响剔除，提高财务分析结果的可靠性。

2. 揭示企业财务状况的变动情况及原因

资产负债表是反映在某一时点财务状况的静态报表，在经营过程中，企业的资产、负债、所有者权益三个指标时刻都在发生变化，其中资产负债表中的各个项目反映的是变动后的结果。通过资产负债表分析，能够了解在企业经营过程中，企业资产规模、各项资产、以及与之相适应的资金来源，发生了什么变动，变动的原因是什么，这种变化对企业未来经营会产生什么影响，并在此基础上，对企业财务状况的变动情况及变动原因做出合理的解释和评价。

3. 评价企业会计对企业经营状况反映的真实程度

资产负债表是否能充分反映企业的经营状况，其真实性又如何，资产负债表本身不能说明这个问题。企业管理者出于某种需要，既可能客观、全面地通过资产负债表反映企业的经营状况，也可能通过粉饰报表隐瞒企业经营中的某些重大事项。根据一张不能充分而真实地反映企业经营状况的资产负债表，是不能对企业财务状况的变动及其原因做出合理解释的。虽然评价企业会计反映企业经营状况的真实程度具有相当大的难度，特别是对那些不了解企业真实经营状况的外部分析者来说，其难度更大，但这却是资产负债表分析的重要目标之一。

4. 评价企业的会计政策

企业的会计核算必须在《企业会计准则》指导下进行，但企业会计在会计政策和会计处理方法选择上也有一定的灵活性，如存货计价方法、折旧政策的选择等。采用不同的会计政策和会计处理方法，体现在资产负债表上的结果也往往不同，某种会计处理并非单纯的会计技术或手段问题，从这种会计政策选择中能够发现企业管理当局的动机。因此，进行资产负债表分析时，应深入分析企业所选择的会计政策和会计处理方法是否合适，企业是否利用会计政策选择达到某种会计目的，以消除会计报表外部使用者对企业会计信息的疑惑。

5. 修正数据以还原企业真实的财务状况

资产负债表是进行财务分析的重要基础资料，即使企业不是为了满足某种动机而进行会计信息的调整，资产负债表数据的变化也无法完全反映企业经营影响的结果。因为会计政策、会计估计及其变更等企业经营以外的因素对报表数据都有一定的影响。所以，资产负债表分析，可以揭示出资产负债表数据所体现的财务状况与真实财务状况的差异，通过差异调整，修正资产负债表数据，还原企业真实的财务状况，为进一步利用资产负债表进行财务分析奠定资料基础，保证财务分析结论的可靠性。

二、资产负债表分析的内容

1. 资产负债表水平分析

资产负债表水平分析是将资产负债表各个项目的本期数据与某一时期的历史数据或标准数据进行比较（包括绝对数比较和相对数比较），观察变动的项目，进而分析变动的原因，从而揭示企业生产经营活动、经营管理水平、会计政策及会计估计变更对各个项目的影响。

2. 资产负债表结构分析

资产负债表结构分析是通过计算资产负债表中各项目占总资产或权益总额的比重，分析评价企业资产结构和资本结构的合理性及其变动原因，评价企业资产结构和资本结构的适应程度。

3. 资产负债表质量分析

资产负债表质量分析是指在资产负债表的水平分析和结构分析的基础上，对资产负债表中资产、负债和所有者权益的主要项目质量进行深入分析，以客观评价企业财务状况的实际质量。

第二节 资产负债表水平分析

一、资产负债表水平分析表认知

资产负债表水平分析就是依据资产负债表，采用水平分析方法，将资产负债表的实际数与选定的标准进行比较，编制出资产负债表水平分析表，在此基础上进行分析评价。资产负债表水平分析的主要目的是了解企业财务状况变动情况，揭示资产、负债、所有者权益的规模变动差异，分析其差异产生的原因及财务影响。

资产负债表水平分析要根据分析的目的来选择比较的标准（基期数据）：分析的目的是揭示资产负债表实际变动情况及变动原因时，其比较的标准应选择上年资产负债表的实际数据；分析的目的是揭示资产负债表预算或计划执行情况时，其比较的标准应选择企业资产负债表的预算数或计划数；分析的目的是发现与先进水平差距时，其比较的标准应选择国际、国内或本地区同行业同类企业的资产负债表实际数据；分析的目的是比较本企业的竞争优势时，其比较的标准应选择竞争对手企业的资产负债表同期实际数据。

资产负债表水平分析表的编制步骤是首先计算资产负债表中每个项目的变动额和变动率，然后再计算出每个项目变动对总资产或权益总额的影响程度。其中，某项目变动对总资产或权益总额的影响程度具体计算公式如下：

某项目变动对总资产（权益总额）的影响（%）＝某项目的变动额÷基期总资产（权益总额）×100%

通过计算每个项目的变动额和变动率，可以观察资产、权益项目的变动情况。通过计算每个项目变动对总资产或权益总额的影响程度，确定影响总资产或权益总额的重点项目，为进一步分析指明方向。

根据 GL 公司 2020 年报中的合并资产负债表资料，编制该公司资产负债表水平分析表见表 3-1 所示。

表 3-1 GL 公司 2020 年资产负债表水平分析表　　　　单位：万元

项　　目	期末余额	期初余额	变动情况		对总资产影响（%）
			变动额	变动（%）	
流动资产：					
货币资金	13 641 314.39	12 540 071.53	1 101 242.86	8.78	3.89
交易性金融资产	37 082.05	95 520.86	−58 438.81	−61.18	−0.21
衍生金融资产	28 549.42	9 239.26	19 310.15	209.00	0.07
应收账款	873 823.09	843 971.97	29 851.12	3.54	0.11
应收款项融资	2 097 340.46	2 822 624.90	−725 284.44	−25.70	−2.56
预付款项	312 920.20	239 561.06	73 359.14	30.62	0.26
其他应收款	14 733.85	15 913.44	−1 179.59	−7.41	0.00
存货	2 787 950.52	2 408 485.41	379 465.11	15.76	1.34

项　目	期末余额	期初余额	变动情况		对总资产影响（%）
			变动额	变动（%）	
合同资产	7 854.55	7 361.48	493.07	6.70	0.00
一年内到期的非流动资产	0.00	44 539.77	−44 539.77	−100.00	−0.16
其他流动资产	1 561 730.19	2 309 114.42	−747 384.23	−32.37	−2.64
流动资产合计	21 363 298.72	21 336 404.10	26 894.62	0.13	0.10
非流动资产：					
发放贷款和垫款	527 380.56	1 442 378.64	−914 998.08	−63.44	−3.23
其他债权投资	50 220.23	29 683.63	20 536.60	69.18	0.07
长期股权投资	811 984.11	706 418.62	105 565.49	14.94	0.37
其他权益工具投资	778 840.59	464 460.17	314 380.42	67.69	1.11
其他非流动金融资产	200 348.33	200 348.33	0.00	0.00	0.00
投资性房地产	46 342.09	49 864.87	−3 522.78	−7.06	−0.01
固定资产	1 899 052.51	1 912 193.08	−13 140.57	−0.69	−0.05
在建工程	401 608.27	243 105.14	158 503.13	65.20	0.56
无形资产	587 828.88	530 554.11	57 274.77	10.80	0.20
商誉	20 190.27	32 591.94	−12 401.67	−38.05	−0.04
长期待摊费用	856.79	271.81	584.98	215.22	0.00
递延所得税资产	1 155 029.22	1 254 108.51	−99 079.29	−7.90	−0.35
其他非流动资产	78 811.80	94 832.80	−16 021.00	−16.89	−0.06
非流动资产合计	6 558 493.65	6 960 811.65	−402 318.00	−5.78	−1.42
资产总计	27 921 792.36	28 297 215.74	−375 423.38	−1.33	−1.33
流动负债：					
短期借款	2 030 438.47	1 594 417.65	436 020.83	27.35	1.54
吸收存款及同业存放	26 100.67	35 251.23	−9 150.56	−25.96	−0.03
拆入资金	30 002.03	100 044.67	−70 042.64	−70.01	−0.25
应付票据	2 142 707.20	2 528 520.78	−385 813.59	−15.26	−1.36
应付账款	3 160 465.92	4 165 681.58	−1 005 215.66	−24.13	−3.55
预收款项	0.00	0.00	0.00	0.00	0.00
合同负债	1 167 818.04	731 180.44	436 637.60	59.72	1.54
卖出回购金融资产款	47 503.38	207 450.00	−159 946.62	−77.10	−0.57
应付职工薪酬	336 535.55	343 096.90	−6 561.35	−1.91	−0.02
应交税费	230 135.56	370 377.97	−140 242.41	−37.86	−0.50
其他应付款	237 939.57	271 269.30	−33 329.73	−12.29	−0.12
其他流动负债	6 438 225.43	6 609 539.51	−171 314.08	−2.59	−0.61
流动负债合计	15 847 871.81	16 956 830.02	−1 108 958.21	−6.54	−3.92
非流动负债：					
长期借款	186 071.38	4 688.59	181 382.79	3 868.60	0.64
长期应付职工薪酬	14 985.98	14 102.12	883.86	6.27	0.00

项　　目	期末余额	期初余额	变动情况		对总资产影响（%）
			变动额	变动（%）	
递延收益	43 703.37	24 050.43	19 652.94	81.72	0.07
递延所得税负债	141 111.11	92 778.93	48 332.18	52.09	0.17
非流动负债合计	385 871.84	135 620.07	250 251.77	184.52	0.88
负债合计	16 233 743.65	17 092 450.09	−858 706.44	−5.02	−3.03
股东权益：					
实收资本（或股本）	601 573.09	601 573.09	0.00	0.00	0.00
资本公积	12 185.03	9 337.95	2 847.08	30.49	0.01
减：库存股	518 227.39	0.00	518 227.39	—	1.83
其他综合收益	739 606.02	626 029.20	113 576.82	18.14	0.40
盈余公积	349 967.16	349 967.16	0.00	0.00	0.00
一般风险准备	49 757.58	48 985.58	771.99	1.58	0.00
未分配利润	10 284 159.64	9 379 464.35	904 695.28	9.65	3.20
归属于母公司所有者权益合计	11 519 021.12	11 015 357.33	503 663.79	4.57	1.78
少数股东权益	169 027.59	189 408.32	−20 380.74	−10.76	−0.07
所有者权益	11 688 048.71	11 204 765.65	483 283.06	4.31	1.71
负债和股东权益合计	27 921 792.36	28 297 215.74	−375 423.38	−1.33	−1.33

二、资产负债表规模变动情况的分析评价

资产负债表的左右两方分别列示资产与权益，对资产负债表规模变动情况的分析评价也应从这两大方面来进行。对资产与权益两大方面规模变动分析评价的总体思路是先了解总体，再了解大类项目，然后逐层分解，最后到具体项目，以厘清资产负债表规模变动的情况和原因。

1. 资产项目规模变动的分析评价

1）分析总资产规模的变动情况以及各类、各项资产规模的变动状况

通过分析总资产规模的变动情况以及各类、各项资产规模的变动状况，揭示资产变动的主要方面，从总体上了解企业经过一定时期的经营后资产的变动情况。

2）找出变动幅度较大或对总资产变动影响较大的重点类别和项目

在前面分析的基础上，首先，应注意变动幅度较大的资产类别或项目，特别是发生异常变动的项目，因为这些项目的变动是导致总资产规模发生同方向变动的主要因素；其次，应重点分析对总资产影响较大的资产项目。某个项目对总资产的影响不仅取决于项目本身变动幅度的影响，还取决于该项目在总资产中所占的比重。在总资产中占比重较大的资产项目，即使本身变动程度较小，其对总资产变动的影响程度也会很大；反之，如果某项目变动幅度较大，但是其在总资产中所占比重较小，则对总资产变动影响不会太大。如本例中变动幅度最高的资产项目是长期待摊费用，本期其变动幅度高达 215.22%，但由于该项

目仅占总资产的 0.003%，对总资产变动几乎没有影响，故其不作为重点项目分析。只有这样才能抓住关键问题，进行重点深入分析。

以 GL 公司为例，根据表 3-1 所示，2020 年该公司资产总额本期增加额为 −375 423.38 万元，增长率为 −1.33%，说明该公司本年资产规模有少量的下降。流动资产本期增加额为 26 894.62 万元，增长率为 0.13%，使总资产规模增长了 0.10%；非流动资产本期增加额为 −402 318.00 万元，增长率为 −5.78%，使总资产规模增长了 −1.43%。两者合计使总资产增加了 −375 423.38 万元，增长幅度为 −1.33%。由此可见，本期总资产规模的降低主要体现在非流动资产的降低上。

2020 年 GL 公司资产变动幅度较大的项目中，对总资产变动影响较大的重点项目及变化情况主要有以下几方面：①货币资金增加 1 101 242.86 万元，增长幅度 8.78%，对总资产的影响为 3.89%。货币资金的增加（被限定用途的货币资金除外），意味着企业流动性的提高，这对企业短期偿债能力等方面会产生积极的影响。②应收款项融资增加 −725 284.44 万元，增长幅度 −25.70%，对总资产的影响为 −2.56%。应收款项融资项目，反映资产负债表日以公允价值计量且其变动计入其他综合收益的应收票据和应收账款等。简单讲，应收款项融资就是已经被用于融资的应收款项，比如，已经被贴现的、对方有追索权的应收票据，已经被用于保理融资的应收账款等。本质上来说，应收款项融资还是应收款项的组成部分。应收款项融资规模下降，一般意味着票据的质量较好，提高了企业票据的变现和使用效率。③存货增加 379 465.11 万元，增长幅度 15.76%，对总资产的影响为 1.34%。企业存货增加的原因，既有外部市场环境的变化，也有企业内部的经营方式、产品特点，以及企业的运营和管理水平决定的。当然，合理的存货增加是为了生产经营需要，但是如果是企业内部运营模式、管理水平等导致非正常状况的存货增加，企业需要及时查找原因，尽快解决存货资金占用的问题。④其他流动资产增加 −747 384.23 万元，增长幅度 −32.37%，对总资产的影响为 −2.64%，从报表附注看主要是结构性存款及理财产品减少。⑤发放贷款和垫款增加 −914 998.08 万元，增长幅度 −63.44%，对总资产的影响为 −3.23%，从报表附注看主要由于本期受疫情影响，成员单位及上下游企业业务规模有所下滑，本公司审慎核实贷款客户之征信情况及还款能力，发放贷款及垫款规模有一定下降。⑥其他权益工具投资增加 314 380.42 万元，增长幅度 67.69%，对总资产的影响为 1.11%，从报表附注看主要由于认购某股份有限公司非公开发行股票。

3）分析资产变动的合理性和效率性

任何企业取得资产的目的都不是为了单纯占有资产，而是为了运用资产进行经营活动以实现企业的目标。资产变动是否合理，直接关系企业生产能力的形成和发挥，并通过资产的利用效率体现出来。因此，对资产变动的合理性和效率性的分析评价要联系企业生产经营活动的发展变化，将资产变动与企业产值、销售收入、利润和经营活动现金流量等指标变动进行比较，只有增产、增收、增利或增加经营活动现金净流量的幅度大于增资的幅度，才能够说明企业资产规模增加是合理的，企业资产利用效率提高了，形成了企业资金节约。

资产变动有效率的情况包括以下几个方面。

（1）增收、增利或增加经营活动现金净流量的同时增资（或资产不变），但增资的幅度小，表明企业资产利用率提高，形成资金节约。

（2）增收、增利或增加经营活动现金净流量的同时资产减少，表明资产利用效率提高，形成资金节约。

（3）收入、利润、经营活动现金净流量持平，资产减少，表明资产利用效率的提高，形成资金节约。

资产变动没有效率的情况包括以下几个方面：

（1）增收、增利或增加经营活动现金净流量的同时增资，且增资幅度大，表明资产利用效率的下降，资产增加不合理。

（2）减收、减利或减少经营活动现金净流量的同时资产不减或减资幅度小，表明资产利用效率的下降，资产调整不合理。

（3）减收、减利或减少经营活动现金净流量的同时增资，表明生产能力利用不足，资产利用效率会大幅度下降。

4）分析会计政策变动和会计估计变更对资产变动的影响

企业资产的变动主要受生产经营规模的影响，但企业会计人员在进行会计核算和编制财务报表时，所选择的会计政策和会计估计不同，对企业资产变动也有不可忽视的影响。尽管会计准则对会计核算乃至财务报表的编制都有相应要求，但会计准则也给企业灵活选择会计政策和会计估计留有很大的余地，企业管理者可能通过会计政策变动和会计估计变更对资产负债表项目的数据进行调整。因此，报表使用者分析时应首先了解企业所采用的会计政策和会计估计，把会计政策变动和会计估计变更对资产的影响与生产经营活动带来的影响区分开来，从而保证财务分析结论的正确性。

2. 权益项目规模变动的分析评价

1）分析权益总额的变动情况以及各类、各项筹资的变动情况

通过分析权益总额的变动情况以及各类、各项筹资的变动情况，揭示出权益总额变动的主要方面，从总体上了解企业经过一定时期经营后权益总额的变动情况。

2）找出变动幅度较大或对权益总额变动影响较大的重点项目

通过找出变动幅度较大或对权益总额变动影响较大的重点项目，为进一步分析指明方向。

以 GL 公司为例，根据表 3-1 所示，2020 年该公司权益总额本期增加额为 − 375 423.38 万元，增长率为 − 1.33%，说明该公司本年权益规模有较少的降低。

负债本期增加额为 − 858 706.44 万元，增长率为 − 5.02%，使权益总额增长了 − 3.03%；股东权益本期增加额为 483 283.06 万元，增长率为 4.31%，使权益总额增长了 1.71%。两者合计使权益增加了 − 375 423.38 万元，增长幅度为 − 1.33%。由此可见，本期权益总额的降低主要体现在负债的降低上。

本期负债总额的降低，主要体现在流动负债方面，流动负债本期增加额为 − 1 108 958.21 万元，增长率为 − 6.54%，使权益总额增长了 − 3.92%，非流动负债本期增加额为 250 251.77 万元，增长率为 184.52%，对权益总额增长的影响只有 0.88%。

根据表 3-1 所示，2020 年 GL 公司权益变动幅度较大的项目中，对权益总额变动影响

较大的重点项目及变化情况主要有以下几方面：①短期借款增加 436 020.83 万元，增长幅度为 27.35%，对权益总额的影响为 1.54%。该项目的增长会给公司带来一定的偿债压力，如不能按时支付，将对公司信用产生不良影响。②应付票据增加 − 385 813.59 万元，增长幅度为 − 15.26%，对权益总额的影响为 − 1.36%；应付账款增加 − 1 005 215.66 万元，增长幅度为 − 24.13%，对权益总额的影响为 − 3.55%。应付票据和应付账款的降低，说明企业资金充足，财务信誉好，但也可能是企业对供应商的议价能力下降。③合同负债增加 436 637.60 万元，增长幅度为 59.72%，对权益总额的影响为 1.54%。GL 公司自 2020 年 1 月 1 日起执行新的收入准则。企业按照《企业会计准则第 14 号——收入》（财会〔2017〕22 号）的相关规定，根据本企业履行履约义务与客户付款之间的关系在资产负债表中列示合同资产或合同负债。合同负债是指企业已收或应收客户对价而应向客户转让商品的义务，如企业在转让承诺的商品之前已收取的款项。一般来说，合同负债增加表示客户订单需求比较旺盛，收到客户预付的资金增加。④库存股增加 518 227.39 万元，对权益总额的影响为 − 1.83%。从报表附注看公司本期累计回购股份数量为 94 184 662 股，全部存放于公司回购专用证券账户，后续公司将择机主要用于实施员工持股计划或股权激励。⑤未分配利润增加 904 695.28 万元，增长幅度为 9.65%，对权益总额的影响为 3.20%。从报表附注看主要是由于本期公司经营所得导致的，是公司自身"造血"功能提高的结果。

　　3）分析评价权益项目变动对企业未来经营的影响

　　依据"资产 = 负债 + 所有者权益"的会计恒等式，当企业资产规模发生变动时，必然要有相应的资金来源。企业资产规模发生变化，一般是通过增加或减少负债、投资者追加或收回投资以及留存收益这三种资金来源方式实现的。不同的资金来源会影响企业的未来经营、财务状况及财务成果。

　　（1）负债。如果企业通过负债方式满足其对资金需求，引起资产规模发生变动，这是一种外延型扩大再生产，可能对企业未来经营产生以下影响：①负债比重提高，则企业债务负担加重，财务风险提高，甚至会导致企业破产；②通过举债取得资金的数额有一定的资金约束；③负债融资可以加大财务杠杆作用，而财务杠杆是把"双刃剑"，在总资产报酬率大于负债利息率的情况下，能帮助企业产生更高的财务杠杆收益，同时也会增加企业的财务风险；④负债能够约束经理人员的自利行为，产生治理效果。

　　（2）投资者追加投资。如果通过投资者追加投资的力度，来扩大企业经营规模，这也是一种外延型扩大再生产，可能对企业未来生产经营产生以下影响：①受资金数量的制约；②一味要求投资人追加投资来满足企业规模扩张的资金需求，会引起投资者的反感；③提升企业的财务实力，降低企业的财务风险。

　　（3）留存收益。留存收益指企业从历年实现的利润中提取或形成的留存于企业的内部积累，主要包括盈余公积和未分配利润两部分，其数量的大小取决于企业的盈利、盈余公积的提取比例和企业的利润分配政策。在盈余公积的提取比例和利润分配政策一定的情况下，企业经营所得增加，留存收益就会加大。这属于内涵型扩大再生产，会对企业生产经营产生积极影响：①为企业可持续发展提供源源不断的资金来源；②促进企业经营步入良性循环。

总之，从长远看，资产规模增加无论依靠举债还是投资者追加投资，都无法从根本上改善企业的财务状况，无法满足各方利益要求，只有通过企业卓有成效的经营，增加自身积累而满足企业资产规模扩张的需要，才能保证企业财务结构的稳定性和安全性，从根本上提高偿债能力、改善财务状况、满足企业各方利益要求，树立企业良好的形象。

4）注意分析评价表外业务的影响

表外业务是指那些不会引起资产负债表内项目发生变化的业务活动。表外业务产生于承诺或约定事项，例如企业承诺事项或担保事项等。这些业务并不反映在资产负债表上，但这种可能成为企业现实负债的事项及对企业财务状况可能产生的影响，分析评价时要特别关注。表外业务的影响分析应结合会计报表附注进行。

第三节　资产负债表结构分析

一、资产负债表结构分析认知

资产负债表结构分析也称垂直分析，主要目的是通过计算资产负债表中各项目占总资产或权益总额的比重，分析评价企业资产结构的变动情况及变动合理性、资本结构的变动情况及变动合理性、资产结构与资本结构的适应程度。

资产负债表结构分析既包括从静态角度对本期资产负债表实际构成情况进行分析评价，又包括从动态角度将本期资产负债表实际构成与基期构成进行对比分析评价。因此，资产负债表结构分析表的编制步骤分为三步：第一步计算本期资产负债表各项目的比重；第二步计算基期资产负债表各项目的比重；第三步计算本期和基期各项目比重的差异。

根据 GL 公司 2020 年报中的合并资产负债表资料，编制该公司资产负债表结构分析表见表 3-2 所示。

表 3-2　GL 公司 2020 年资产负债表结构分析表　　　　　单位：万元

项　　目	期末余额	期初余额	期末余额（％）	期初余额（％）	变动情况（％）
流动资产：					
货币资金	13 641 314.39	12 540 071.53	48.86	44.32	4.54
交易性金融资产	37 082.05	95 520.86	0.13	0.34	−0.21
衍生金融资产	28 549.42	9 239.26	0.10	0.03	0.07
应收账款	873 823.09	843 971.97	3.13	2.98	0.15
应收款项融资	2 097 340.46	2 822 624.90	7.51	9.97	−2.46
预付款项	312 920.20	239 561.06	1.12	0.85	0.27
其他应收款	14 733.85	15 913.44	0.05	0.06	−0.01
存货	2 787 950.52	2 408 485.41	9.98	8.51	1.47
合同资产	7 854.55	7 361.48	0.03	0.03	0.00
一年内到期的非流动资产	0.00	44 539.77	0.00	0.16	−0.16
其他流动资产	1 561 730.19	2 309 114.42	5.59	8.16	−2.57

续表

项　　目	期末余额	期初余额	期末余额（%）	期初余额（%）	变动情况（%）
流动资产合计	21 363 298.72	21 336 404.10	76.51	75.40	1.11
非流动资产：					
发放贷款和垫款	527 380.56	1 442 378.64	1.89	5.10	−3.21
其他债权投资	50 220.23	29 683.63	0.18	0.10	0.07
长期股权投资	811 984.11	706 418.62	2.91	2.50	0.41
其他权益工具投资	778 840.59	464 460.17	2.79	1.64	1.15
其他非流动金融资产	200 348.33	200 348.33	0.72	0.71	0.01
投资性房地产	46 342.09	49 864.87	0.17	0.18	−0.01
固定资产	1 899 052.51	1 912 193.08	6.80	6.76	0.04
在建工程	401 608.27	243 105.14	1.44	0.86	0.58
无形资产	587 828.88	530 554.11	2.11	1.87	0.24
商誉	20 190.27	32 591.94	0.07	0.12	−0.05
长期待摊费用	856.79	271.81	0.00	0.00	0.00
递延所得税资产	1 155 029.22	1 254 108.51	4.14	4.43	−0.29
其他非流动资产	78 811.80	94 832.80	0.28	0.34	−0.06
非流动资产合计	6 558 493.65	6 960 811.65	23.49	24.60	−1.11
资产总计	27 921 792.36	28 297 215.74	100.00	100.00	0.00
流动负债：					
短期借款	2 030 438.47	1 594 417.65	7.27	5.63	1.64
吸收存款及同业存放	26 100.67	35 251.23	0.09	0.12	−0.03
拆入资金	30 002.03	100 044.67	0.11	0.35	−0.24
应付票据	2 142 707.20	2 528 520.78	7.67	8.94	−1.27
应付账款	3 160 465.92	4 165 681.58	11.32	14.72	−3.40
合同负债	1 167 818.04	731 180.44	4.18	2.58	1.60
卖出回购金融资产款	47 503.38	207 450.00	0.17	0.73	−0.56
应付职工薪酬	336 535.55	343 096.90	1.21	1.21	0.00
应交税费	230 135.56	370 377.97	0.82	1.31	−0.49
其他应付款	237 939.57	271 269.30	0.85	0.96	−0.11
其他流动负债	6 438 225.43	6 609 539.51	23.06	23.36	−0.30
流动负债合计	15 847 871.81	1 6956 830.02	56.76	59.92	−3.16
非流动负债：					
长期借款	186 071.38	4 688.59	0.67	0.02	0.65
长期应付职工薪酬	14 985.98	14 102.12	0.05	0.05	0.00
递延收益	43 703.37	24 050.43	0.16	0.08	0.08
递延所得税负债	141 111.11	92 778.93	0.51	0.33	0.18
非流动负债合计	385 871.84	135 620.07	1.38	0.48	0.90
负债合计	16 233 743.65	1 7092 450.09	58.14	60.40	−2.26

项　　目	期末余额	期初余额	期末余额（%）	期初余额（%）	变动情况（%）
股东权益：					
实收资本（或股本）	601 573.09	601 573.09	2.15	2.13	0.02
资本公积	12 185.03	9 337.95	0.04	0.03	0.01
减：库存股	518 227.39	0.00	1.86	0.00	1.86
其他综合收益	739 606.02	626 029.20	2.65	2.21	0.44
盈余公积	349 967.16	349 967.16	1.25	1.24	0.01
一般风险准备	49 757.58	48 985.58	0.18	0.17	0.01
未分配利润	10 284 159.64	9 379 464.35	36.83	33.15	3.68
归属于母公司所有者权益合计	11 519 021.12	11 015 357.33	41.25	38.93	2.32
少数股东权益	169 027.59	189 408.32	0.61	0.67	−0.06
所有者权益	11 688 048.71	11 204 765.65	41.86	39.60	2.26
负债和股东权益合计	27 921 792.36	28 297 215.74	100.00	100.00	0.00

二、资产负债表结构变动情况的分析评价

资产负债表结构分析评价的内容主要包括资产结构分析评价、资本结构分析评价和资产负债表整体结构分析评价 3 个方面。

1. 资产结构分析评价

资产结构是企业在某个时刻各项资产相互之间的搭配关系。企业如果希望持续稳定的盈利，其资金必须均衡配置在不同的资产项下。

1）资产结构分析评价的思路

首先，从静态角度观察企业资产的构成情况，特别关注流动资产和非流动资产的比重以及其中重要项目的比重，将其与同行业的平均水平或可比企业的资产结构进行比较，对企业资产的流动性和资产风险做出判断，进而对企业资产结构的合理性做出评价。一般来说，企业流动资产变现能力较强，其资产风险较小；非流动资产变现能力较差，其资产风险较大。所以，流动资产比重较大时，企业资产的流动性强而风险小，非流动资产比重高时，企业资产弹性较差，不利于企业灵活调度资金，风险较大。

从表 3-2 可以看出，GL 公司本期流动资产比重为 76.51%，非流动资产比重为 23.49%。根据该公司的资产结构，流动资产比重远高于非流动资产比重，可以认为该公司资产的流动性相对较强，资产风险较小。

其次，从动态角度分析企业资产结构的变动情况，对企业资产结构的稳定性做出评价，进而对企业资产结构的调整情况做出评价。

从表 3-2 可以看出，GL 公司本期流动资产比重上升了 1.11%，非流动资产比重下降了 1.11%。从整体来看，资产结构相对稳定，结合各资产项目的结构变动来看，除了货币资金比重上升了 4.54%、应收款项融资下降了 −2.46%，可以发现公司的流动性有提高趋势，其

他流动资产下降了 2.57%、发放贷款和垫款下降了 3.21%，除此之外，公司其他资产项目变动幅度都不大，说明该公司的各资产项目结构也相对比较稳定。

2）资产结构分析评价时应考虑的因素

不同企业的资产结构有较大差异，影响资产结构的因素诸多，在分析评价一个企业的资产结构时应考虑的主要因素有以下几方面。

（1）企业规模。一般而言，规模较大的企业具有更强的融资能力，如果其流动资金不足，它可以快速从银行等金融机构获取融资，因此，其自身在日常经营中就不必保有大量的流动资产，可以更多地将资金投放在固定资产等长期资产上，扩大自身的经营规模，取得更高水平的收益。反之，规模较小的企业因为融资相对较困难，为了应对可能发生的资金短缺，必须持有较多的流动资产以降低相应的风险水平。

（2）企业的资本结构。资本结构是指企业各种资本的构成及其比例关系。企业取得资金的方式有多种，从资金取得期限上可以分为长期资金和短期资金，前者指使用期限在一年以上的资金而后者主要是指企业一年内到期的流动负债。如果企业资金较多地来自于流动负债，那么，为了降低企业财务风险，就不得不保持较大规模的流动资产，以便及时清偿债务。如果企业资金更多地来自于长期负债和股权融资，就可以将更多的资金投放到长期资产上，但是长期负债在到期的最后一年会成为流动负债，此时企业为了偿债，会持有较多的流动资产。总之，企业资本结构会影响资产结构。

（3）企业内部管理水平。在资金使用中，长期资产的盈利能力明显优于流动资产，但是流动资产过少又会导致企业风险增加，所以，如何在控制风险的条件下降低流动资产的水平就成为企业生产经营中需要重点考虑的问题。一般而言，内部管理水平较高的企业，资产结构中可以持有较多的长期资产，反之，资产结构中会有大量的流动资产。

（4）行业因素。不同行业的企业资产结构之间会有较大的不同。对于制造业企业，其核心生产能力来源于产品的生产和销售，所以，固定资产不可避免地占有较大的比重；对于金融企业，显而易见，因其主业是提供金融服务，其资产必然较多地表现为货币资金等流动资产，长期资产相对较少。

3）资产结构的分析评价

对资产结构的分析评价应由表及里，由大类到小类逐层分析。应特别关注如下几个方面的资产具体结构。

（1）经营性资产与投资性资产的结构分析。经营性资产是指企业在自身经营活动中所动用的各项资产，主要包括货币资金、商业债权、存货、固定资产和无形资产等，经营性资产通过企业自身开展各类生产经营活动而获得经营收益（毛利、核心利润）、产生经营活动的现金流量；投资性资产是指企业以增值为目的持有的股权和债权，主要包括交易性金融资产、债权投资、其他债权投资、持有至到期投资、其他权益工具投资、长期股权投资等，投资性资产通过对外投资而获得投资收益、取得投资收益收到的现金及收回投资收到的现金。在市场经济特别是多元化经营的条件下，企业对外投资已成为企业财务活动的重要内容。经营性资产通常能够为企业带来直接的经济利益；而投资性资产通常是将企业的资产让渡给其他企业，通过其他企业使用创造效益后以分配的方式取得经济利益。这两类资产的利益实现方式有所区别，但无论是哪类资产，最终的目的都是以一定的资产、较小的风险实现尽可能大的收益。一般来说，经营性资产的风险低于投资性资产，投资性资产的收益高于经营性资产。

2020 年 GL 公司经营性资产大约为 25 487 387 万元，占总资产总额的比重为 91.28%，投资性资产大约为 2 434 405 万元，占总资产总额的比重为 8.72%。结合 GL 公司 2020 年利润表来分析，核心利润为 1 921 761.29 万元，核心利润占营业利润的比重为 73.79%。投资收益为 71 301.01 万元，投资收益占营业利润比重的 2.74%。表明企业投资性资产收益仅占很小的比例，核心利润主要是企业利用经营性资产从事自身经营活动所产生的，资产结构政策以经营性资产为主，并且具有较好的盈利能力。

（2）流动资产与固定资产的结构分析。资产按照流动性，可以分为流动资产和非流动资产两类，非流动资产的主要内容是企业的固定资产，它反映企业的生产规模。一般而言，固定资产的盈利能力较强，但是流动性较差，风险较高；而流动资产的盈利能力较弱，流动性较强，风险较低。在企业经营规模一定的情况下，如果固定资产存量过大，则正常的生产能力不能充分发挥出来，造成固定资产的部分闲置或生产能力利用不足；如果流动资产存量过大，则又会造成流动资产闲置，影响企业的盈利能力。因此，企业的固定资产与流动资产之间只有保持合理的比例结构，才能形成现实的生产能力、提高资产周转率，使企业总资产发挥最佳的经济效益。

流动资产与固定资产之间的结构比例通常被称为固流结构。一般来说，有 3 种固流结构政策可供选择：第 1 种，保守的固流结构政策。这种政策下，流动资产的配置比例较高，企业资产的流动性提高，资产风险程度会因此降低，但可能导致企业盈利水平的下降。第 2 种，适中的固流结构政策。这种政策下，固定资产存量与流动资产存量的配置保持在平均水平，企业盈利水平一般，风险程度一般。第 3 种，激进的固流结构政策。在这种政策下，固定资产配置比例较高，企业盈利水平会相应提高，但企业资产流动性降低，资产风险会因此提高。

企业选择何种资产结构政策，与企业对待风险的态度有关系。风险偏好型企业，可能选择激进的固流结构政策，以求高风险、高报酬；稳健型企业，则会选择适中的固流结构政策。一般来说，同一行业内部因生产特点、生产方式的差异较小，固流结构政策比较接近，在分析评价时可将行业的平均水平作为主要参考标准。同时，判断一个企业资产结构是否合理，应结合企业资产管理效果进行分析，只有能给企业带来销售和效益增长的固流结构政策才是合理的。

从表 3-2 可以看出，GL 公司本期流动资产比重为 76.51%，固定资产比重为 6.80%，固流比例大致为 1∶11.25，上期流动资产比重为 75.40%，固定资产比重为 6.76%，固流比例大致为 1∶11.15，从这两年情况看，该公司的固流结构比较稳定。该公司固流比例比较接近所在家电行业的平均水平，因此，该公司采用的是较为适中的固流结构政策。

（3）流动资产的内部结构分析。流动资产内部结构是指组成流动资产的各个项目占流动资产总额的比重。流动资产内部结构分析主要包括流动资产的分布情况、配置情况和资产的流动性及支付能力三个方面。

根据 2020 年 GL 公司资产负债表，编制该公司的流动资产结构分析表，如表 3-3 所示。

表 3-3   GL 公司 2020 年流动资产结构分析表

项　目	金额（万元）		结构（%）		
	2020 年	2019 年	2020 年	2019 年	差异
货币资金	13 641 314.39	12 540 071.53	63.85	58.77	5.08
交易性金融资产	37 082.05	95 520.86	0.17	0.45	−0.28
衍生金融资产	28 549.42	9 239.26	0.13	0.04	0.09
应收账款	873 823.09	843 971.97	4.09	3.96	0.13
应收款项融资	2 097 340.46	2 822 624.90	9.82	13.23	−3.41
预付款项	312 920.20	239 561.06	1.46	1.12	0.34
其他应收款	14 733.85	15 913.44	0.07	0.07	0.00
存货	2 787 950.52	2 408 485.41	13.05	11.29	1.76
合同资产	7 854.55	7 361.48	0.04	0.03	0.01
一年内到期的非流动资产	0.00	44 539.77	0.00	0.21	−0.21
其他流动资产	1 561 730.19	2 309 114.42	7.31	10.82	−3.51
流动资产合计	21 363 298.72	21 336 404.10	100.00	100.00	0.00

从表 3-3 可以看出，2020 年比 2019 年货币资金比重上升 5.08%，公司的流动性水平提高，短期支付能力增强；应收款项（应收账款、应收款项融资、合同资产）比重下降 3.27%，表明公司向客户提供的商业信用减少；存货资产比重上升 1.76%，表明生产经营过程中受到不利因素影响，导致存货有所增加；其他流动资产比重下降了 3.9%，主要是结构性存款及理财产品下降导致的。这种变化是使流动资产结构更加趋于合理还是变得更不合理，以上分析还不具备充分的说服力。为此，企业首先需要选择恰当的标准，一般选择行业标准或预算标准较为合适，然后将流动资产结构的变动情况与选定的标准进行比较，以反映流动资产结构变动的合理性。

2. 资本结构分析评价

资本结构是指企业全部资金来源中债务资本和权益资本所占的比重及其相互关系。企业的资本结构既包括企业负债总额与所有者权益总规模的比例关系，也包括企业各类债务占负债总额的比重和所有者权益中各类项目的构成比例。权益资本是承担债务的基础，权益资本越多，债权人越有保障；债务资本的主要作用是调剂资本余缺及提高股东投资报酬率。因此，对资本结构分析可以考察企业的财务风险和偿债能力以及对股东收益可能产生的影响。

1）资本结构的影响因素

影响企业资本结构的因素很多，包括企业面临的筹资环境、资本成本与融资风险、行业因素、企业生命周期、获利能力和投资机会等各个层面。

（1）企业面临的筹资环境。企业筹资环境决定了企业可选择的筹资方式。企业筹集资金的方式有：向银行借款、通过资本市场发行股票和发行债券等。但是所有企业面临的筹资环境并不相同，上市发行股票融资需要企业自身已经具有较强的实力，同时，又需要经过审批，许多企业因为筹资条件和时间的问题不能通过股票市场取得资金。即使是从银行借贷，企业所面对的机会也不均等，一些民营中小企业因为自身实力和所有制的原因，很难从银行等外部机构借到所需要的资金。随着我国资本市场的逐渐完善，我国企业所能利用的筹资渠道和方式将不断增加。

（2）资本成本与融资风险。在企业能够获得多种筹资方式时，资本成本就成为选择具体筹资方式的一个重要因素。一般而言，负债的资本成本相对较低，同时，债务利息还可以抵税，因此，从资本成本考虑，负债融资就成为企业的首选，但是，负债融资会导致企业财务风险上升，如果未来企业盈利能力下降，不能按时还本付息，企业将陷入财务危机。企业内部融资和外部股权融资的资本成本较高，但是，因为不需要归还本金，同时，现金股利也不是法定义务，所以，这些融资方式的财务风险较小。因此，企业在选择资本结构时要综合考虑各种筹资方式的风险和成本，并进行权衡考虑。

（3）企业生命周期。企业生命周期的不同阶段应有不同的资本结构决策。在企业成长期，企业迅速扩张需要大量的外部资金，企业会更多地依赖于银行等金融中介，因而债务融资比率较高。随着公司财富的不断积累，必然用筹资成本较低的内部资金来替代外部资金，从而降低债务融资比率。另外，成熟企业一般更偏好于风险较低的投资项目，这使企业的经营风险降低，使债权人的资产更有保障，降低了债务融资的代理成本，因而处于成熟期的企业会有更高的债务融资比率。

（4）行业因素。行业因素对企业资本结构有着重要的影响。每个行业的盈利模式不同，企业现金流状况差异较大。因此，企业依据自身的现金流量的状况，会做出不同的资本结构决策。

（5）获利能力和投资机会。企业的获利能力是决定资本结构的重要因素之一，如果企业的投资收益率持续高于借款利率，那么企业将考虑选择资本成本较低的借款融资方式，但是如果企业投资收益率低于借款利率，则借款将增加企业财务负担和财务风险。再者，企业的投资机会也会影响资本结构，如果企业长期投资机会较多，则应与之相匹配使用长期融资方式，如果企业目前没有长期投资，而是为了维持现有生产规模，则可以使用短期融资，以降低资金使用成本。

最佳的资本结构并没有固定的标准模式，关键在于企业是否根据自身的经营状况，合理配置资金来源渠道和筹资方式，以最小的资金综合成本取得最大综合收益。

2）资本结构分析评价的思路

首先，从静态角度观察资本的构成，衡量企业的财务实力，评价企业的财务风险，同时结合企业的盈利能力和经营风险，评价其资本结构的合理性。

其次，从动态角度分析企业资本结构的变动情况。通过将不同时期企业资本结构进行比较，对资本结构的调整情况及对股东收益可能产生的影响做出评价。表 3-2 为 GL 公司的资本结构分析表。

从表 3-2 可以看出：从静态方面分析，GL 公司 2020 年期末股东权益比重为 41.86%，负债比重为 58.14%，资产负债率还是比较高的，财务风险相对较大，这样的财务结构是否合适，仅凭以上分析难以准确判断，必须结合企业盈利能力，通过权益结构优化分析才能予以说明；从动态方面分析，股权权益比重有 2.26%的上升，负债比重对应下降 2.26%，其中变化较大的项目有：短期借款比重上升了 1.64%，应付票据比重下降了 1.27%，应付账款比重下降了 3.4%，未分配利润比重上升了 3.68%，其他项目变化不大，从总体来看，该公司的资本结构相对稳定，财务实力略有上升。

3）负债结构的具体分析评价

（1）负债结构分析应考虑的因素。负债结构是由于企业采用不同的筹资方式而形成的负债筹资结果，因此，进行企业负债结构分析应考虑如下 6 种方面的因素：第 1 种，负债规模。负债规模的变动往往会引起负债结构发生变化。在财务分析时，只有考虑到负债的规模，才能真正揭示出负债结构变动的原因。第 2 种，负债成本。负债成本会影响到企业筹资方式的选择，进而对负债结构产生影响；反过来，负债结构的变化也会对负债成本产生影响。分析负债结构变动时，应考虑负债成本是否是引起负债结构变动的原因。第 3 种，债务偿还期限。企业负债结构合理的一个重要标志就是使债务的偿还期与企业现金流入的时间相吻合，债务的偿还金额与现金流入量相适应。如果企业能够根据其现金流入的时间和流入量妥善安排举债的时间、偿债的时间和债务金额，使各种长、短期债务相配合，各种长、短期债务的偿还时间分布合理，企业就能及时偿付各种到期债务，维护企业信誉。第 4 种，财务风险。企业的财务风险源于企业采用的负债经营方式。不同类型的负债，其风险程度不同，短期负债的风险高于长期负债。企业应合理安排负债结构以降低财务风险。第 5 种，经济环境。企业的经济环境也是影响企业负债结构的重要因素之一。当国家采取紧缩的货币政策时，企业取得短期借款就比较困难，其长期债务的比重就会高些；反之，企业容易取得贷款时，其流动负债的比重就会高些。第 6 种，筹资政策。企业筹资政策是一个纯粹的主观因素，企业根据自身的经营状况和资产配置情况所制定的筹资政策，直接决定企业的负债结构。

（2）典型负债结构分析评价。负债的不同分类方式，可以形成不同的负债结构，因此，对负债结构的分析，可以从以下 3 个方面来分析。

①负债期限结构分析评价。负债的期限结构是指用流动负债与非流动负债分别占负债总额的比重来表示的构成关系。负债按期限长短分为流动负债和非流动负债。根据 GL 公司 2020 年资产负债表，编制该公司的负债期限结构分析表，如表 3-4 所示。

表 3-4　GL 公司 2020 年负债期限结构分析表

项　　目	金额（万元）		结构（%）		
	2020 年	2019 年	2020 年	2019 年	差异
流动负债	15 847 871.81	16 956 830.02	97.62	99.21	−1.59
非流动负债	385 871.84	135 620.07	2.38	0.79	1.59
负债合计	16 233 743.65	17 092 450.09	100.00	100.00	0.00

负债期限结构更能说明企业的负债筹资政策。从表 3-4 中可以看出，GL 公司 2020 年末流动负债比重虽比前一年降低了 1.59%，但仍然很高，高达 97.62%左右，说明该公司采用以流动负债为主的负债筹资政策，这种筹资政策虽然有可能会增加公司的偿债压力，承

担较大的财务风险，但是同时可能会降低公司的负债成本。

②负债方式结构分析评价。负债方式结构是指按不同方式取得的负债项目分别占负债总额的比重而构成的比例关系。负债按其取得方式的不同可分为银行信用、商业信用、内部结算款项、外部结算款项、应付债券和其他负债等。

根据 GL 公司 2020 年资产负债表，编制该公司的负债方式结构分析表，如表 3-5 所示。

表 3-5　GL 公司 2020 年负债方式结构分析表

项　目	金额（万元）		结构（%）		
	2020 年	2019 年	2020 年	2019 年	差异
银行信用	2 216 509.85	1 599 106.24	13.65	9.36	4.29
商业信用	5 303 173.12	6 694 202.36	32.67	39.16	−6.49
应交款项	230 135.56	370 377.97	1.42	2.17	−0.75
内部结算项	351 521.53	357 199.02	2.17	2.09	0.08
外部结算款项	1 405 058.95	1 002 378.95	8.66	5.86	2.8
应付股利	698.66	70.79	0.00	0.00	0.00
其他负债	6 726 645.98	7 069 114.76	41.44	41.36	0.08
负债合计	16 233 743.65	17 092 450.09	100.00	100.00	0.00

从表 3-5 中可以看出，GL 公司 2020 年商业信用和银行信用仍然是负债资金的最主要来源。商业信用虽然本期降低了 6.49%，但仍维持比较高的比重。该项目如果不能及时支付，也可能会对公司信誉产生影响。银行信用的风险高于其他负债方式所筹资金的风险，尤其 GL 公司 2020 年本期短期借款的比重上升较大，财务风险加大，需要给予充分的关注。此外，还应注意到其他负债所占比例较高的现象，从其构成来看，主要是其他流动负债较高，从附注中可以看出，其他流动负债中主要是家电企业销售返利较高，这一现象是否正常需要进一步分析。

③负债成本结构分析评价。负债成本结构是指由不同成本的负债分别占负债总额的比重而构成的结构关系。各种负债，由于其来源渠道和取得方式不同，成本也有较大差异。如应付账款等，属于无成本负债；如短期借款等，属于低成本负债；如长期借款和应付债券等，则属于高成本负债。根据对各种负债成本的划分，然后进行归类整理，就会形成负债成本结构。

根据 GL 公司资 2020 年产负债表，编制该公司的负债成本结构分析表，如表 3-6 所示。

表 3-6　GL 公司 2020 年负债成本结构分析表

项　目	金额（万元）		结构（%）		
	2020 年	2019 年	2020 年	2019 年	差异
无成本负债	13 961 131.10	15 358 047.95	86.00	89.85	−3.85
低成本负债	2 086 541.17	1 729 713.55	12.85	10.12	2.73
高成本负债	186 071.38	4 688.59	1.15	0.03	1.12
负债合计	16 233 743.65	17 092 450.09	100.00	100.00	0.00

从表3-6可以看出,无成本负债在全部负债中占据主导地位,尽管2020年下降了3.85%,但占比仍达86.00%。值得关注的是负债成本结构的动态变化,在无成本负债占比较高的情况下,低成本负债和高成本负债占比呈现上升态势,这将增加公司未来的财务成本,增加财务风险,需要予以充分关注。

4）股东权益结构的分析评价

（1）股东权益结构分析应考虑的因素。股东权益是由企业投资人投资和企业生产经营所得净收益的积累而形成的。企业不仅要有适度的股东权益规模,以保证企业正常的偿债能力,降低企业的财务风险,而且还要有合理的股东权益结构以保证企业财务结构的稳定性。股东权益结构分析时应考虑以下5种因素:①股东权益总量。股东权益总量变化一般会引起股东权益结构的变化。分析股东权益结构变化时,应首先考虑是否是由于股东权益总量变化引起的。②企业利润分配政策。按照股东权益的来源不同,股东权益的构成可以分为投资者投入和生产经营活动形成的积累两类。一般说来,投资者投入的资本不是经常变动的,因此,由企业生产经营获得的利润积累而形成的股东权益的多少成为直接影响股东权益结构的主要因素,而这完全取决于企业的生产经营业绩和利润分配政策。企业采取高利润分配政策,必然使留存部分减少;反之,企业采取低利润分配政策,则能够留存相对较多的资金用于生产经营。③企业控制权。如果企业吸收投资人追加投资来扩大企业规模,就会增加股东权益中投入资本比重,使股东权益结构发生变化,同时也会分散企业的控制权。如果企业的投资人不想控制权被分散就会在企业需要资金时,选择负债方式筹资,在其他条件不变的情况下,既不会引起企业股东权益结构发生变化,也不会分散企业控制权。④权益资本成本。由于股东权益各个项目的资金成本不同,所以股东权益结构影响股东权益资金成本。事实上,在股东权益各项目中,只有投资人投入的资本,才会发生实际资本支出,其余各项目是一种无实际筹资成本的资金来源,其资金成本只不过是一个机会成本,即它们无须像投入资本那样,分配企业的利润。同时,由于筹措这类资金既不花费时间,也无须支付筹资费用,因而其成本要低于投入资本的资金成本。基于此类资金的这一特点,在股东权益中,这类资金的比重越大,股东权益资金成本就越低。⑤经济环境。企业在选择筹资渠道和方式时,不仅取决于企业的主观意愿,还受经济环境的影响。例如,当资金市场比较宽松时,企业可能更愿意通过负债来筹集资金,这样既可以降低整个企业的资金成本,又可以获得财务收益,而资金市场紧张时,企业则会利用权益筹资方式来筹集资金,更注意企业自身的积累,其结果就会影响到股东权益结构。

（2）股东权益结构的具体分析评价。股东权益构成结构主要可以分为:投入资本、其他综合收益和留存收益。投入资本是指反映企业投资者对企业进行的累计投资规模;其他综合收益是指企业根据企业会计准则规定未在损益中确认的各项利得和损失扣除所得税影响后的净额;留存收益是指反映企业最初成立以来的自身积累规模。

根据GL公司2020年资产负债表,编制该公司的股东权益结构变动情况分析表,如表3-7所示。

从表3-7可知,从静态来看,2020年,留存收益占比达到了92.75%,仍然是GL公司股东权益的最主要来源。较好的经营业绩为公司发展提供了可靠的内部资金来源。从动态

表 3-7　GL 公司 2020 年股东权益结构变动情况分析表

项　　目	金额（万元）		结构（%）		
	2020 年	2019 年	2020 年	2019 年	差异
实收资本（或股本）	601 573.09	601 573.09	5.22	5.46	−0.24
资本公积	12 185.03	9 337.95	0.11	0.08	0.03
减：库存股	518 227.39	——	4.50	——	4.50
投入资本合计	95 530.73	610 911.04	0.83	5.54	−4.71
其他综合收益	739 606.02	626 029.20	6.42	5.68	0.74
盈余公积	349 967.16	349 967.16	3.04	3.18	−0.14
一般风险准备	49 757.58	48 985.58	0.43	0.44	−0.01
未分配利润	10 284 159.64	9 379 464.35	89.28	85.15	4.13
留存收益合计	10 683 884.38	9 778 417.09	92.75	88.77	3.98
归属于母公司股东权益合计	11 519 021.12	11 015 357.33	100.00	100.00	0.00

来看，投入资本的比重下降了 4.71%，主要原因是库存股占比增加了 4.50%，公司回购库存股用于后续公司将择机实施员工持股计划或股权激励，若以后未能在相关法律法规规定的期限内转让完毕，未转让部分股份将依法予以注销；其他综合收益的比重增加了 0.74%；留存收益的比重增加了 3.98%。总之，该公司股权权益结构的这种变化，除了本年大量回购库存股外，主要原因是公司运用资本创造财富的能力较强。

3. 资产负债表整体结构的分析评价

资产负债表整体结构的分析评价是对资产结构与资本结构的适应程度进行分析评价。其分析评价的思路是：首先，要明确资产结构与资本结构之间存在着一定的依存关系。企业资产结构受制于企业的行业性质，不同的行业性质，其资金融通的方式也有差异。因此，尽管总资产与总资本在总额上一定相等，但由不同投资方式产生的资产结构与不同筹资方式产生的资本结构却不完全相同，通常资本结构受制于资产结构，但资本结构也会影响资产结构。其次，分析评价不同结构可能产生的财务结果，并据以推断对企业未来的财务状况和企业未来经营的影响。

资产负债表整体结构主要有以下 4 种类型。

（1）保守型结构。保守型结构是指企业全部资产的资金来源都是长期资金，即企业的流动资产和非流动资产都是使用长期资金来满足。保守型结构的特征在于企业没有流动负债，资金需求全部使用非流动负债和所有者权益来满足。保守型结构的资产负债表形式如表 3-8 所示。

保守型资产负债表整体结构带来的财务结果是：①企业风险极低；②资金成本最高；③筹资结构缺乏弹性。目前，很少企业采用这种类型的整体结构。

（2）稳健型结构。稳健型结构是指非流动资产依靠长期资金解决，流动资产需要长期资金和短期资金共同解决。稳健型结构的特征在于企业流动资产的一部分资金需求（主要是临时性占用流动资产）要使用流动负债来满足；另一部分资金需求通过长期资金满足。稳健型结构的资产负债表形式如表 3-9 所示。

表 3-8　保守型结构的资产负债表

流动资产	临时性占用流动资产	非流动负债
	永久性占用流动资产	所有者权益
非流动资产		

表 3-9　稳健型结构的资产负债表

流动资产	临时性占用流动资产	流动负债
	永久性占用流动资产	非流动负债
非流动资产		所有者权益

稳健型资产负债表整体结构带来的财务结果是：①通过流动资产的变现足以满足偿还短期债务的需要，企业风险较低；②由于一部分流动负债降低了企业的融资成本，资金成本相对较低；③无论是资产结构还是资本结构，都具有一定的弹性。目前，大多数企业资产负债表整体结构都表现为这种类型。

（3）平衡型结构。平衡型结构是指企业流动资产资金需求全部由流动负债来满足，非流动资产资金需求通过长期资金来满足。平衡型结构的资产负债表形式如表 3-10 所示。

表 3-10　平衡型结构的资产负债表

流动资产	流动负债
非流动资产	非流动负债
	所有者权益

平衡型资产负债表整体结构带来的财务结果是：①同样高的资产风险与筹资风险中和，使企业风险均衡；②相对于前面两种结构形式，资金成本低；③存在潜在的风险。

（4）风险型结构。风险型结构是指企业流动负债不仅用于满足流动资产的资金需求，还用于满足部分非流动资产的资金需求。风险型结构的资产负债表形式如表 3-11 所示。

表 3-11　风险型结构的资产负债表

流动资产	流动负债
非流动资产	非流动负债
	所有者权益

风险型资产负债表整体结构带来的财务结果是：①由于流动负债和长期资产在流动性上并不对称，导致较高的资产风险与较高的筹资风险不能匹配，财务风险较大；②相对于前面三种结构形式，资金成本较低；③存在企业因不能偿还到期债务而引起的"黑字破产"的潜在风险。一般来说资产流动性很好且经营现金流量较充足的企业通常会表现出风险型结构。这一结构只适用于企业处于发展壮大时期，或者在短期内作为一种财务策略来使用。

从表 3-2 可以看出，GL 公司 2020 年流动资产比重为 76.51%，流动负债比重为 56.76%，属于稳健型结构。该公司去年流动资产比重为75.40%，流动负债比重为59.92%，从动态角度来看，两个年度的资产结构和资本结构都发生了变化，但资产结构和资本结构适应程度的性质并未改变。

第四节　资产负债表质量分析

资产负债表质量分析就是对企业财务状况的实际质量进行分析，即资产负债表上的数据反映企业财务状况的真实程度及财务运转的质量，它受资产、负债和所有者权益三个要素质量的制约。因此，资产负债表质量分析包括资产、负债和所有者权益三个方面的主要项目质量分析。实际上，决定着企业生存的基础和发展的潜在能力是企业资产、负债和所有者权益的实际质量而不是其账面金额。

一、主要资产项目的质量分析

资产是指企业过去的交易形成的、由企业拥有或者控制的、预期会给企业带来经济利益的资源。对实体企业而言，资产项目主要包括货币资金、商业债权、其他应收款、存货、固定资产、无形资产等。

按照质量大师克劳士比的观点，质量就是符合要求。而资产的要求就是通过对其进行安排与使用，使其预期效用能够最大限度地发挥。因此，资产的质量就是指资产在特定的经济组织中实际发挥的效用与其预期效用之间的吻合程度。由于不同资产各自的功用不同，故企业对各类资产预期效用的设定也就各不相同，因而资产不同项目应具有各自的质量特征。但总的来说，研究各个资产项目的质量特征，可以从资产的盈利性、周转性和保值性等方面进行分析评价。资产的盈利性是指资产在使用的过程中能够为企业带来经济效益的能力，它强调的是资产能够为企业创造价值的这一效用；资产的周转性是指资产在企业经营运作过程中被利用的效率和周转速度，它强调的是资产作为企业生产经营的物质基础而被利用的效用；资产的保值性是指企业的非现金资产在未来不发生减值的可能性。

需要强调的是，同一项目资产在不同的企业或同一企业不同时期、不同环境之下，对其预期效用是不同的，因此，对资产负债表各项资产进行质量分析时，必须结合企业特定的经济环境来进行，不能一概而论。

企业对资产的安排和使用程度上的差异，会引起资产质量的好坏，将直接导致企业实现利润、创造价值水平方面的差异。所以，企业要不断优化资产，促进资产的新陈代谢，保持资产的良性循环，才能使企业长久保持竞争优势。

1. 货币资金质量分析

货币资金是指企业生产经营中处于货币形态的资金，按照其形态和用途的不同可分为库存现金、银行存款和其他货币资金。其中，库存现金和银行存款由于可作为支付手段，常被看作是企业的"血液"，通常合称为企业的现金；而其他货币资金主要包括一些因用途受到限制而不能随意支取的项目，如外埠存款、银行汇票存款、银行本票存款、信用证存款、信用卡存款和在途资金等。

　　货币资金质量主要包括货币资金的运用质量、货币资金的构成质量和货币资金的生成质量。因此，对货币资金质量分析，应从 3 个方面进行。

　　1）货币资金的运用质量

　　货币资金的运用质量就是分析货币资金规模的合理性。货币资金是企业流动性最强、最有活力的资产，但同时又是盈利能力最低，或者说几乎不产生收益的一种资产。为维持企业经营活动的正常运转，企业必须有一定数量的货币资金。但是，货币资金的持有量应当适度，如果持有量过大，则会导致企业资产收益水平下降，资金浪费；反之，如果持有量太小，则可能影响企业正常生产经营活动，增加企业流动性风险。因此，货币资金持有量过高或过低，都会对企业生产经营产生不利影响。那么，企业货币资金的规模应该是多少才合适呢？由于企业的情况千差万别，货币资金的最佳规模并没有一个标准的尺度，需要企业根据自己的实际情况来调整，但总的原则是既要满足生产经营和投资的需求，又不能造成大额现金的闲置。一般而言，影响企业货币资金规模的因素主要有如下几个方面：

　　（1）企业的资产规模和业务量。企业资产总额越大，相应的货币资金规模也就应当越大；业务收支频繁且绝对额大的企业，处于货币资金形态的资产也会较多。

　　（2）企业对货币资金的运用能力。货币资金如果仅停留在货币形态，则只能用于支付，对企业资产增值的直接贡献率将会很小。如果企业管理人员善于利用货币资金从事其他经营或投资活动，企业的获利水平就有可能提高，则货币资金的规模可维持在较低水平。

　　（3）企业外部融资能力。如果企业具有良好的信誉和融洽的外部融资关系，能保证企业的融资渠道畅通，一般没有必要持有大量的货币资金，这样可以减少货币资金闲置，降低资金成本。

　　（4）行业特点。由于不同行业对货币资金需求不同，因此企业的货币资金持有量也会受到行业性质影响。例如，金融企业一般具有大量的货币资金，而制造业的货币资金量相对要小得多。

　　除此之外，还需要考虑的因素有：近期偿债和准备发放现金股利等资金需求；企业的盈利状况和自身创造现金的能力；宏观经济环境变化对企业融资环境的影响等。

　　在分析货币资金规模的合理性时，可将本企业的货币资金占总资产的比例与同行业平均水平及同行业对标企业加以对比，当这一比例显著超过同行业的平均水平或对标企业时，则说明企业的货币资金过多，企业需要为这些超额储备的货币资金找一个出路。

　　根据表 3-1 和表 3-2 所示的内容可以对 GL 公司 2020 年的货币资金规模、比重及变动情况做分析评价。

　　第一，从货币资金规模及变动情况来看，该公司本期货币资金比上年增加额为 1 101 242.86 万元，增加了 8.78%，可进一步结合现金流量表及会计报表附注找出货币资金增加的主要原因。

　　第二，从货币资金比重及变动情况来看，期末货币资金比重为 48.86%，期初比重为 44.32%，货币资金比重增加了 4.54%，该公司的货币资金比重都是较高的，而且有增长的趋势，公司应注意分析有无资金闲置的情况。

　　2）货币资金的构成质量

在货币资金数量一定的条件下，还要对货币资金构成情况进行分析。货币资金构成分析的内容主要有两个方面：一方面是分析企业持有的各种货币汇率趋势。当企业的经济业务涉及多种货币的情况下，企业的货币资金就会由多种货币构成，由于不同货币币值有不同的未来走向，不同的货币走向决定了相应货币的质量。因此，对企业持有的各种货币进行汇率趋势分析，就可以确定企业持有货币资金的未来质量。另一方面是分析货币资金的自由度。货币资金的自由度分析就是分析货币资金的使用是否受限。有些货币资金项目出于某些原因被指定了特殊用途，例如存款已用于质押、借款合同要求最低存款余额、存入银行的保证金等，实质上这部分货币资金是不能随意支用的，不能作为企业正常的支付手段。因此，通过计算被限制使用的货币资金占该项目总额的比例来考察货币资金的自由度，将有助于揭示企业的实际支付能力。

GL 公司 2020 年年报报表附注中关于货币资金的构成情况如表 3-12 所示。

表 3-12　GL 公司 2020 年货币资金的构成情况表　　　　　　（元）

项　　目	期末余额	期初余额
库存现金	468 623.79	1 357 064.14
银行存款	78 022 377 237.18	62 105 349 148.41
其他货币资金【注1】	18 693 373 853.14	10 695 206 587.82
存放中央银行款项【注2】	2 039 998 699.60	3 016 086 870.50
存放同业款项	35 190 517 674.79	47 928 688 430.00
小计	133 946 736 088.50	123 746 688 100.87
其中：存放在境外的款项总额	637 626 876.23	631 329 193.55
应计利息	2 466 407 771.31	1 654 027 166.77
合计	136 413 143 859.81	125 400 715 267.64

【注 1】其他货币资金期末余额主要为银行承兑汇票保证金、保函保证金、信用证保证金存款等，其中受限资金为 18 297 513 521.07 元；

【注 2】公司存放中央银行款项中法定存款准备金为 2 037 889 970.12 元，其使用受限制。

从上述【注1】、【注2】看以看出，使用受到限制的货币资金约为 2 033 540.35 万元，大量货币资金没有限制，可以自由支付，说明该公司实际支付能力较强。

3）货币资金的生成质量

通过分析货币资金规模的持续性特征，可以分析货币资金的生成质量。货币资金被誉为企业的"血液"，因而，关注货币资金规模的持续性是非常必要的。在分析中，可依据企业提供的现金流量表展开相应的货币资金质量分析，考察企业货币资金的生成质量，判断企业货币资金规模的持续性及其合理性，为预测企业未来的货币资金规模走势提供更加科学的依据。

虽然企业的经营活动、投资活动、筹资活动都可引起货币资金规模的变动，但这三个方面对货币资金规模持续性的影响是不同的。具体表现为如下几个方面。

（1）企业经营活动引起货币资金规模变化。企业经营活动创造货币资金的能力通常被视为企业自身的造血功能。在经营战略和经营规模基本不变的条件下，一个自身造血功能正常的企业，货币资金规模一般会呈现不断上升的趋势。可见，如果一个企业货币资金规模的增加主要来自经营活动，则说明该企业货币资金规模具有持续性，货币资金的生成质量自然也会比较高。

一般而言，企业经营活动中有两个主要方面会影响企业的造血功能：第一方面，销售规模以及信用政策的变化。随着企业内外部环境的变化，企业的销售规模会相应发生变化，而销售回款是企业自身创造现金的最主要来源渠道；信用政策的变化也会在一定程度上影响企业销售所收到的货币资金量。例如，在销售时，企业提高现销比例，货币资金量就会变大些，反之，货币资金量就会小些；如果企业奉行较严格的收账政策，收账力度加大，货币资金量就会大些。第二方面，企业采购规模以及议价能力的变化。企业的采购行为往往需要企业动用货币资金存量，而由企业在行业中的竞争地位决定其面对上游供应商的议价能力，又会在一定程度上影响当期货币资金支付的相对水平。

（2）企业投资活动引起货币资金规模变化。如果企业实施扩大再生产的战略而大量购入固定资产等长期资产，或者是实施对外扩张战略而大规模对外投资，都要动用大量的货币资金，会引起企业货币资金规模不同程度的下降。相反，如果企业处置固定资产等长期资产或者收回投资，往往会引起货币资金规模的上升。但是，无论是投资还是收回投资，由投资活动而引起的货币资金规模的变化通常是一次性的，不具有持续性，主要受各年度企业战略规划与实施情况的影响，往往具有一定的波动性。

（3）企业筹资活动引起货币资金规模变化。企业通常会在经营活动和投资活动等所需资金不足时，通过举债或者增发股票等方式进行筹资。这些筹集到的资金在使用前会引起企业货币资金规模上升，但其规模随后会由于资金的使用而有所下降，因此，这种货币资金规模的变化通常不具有持续性。

总之，企业只有通过经营活动创造货币资金产生的能力被视为企业的自身造血功能，如果企业货币资金规模的增加主要来自经营活动，那么企业货币资金的生成质量就会比较高。

由 GL 公司 2020 年现金流量表可知，经营活动产生的现金流量净额为 1 923 863.73 万元，投资活动产生的现金流量净额为 9 773.02 万元，筹资活动产生的现金流量净额为 –2 111 149.75 万元。说明该企业自身的造血功能良好，货币资金规模具有持续性，货币资金的生成质量自然会比较高。

2. 应收票据质量分析

应收票据是指企业因销售商品、提供劳务而收到的商业汇票。分析时应当关注企业持有的应收票据类型，是银行承兑汇票还是商业承兑汇票。对银行承兑汇票而言，因为银行是承兑人，基本不存在拒付的可能，所以，这种应收票据是可靠的；但对于商业承兑汇票而讲，则应关注企业债务人的信用情况，是否存在到期不能偿付的可能性，如果到期债务人无力偿付或拒付，企业应将应收票据的账面余额转入应收账款账户，从而企业的商业债权由"有期"转为"无期"加以核算，这样就会影响应收票据的变现性和周转性。

商业汇票是一种有价证券，商业汇票在到期之前，企业如果需要资金，可将持有的商业汇票背书向银行或其他金融机构办理贴现，保证了应收票据具有较强的变现性。但我国《票据法》规定，票据贴现具有追索权，票据承兑人到期不能兑付时，背书人有连带付款责任。因此，对企业而言，已贴现的商业汇票就成为企业的一种或有负债了。分析该项目时，应结合会计报表附注中的相关披露，了解企业是否存在已贴现的商业票据，已贴现的商业票据数额越大，对企业将来的偿债能力影响就越大。

应收票据与应收账款相比，由于其流动性高、可回收性强、坏账率低，所以应收票据质量高于应收账款。

3. 应收账款质量分析

应收账款是企业因赊销产品、提供劳务等业务而形成的商业债权。应收账款的质量主要是指债权转化为货币的能力，因此，对于应收账款项目来说，分析其周转性是对其质量分析的关键。对于应收账款的质量分析主要应从以下 3 个方面进行。

1）应收账款规模与变动的分析

一方面，应收账款是一种信用和促销手段，会提高企业的竞争力，扩大企业销售量，应收账款的资金占用是必要的；另一方面，企业应收账款规模越大，由于占用资金而产生的机会成本就越多，发生坏账的可能性也越大。所以应收账款的规模应当适度。

企业赊销产品是应收账款形成的直接原因，在其他条件不变时，应收账款会随销售规模的增加而同步增加。当应收账款的相对规模水平出现急剧上升（即应收账款增长率超过营业收入的增长率）时，要格外关注。对此，如果要进一步分析应收账款增加的具体原因是否正常，应考虑以下几方面的原因：一是企业销售规模变动导致应收账款变动。二是企业的信用政策改变。企业的信用政策对其应收账款规模有直接的影响：宽松信用政策，将会刺激销售，扩大应收账款规模；紧缩信用政策，则会制约销售，缩小应收账款规模。三是企业收账政策不当或收账工作执行不力。当企业采取较严格的收账政策或收账工作得力时，应收账款的规模就会小些，反之，则会大些。四是应收账款质量不高。如客户发生财务困难，难以偿还所欠货款，应收账款账龄延长，会扩大应收账款的规模。五是行业竞争加剧或企业在行业中的竞争地位明显下降，会扩大应收账款的规模。

在实际业务中，企业利用应收账款进行利润调节的案例屡见不鲜。为此，分析应收账款规模变动时还应特别关注以下几个方面。

（1）应收账款的异常增长。尤其是平时的营业收入和应收账款都很均衡，而年底营业收入相对应的应收账款突然猛增，这时可怀疑企业是否虚增营业收入或提前确认营业收入进行利润操纵。

（2）应收账款中关联方应收账款的金额与比例增长。由于关联方彼此之间在债权债务方面的操纵色彩较强，如果一个企业应收账款中关联方应收账款的金额增长异常或所占比例过大，应视为企业可能利用关联交易进行利润调节的信号。

（3）企业是否有应收账款巨额冲销行为。一个企业巨额冲销应收账款，特别是其中的关联方应收账款，是不正常的，通常是在还历史旧账，或者是为今后进行盈余管理扫清障碍。这种行为被称为"洗大澡"，当企业发现某年业绩较差时，在该年度进行巨额的应收账款冲销，甚至将本能收回的应收账款进行部分冲销，以便为未来利润的转回提供空间。

　　在分析应收账款规模的合理性时，可将本企业的应收账款规模与企业资产规模和营业收入规模进行对比计算出相应比例之后，与自身前期水平、行业平均水平及同行业对标企业进行比较，这样就可以大致判断其规模的合理性。

　　2）应收账款的周转性分析

　　应收账款的周转性分析方法主要有下列几种。

　　（1）应收账款的账龄分析。这是最传统的一种分析方法，这种方法是通过对债权的形成时间进行分析，进而对不同账龄的债权分别判断质量。一般而言，应收账款的账龄越长，应收账款不能收回的可能性就越大，发生坏账的可能性就越大，应收账款的质量状况就越差。

　　GL 公司 2020 年年报的报表附注中关于应收账款账龄的构成情况如表 3-13 所示。

表 3-13　GL 公司 2020 年末应收账款账龄的构成情况表

账龄（年）	期末余额（元）
1 年以下	7 933 682 269.67
1~2	603 725 306.34
2~3	515 803 198.01
3 年以上	438 137 210.08
小计	9 491 347 984.10

　　从上表可以看出，应收账款期末余额中，1 年以下的应收账款占总额的 83.59%，这说明 GL 公司的应收账款多数在 1 年以内都能及时收回，发生坏账的可能性比较小，周转性较好，整体质量还可以。

　　（2）债务人的构成分析。债务人的构成分析是从债务人的构成角度来判断应收账款的可回收性。对债务人的构成进行分析，可以关注以下几个方面：第一，对债务人的行业构成进行分析。由于不同行业的成长性差异可能很大，处于同一行业的企业往往在财务质量方面有较大的相似性，因此，对债务人的行业构成进行分析至关重要。第二，对债务人的区域构成进行分析。由于区域经济发展水平、法制环境以及特定的经济环境等条件的差异，导致不同地区的债务人其信用状况会不同，区域经济发展水平、法制环境以及特定的经济环境越好，企业对这些地区的债权可回收性越强。第三，对债务人的所有权性质进行分析。不同所有制的企业在自身债务的偿还心态以及偿还能力方面也有较大的差异。实践证明，大多数国有企业，其偿债能力和偿债意愿明显好于民营企业。第四，对债务人的集中度进行分析，即观察企业客户是集中还是分散。有的企业的主要客户非常少，只向一两个客户进行销售，由此形成的应收账款可能具有较大的风险，主要原因在于：①一旦其客户面临财务危机，企业的坏账可能会大大增加。②由于债务人集中度越高，债务人的谈判议价能力越强，其越有能力向企业提出产品降价、现金折扣上升、延期付款等要求，而企业为了保持自身的销售收入，不得不接受客户这些比较苛刻的购货条件，导致企业坏账风险和盈利风险加大。但是，如果企业的客户群非常分散、客户众多，虽然会降低上述风险，但是也会增加应收账款的管理难度和管理成本。第五，与债务人的关联状况分析。从企业与债务人的关联状况来看，可以把债务人分为关联方债务人与非关联方债务人。由于关联方彼此之间在债权债务方面的操纵色彩较强，因此，对关联方债务人的偿还状况应给予足够重视。第六，对债务人的稳定程度分析。从债务人的稳定程度来看，稳定的债务人的偿债能力一般较好把握，但同时也要关注其近期是否出现财务困难。通常，稳定的债务人过多，意味着企业的经营没有太大起色。而临时性或不稳定的债务人虽然有可能是企业扩展经营业务的结果，但其偿债能力一般较难把握。

GL 公司 2020 年会计报表附注中有关债务人构成情况如表 3-14 所示。

表 3-14　按债务人归集的期末余额前五名的应收账款情况

单位名称	应收账款期末余额（元）	占应收账款期末余额合计数的比例（%）	坏账准备期末余额（元）
第一名	1 592 049 865.00	16.77	142 916 999.22
第二名	838 838 926.80	8.84	41 941 946.34
第三名	421 266 292.15	4.44	21 063 314.61
第四名	252 078 651.19	2.66	12 603 932.56
第五名	226 116 412.62	2.38	11 305 820.63
合　计	3 330 350 147.76	35.09	229 832 013.36

从本公司披露应收账款的附注信息来看，由于未披露前五名客户的具体名称，无法从债务人的区域构成、所有权性质、关联状况以及稳定程度等方面来判断应收账款的质量。从表 3-14 可知，前五大赊销客户的期末欠款规模均不大，赊销范围相对较为分散，从一个侧面说明公司的应收账款质量整体较好，发生坏账的可能性较小。

（3）应收账款的周转指标分析。应收账款周转指标包括应收账款周转率和应收账款周转天数，应收账款周转率是一定时期赊销收入净额和平均应收账款水平的比值，应收账款周转天数表示在一个会计年度内，应收账款从发生到收回周转一次的平均天数（平均收账期）。在一定的信用政策下，企业应收账款周转率越高，平均收账期越短，应收账款周转速度越快，应收账款的周转性也就越好。反之，应收账款的周转性就越差。

3）应收账款的保值性分析

应收账款的保值性分析就是对坏账准备计提情况以及计提政策的恰当性进行分析。资产负债表中列示的是应收账款净额，是根据"应收账款"科目期末借方余额合计减去"坏账准备"科目期末余额后的金额填列，当坏账准备计提受到会计政策变更或会计估计变更影响时，也会影响应收账款的列示金额。现行会计准则强调，应收账款作为一项金融资产，应当在资产负债表日进行减值检查，将其账面价值与预计未来现金流量现值之间的差额确认为减值损失，计入当期损益。企业的应收账款是否发生减值以及减值程度的大小取决于该项目预计未来现金流量的现值，而不再过分强调所采用的坏账准备计提方法。当然在实际业务中，企业仍可使用账龄分析等方法对坏账准备加以估计，而变更坏账准备的计提方法和比例往往存在不可告人的目的。

因此，在分析应收账款的质量时要特别关注应收账款的保值性，即对坏账准备计提情况以及计提政策的恰当性进行分析。分析时，应注意以下几个方面。

（1）分析坏账准备的提取方法、提取比例的合理性。由于企业可以自行确定计提坏账准备的方法和计提的比例，这可能导致一些企业往往出于某种动机，随意选择坏账准备的提取方法、提取比例，人为地调节应收账款净额和当期利润。分析时，可以通过阅读会计报表的相关附注，结合当年的实际业绩及行业惯例（即参照行业坏账计提比例的平均值），判断坏账准备计提方法和比例变更的合理性，从而在一定程度上判断该项目的保值质量。

（2）分析企业前后会计期间坏账准备提取方法、提取比例的一致性。企业坏账准备提取方法和提取比例一经确定，一般来说，就不能随意变更。分析时首先查明企业坏账准备的提取方法和提取比例变更情况，然后确认企业是否按照信息披露制度的规定，对其变更原因予以说明。最后分析企业这种变更的理由是否充分合理，区分是正常的会计变更还是为了调节利润而变更。

（3）区别坏账准备提取数变动的原因。坏账准备提取数发生变动，既可能是由应收款项变动引起的，也可能是由会计政策或会计估计变更引起的，因此在实际业务中应该加以区别。

根据 GL 公司 2020 年的资产负债表及其附注可知，该公司 2020 年坏账准备采取备抵法核算。坏账准备按决算日应收款项余额进行分类计提，其中按信用风险特征组合计提坏账准备的应收账款占应收账款总额的比重为 98.68%，计提比率为 6.70%；单项金额不重大但单独计提坏账准备的应收账款占应收账款总额的比重为 1.32%，计提比率为 100.00%。本期应收账款计提坏账准备金额 75 311.71 万元，公司的坏账准备占应收账款账面余额比例为 7.93%；上期应收账款计提坏账准备金额 72 348.57 万元，公司的坏账准备占应收账款账面余额比例为 7.90%，两期所占的比例基本保持一致。因此，本期该公司坏账准备的增加主要是由应收账款余额增加所导致的，会计政策及会计估计对本项目未产生影响。

4. 其他应收款质量分析

其他应收款的发生通常是由企业间或企业内部由非购销活动所产生的应收债权。一般从以下几个方面对其他应收款质量进行分析。

（1）分析其他应收款的规模及变动情况。分析时应注意观察其他应收款增减变动趋势，一般而言，其他应收款规模应该小于应收账款的规模，如果其他应收款规模远远超过应收账款规模，或其他应收款增长率大大超过应收账款增长率，就应注意分析企业是否有利用其他应收款进行利润操纵的行为。

（2）分析其他应收款的内容。一些企业常常把其他应收款项当成蓄水池，任意调整成本费用，进而达到调节利润的目的。分析时应该注意以下问题：第一，是否将应计入当期成本费用的支出计入其他应收款；第二，是否将本应计入其他项目的内容计入其他应收款。

（3）分析关联方其他应收款余额及账龄。如果在其他应收款中，关联方比重较大，将会影响其他应收款的回收。特别要注意的是，近年来，大股东占用巨额上市公司资金的事例频繁曝光，其他应收款成为大股东或者实际控制人占用公司资金的手段，已严重威胁到上市公司的正常经营。分析时应结合会计报表附注，观察是否存在大股东或关联方长期、大量占用上市公司资金，造成其他应收款余额长期居高不下的现象。

（4）分析会计政策变更对其他应收款的影响。根据 GL 公司 2020 年提供的会计报表可知，该公司 2020 年其他应收款余额为 14 733.85 万元，占总资产 0.05%，上年其他应收款余额为 15 913.44 万元，占总资产 0.06%，本年其他应收款降低了 1 179.59 万元，降低率 7.41%。从其他应收款所占总资产比重来看并不高，而且 2020 年其他应收款所占总资产比重和其他应收款规模都比前一年有所降低。此外，根据报表附注披露，该公司 2020 年按欠款方归集的期末余额前五名欠款合计占比（占其他应收款余额）约为 34.77%，且均属于与该公司无关联的第三方，说明债务人分布较为分散，不存在关联方资金占用。

5. 存货质量分析

存货是指企业在日常活动中持有的以备出售的产成品或商品、处在生产过程中的在产品、在生产过程或提供劳务过程中耗用的材料和物料等。存货项目在流动资产中所占比重较大，是影响企业流动性的主要因素之一。除此之外，存货的成本会直接计入利润表的销售成本，也会对利润具有直接影响。因此，应特别重视对存货质量的分析。

对存货质量的分析应当在存货构成的基础上，从盈利性、周转性以及保值性等方面重点进行分析。

1）存货构成分析

企业存货资产遍布于企业生产经营全过程，种类繁多，按其性质可分为材料存货、在产品存货和产成品存货。对企业的存货项目进行分析，不能仅仅依据资产负债表上的存货余额，因为各类存货在规模上的变化可以相互抵消，如果只考察存货总规模很可能会掩盖诸多具体情况和问题，因此在分析时，要结合报表附注中有关存货的披露内容，对存货的构成情况进行深入的分析。存货构成分析包括各类存货规模和各类存货结构分析与变动情况的分析。

（1）存货规模和变动情况分析。存货规模和变动情况分析主要分析各类存货的增减变动情况与变动趋势，然后分析各类存货变动原因。分析时，需要将存货信息与企业所处行业的生产经营特点、上下游行业的联动效应以及供应商和客户关系相结合。企业所处的行业特点不同、与上下游的关系不同，存货规模会呈现显著的差异。

企业各类存货规模及其变动是否合理，应结合企业具体情况进行分析评价。材料存货和在产品存货是保证企业生产经营活动连续进行必不可少的条件。一般说来，随着企业生产规模的扩大，材料存货和在产品存货相应增加是正常的。也就是说材料存货和在产品存货应随着产销规模的扩大而同步增加；反之，材料存货和在产品存货增长超过营业收入的增长可能不是一种正常现象，会造成资源浪费。

根据 GL 公司 2020 年财务报表附注资料，编制存货规模变动情况分析表，如表 3-15 所示。

表 3-15　存货规模变动情况分析表　　　　　　　　　金额单位：万元

项　　目	2020 年	2019 年	变动情况	
			变动额	变动率（%）
原材料	895 926.82	1 031 373.43	−135 446.61	−13.13
在产品及合同履约成本	204 613.94	183 367.52	21 246.42	11.59
产成品	1 576 157.99	1 112 074.48	464 083.51	41.73
开发成本	160 973.19	107 432.59	53 540.60	49.84
存货总值	2 837 671.94	2 434 248.02	403 423.92	16.57

GL 公司 2020 年度营业收入降低了 0.18%，但是产成品却增加了 41.73%。这表明，公司产品销售受阻，导致库存商品积压，占用了大量生产资金，应当引起公司重视。

【注】 开发成本为本公司基于员工住房需求而开发建设的某基地地产配套项目

（2）存货结构与变动情况分析。分析时，需要注意各类存货资产在企业再生产过程中的作用是不同的。其中，材料类存货是维护再生产活动的必要物质基础，然而它只是生产的潜在因素，所以应把它限制在能够保证再生产正常进行的最低水平上；在产品存货是保证生产过程连续性的存货，企业的生产规模和生产周期决定了在产品存货的存量，在企业正常经营条件下，在产品存货应保持一个稳定的比例；库存商品和发出商品存货是存在于流通领域的存货，并非保证企业再生产过程不间断进行的必要条件，必须压缩到最低限度。

企业生产经营的特点决定了企业各类存货的结构，在正常情况下，各类存货结构应保持相对的稳定性。如果各类存货结构发生剧烈变动，可视为企业生产经营的一个异常信号，应进一步深入分析其异常的原因。例如，如果原材料的相对规模有所增大，很有可能是企业预见到原材料市场价格的上涨趋势而做出的一种管理安排，囤积适量原材料以降低未来的产品成本；但如果原材料的相对规模有所减小，产成品的相对规模却有所增大，就有产品因滞销而减产的嫌疑，当然也有可能是企业通过"低转成本"而人为粉饰当期业绩，或是其他原因。

根据 GL 公司 2020 年报表附注资料，编制存货结构变动情况分析表，如表 3-16 所示。

表 3-16　存货结构变动情况分析表　　　　　金额单位：万元

项　　目	金额（万元）		结构（%）		
	2020 年	2019 年	2020 年	2019 年	差异
原材料	895 926.82	1 031 373.43	31.57	42.37	−10.80
在产品及合同履约成本	204 613.94	183 367.52	7.21	7.53	−0.32
产成品	1 576 157.99	1 112 074.48	55.54	45.68	9.86
开发成本	160 973.19	107 432.59	5.67	4.41	1.26
存货总值	2 837 671.94	2 434 248.02	100.00	100.00	0.00

从表 3-16 可以看出，2020 年该公司存货中所占比重较大的是原材料和产成品，两者合计的比重达到了 87.11%。其中，原材料所占比重为 31.57%，比 2019 年减少了 10.8%，而产成品高达 55.54%，比 2019 年增加了 9.86%，表明企业在销售环节可能受阻，生产放缓。

2）存货的盈利性分析

对于传统行业的企业而言，存货的毛利率反映了企业在日常经营活动中的初始获利空间，也可以体现存货项目的盈利性。在充分竞争的行业，毛利率水平往往趋于平均化，一般表现为毛利率稍高于或者稍低于行业平均值，这体现出企业在行业中所处的竞争地位。正常情况下，如果企业毛利率水平较行业毛利率平均水平不断下降，可能是出现了如下情况：第一，企业产品的市场竞争力下降；第二，企业产品的生命周期出现了转折；第三，企业产品面临激烈的竞争。但如果存货的毛利率突然大大高于（或者低于）行业平均值，特别是在企业的产品结构基本维持不变的情况下，在年度间出现显著波动，就可能是企业通过人为调整存货余额和低转（或高转）成本、改变存货计价和盘存方式等手段进行利润操纵的结果，在对存货进行质量分析时，应尽量剔除这些主观人为因素的影响。

根据 GL 公司 2020 年营业收入和营业成本的附注资料，编制存货毛利率分析表，如表 3-17 所示。

表 3-17   GL 公司 2020 年和 2019 年存货毛利率分析表   单位：万元

分产品	2020 年			2019 年		
	营业收入	营业成本	毛利率	营业收入	营业成本	毛利率
空调	11 788 163.99	7 743 033.38	34.32%	13 866 505.51	8 719 244.91	37.12%
其他业务	3 777 143.79	3 630 784.18	3.87%	4 126 436.85	3 979 608.94	3.56%

从表 3-17 可以看出，空调产品实现的营业收入占营业收入总额的比重较高，空调产品的毛利率由 2019 年的 37.12% 下降为 2020 年的 34.32%，因此可以得出结论，该公司存货的毛利率虽有所下降，但仍保持在较高水平，公司在行业中继续保持竞争优势。

3）存货的周转性分析

存货的周转性是反映一定时期存货流转速度，其常用的指标是存货周转率（或存货周转天数），存货周转率是营业成本和平均存货水平的比值，通常存货周转率越大表示存货周转越快。加速存货周转，可以有效提高企业的盈利能力，从而创造更多的价值。在周转一次产生的毛利水平相对不变的情况下，在其他条件相同时，企业存货周转速度越快，一定时期的盈利水平也就越高。

在实际业务中，企业的存货周转率也并非越高越好，对存货周转性分析一般要处理好以下这两方面此消彼长的关系：一方面是企业商业债权的回收速度与存货周转率之间往往存在此消彼长的关系。相对于行业平均水平来说，过高的存货周转率有可能是企业执行了过于宽松的信用政策的结果，很可能会导致企业商业债权（应收账款与应收票据）回收难度加大。因此，企业需要在保证商业债权回款的前提下考察存货的周转性质量。另一方面是存货的盈利性与周转性往往存在此消彼长的关系。企业为了在竞争中获胜就会采取一定的经营战略，一般会选择低成本竞争策略或者产品差异策略。在低成本竞争策略下，通过薄利多销的手段用产品较高的周转率来保证企业的盈利能力；在产品差异策略下，通过保持产品的领先性、优质性和独特性来占领市场，通过较高的毛利率来保证企业的盈利能力。但不管采取何种经营战略，保持存货在盈利性或者周转性方面的高质量是企业在竞争中取胜的关键。

分析中还需要注意的是，如果能够得到企业存货内部构成数据，就应当分类别分析存货周转情况，观察具体是何种存货导致了本期存货周转率的变动，以便分析企业存货周转的未来趋势。

4）存货的保值性分析

存货的保值性分析就是对存货跌价准备计提情况和计提政策的合理性进行分析。按照《企业会计准则第 1 号——存货》的规定，存货的期末计价按照成本与可变现净值孰低计量，对于可变现净值低于成本的部分，应当计提存货跌价准备。企业合理计提存货跌价准备越小，说明企业存货贬值程度越低，存货的保值性越好，存货的质量越高。

在实际业务中，企业对于存货可变现净值的确定需要进行会计估计，这也使得期末存货的价值和当期损益常常受到人为因素的影响。因此，在对企业存货保值性进行分析时，应对存货跌价准备计提的合理性进行判断。一方面，要特别关注企业是否存在利用存货项目进行潜亏挂账的问题。企业将已经失去保值性的积压产品、残品等存货少提或不提存货跌价准备，长期挂账在存货项目中，则会导致存货账面价值高估，虚增当期利润。另一方面，要注意考察企业是否通过存货跌价准备计提来进行巨额摊销，为来年的"扭亏为盈"提供机会。

另外，还要关注报表附注有关存货担保、抵押方面的说明。如果企业存在上述情况，这部分存货的保值性就会受到影响。

根据 GL 公司 2020 年财务报表附注资料，编制存货计提跌价准备情况分析表，如表 3-18 所示。

表 3-18　存货计提跌价准备情况表　　　　　　　金额单位：万元

项　　目	期末余额			期初余额		
	账面余额	跌价准备	计提比例	账面余额	跌价准备	计提比例
原材料	895 926.82	38 895.45	4.34%	1 031 373.43	20 778.48	2.01%
在产品	20 461.39			183 367.52		
产成品	1 576 157.99	10 825.97	0.69%	1 112 074.48	4 984.13	0.45%
开发成本	160 973.19			107 432.59		
合计	2 837 671.94	49 721.42	1.75%	2 434 248.02	25 762.61	1.06%

根据表 3-18 可知，本年存货提取的跌价准备整体上比上年增加了 23 958.81 万元，本年存货跌价准备整体上所占存货比例虽然比去年有所增加，但也仅为 1.75%，说明该公司存货的保值性较好，存货的整体质量还是比较高的。但要注意原材料跌价准备所占存货比例比去年增加了 2.33%，说明该公司在原材料的质量管理上还是需要加强。

5）存货其他会计政策的分析

存货资产价值主要受企业生产经营的影响，如生产经营规模、资产利用效率、资产周转速度、存货管理水平等。但存货的计价方法、存货的盘存制度和跌价准备的计提（前面已讲到）等会计政策因素的影响也不容忽视。存货价值的确定不仅会影响存货本身，还会影响当期营业成本及利润，也会影响企业的税负和现金流量。因而，应重视存货计价方法、存货盘存制度等对存货价值的影响。

（1）分析企业对存货的计价方法选择与变更的合理性。根据我国《企业会计准则》规定，存货发出有两种核算方法，包括实际成本法和计划成本法。在实际成本法下，可供企业选择的存货计价方法有先进先出法、加权平均法（包括月末一次加权平均法和移动加权平均法）和个别计价法。存货的计价方法具有双重影响，一方面代表未出售资产的价值，另一方面又可决定本期已售出商品的销售成本。因此，是否选择合理的存货计价方法会同时影响本期资产负债表和利润表的准确性，换言之，存货的计价方法既影响企业的财务状况又影响一定期间的企业盈利水平。在通货膨胀条件下，存货实际成本法核算中的不同计价方法对资产负债表和利润表的影响，如表 3-19 所示。

表 3-19　存货的不同计价方法对资产负债表和利润表的影响

计价方法	对资产负债表的影响	对利润表的影响
先进先出法	基本反映存货当前价值	利润被高估
个别计价法	基本反映存货真实价值	基本反映真实利润水平
加权平均法	介于两者之间	介于两者之间

存货计价方法的不同选择会产生重大的差异。实务中，一些企业往往将对存货计价方法的选择作为操纵利润的手段。分析时应结合企业的具体情况、所属行业特征和价格变动情况，评价其存货计价方法选择的合理性，同时结合财务报表附注对存货会计政策变更的说明，判断其变更的合理性。

（2）分析存货的盘存制度对确认存货数量和价值的影响。存货数量变动是影响资产负债表存货项目的基本因素，企业对存货数量的确定主要有两种方法：实地盘存制和永续盘存制。当企业采用实地盘存制进行存货数量核算时，资产负债表上存货项目反映的就是存货的实有数量。如果采用永续盘存制，除非在编制资产负债表时对存货进行盘存，否则，资产负债表上存货项目所反映的只是存货的账面数量。采取不同存货盘存制度，企业期末资产负债表上的存货项目可能有所差异，这种差异不是存货数量本身变动引起的，而是存货数量的会计确认方法不同造成的。

根据 GL 公司 2020 年的财务报表附注可知，GL 公司存货发出时，按计划成本法计价，存货数量的确定方法是永续盘存制。

6. 固定资产质量分析

固定资产是指同时具有下列特征的有形资产：第一，为生产产品、提供劳务、出租或经营管理而持有的；第二，使用寿命超过一个会计年度的。主要包括企业自用的房屋及建筑物、机器设备、运输工具、工具器皿等。固定资产是企业生产经营重要的劳动手段，是企业获取盈利的主要物质基础。固定资产规模、配置和分布与企业战略相吻合的程度，直接影响其盈利性、周转性和保值性。高质量的固定资产有助于企业提高劳动效率、改善工作条件、扩大生产经营规模、降低生产成本，与其他资产产生协同效应，给企业带来超额收益。进行固定资产质量分析时，应包括以下几个方面。

1）固定资产规模及变动的分析

固定资产的规模必须与企业的经营规模、产品的市场前景以及企业所处的发展阶段相适应，同时也应与流动资产保持适当的比例关系。企业固定资产代表了生产能力的强弱，但是并非固定资产数量越大越好，超量的固定资产占用企业大量资金，而且还会导致资产的低效利用或者闲置，影响企业的整体获利水平。而过小的固定资产规模又难以保证企业生产的产品满足市场需求，也会影响企业整体的盈利水平。另外，评价固定资产的规模还应结合企业所处的行业，例如，制造企业的固定资产数额一般较大，其中，重工业又较轻工业大，应查看企业固定资产数额是否符合行业水平。

固定资产规模变动情况分析主要对固定资产原值变动情况进行分析。固定资产原值是反映固定资产占用量的指标，如果剔除物价变动的影响，也可以说固定资产原值是以价值形式表示固定资产实物量的指标。固定资产原值反映了企业固定资产规模，其变化可以在一定程度上反映出企业固定资产整体质量发生变化的情况，也能反映出企业战略实施与调整及管理质量方面的信息。固定资产规模增减变动受当期固定资产增加和当期固定资产减少的影响。当期固定资产增加的主要原因有以下几方面：第一，投资转入固定资产；第二，自行购入固定资产；第三，自建、自制固定资产；第四，融资租入固定资产；第五，接受捐赠固定资产；第六，固定资产盘盈等原因。当期固定资产减少的主要原因有以下几方面：第一，出售转让固定资产；第二，投资转出固定资产；第三，固定资产报废清理；第四，固定资产盘亏及毁损；第五，发生非常损失等原因。在资产负债表中披露的是固定资产账面价值，对固定资产原值变动情况及变动原因的分析只能根据报表附注和其他相关资料进行。

根据 GL 公司 2020 年财务报表附注提供的资料，编制该公司固定资产规模变动分析表，如表 3-20 所示。

表 3-20   固定资产规模变动分析表   金额单位：万元

项　目	房屋及建筑物	机器设备	运输设备	电子设备	其他设备	合计
1. 期初原值	1 630 834.65	1 506 683.90	109 874.59	142 892.40	45 172.67	3 435 458.22
2. 本期增加	108 029.80	183 454.62	8 579.97	28 394.48	7 392.77	335 851.65
（1）购置		135 597.33	8 182.10	28 252.42	7 291.37	179 323.22
（2）在建工程转入	95 122.96	44 568.54				139 691.50
（3）企业合并增加	8 652.84	3 288.75	397.87	142.07	101.40	12 582.92
（4）投资性房地产转入	4 254.01					4 254.01
3. 本期减少	4 295.16	14 621.35	1 513.07	1 560.67	2 248.87	24 239.13
（1）处置或报废		14 621.35	1 513.07	1 560.67	2 248.87	19 943.97
（2）转至投资性房地产	4 295.16					4 295.16
4. 外币报表折算差额	−4 090.28	−1 560.08	−86.79	−63.61	−54.18	−5 854.93
5. 期末原值	1 730 479.02	1 673 957.10	116 854.70	169 662.60	50 262.39	3 741 215.81
6. 增减额	99 644.37	167 273.20	6 980.11	26 770.20	5 089.72	305 757.59
7. 增减率（%）	6.11	11.10	6.35	18.73	11.27	8.90

由表 3-20 可知，GL 公司 2020 年固定资产原值增加了 305 757.59 万元，增长率为 8.90%，可见其固定资产原值的规模有了一定程度的增加。可以从三个角度进行分析：第一，增加原因。2020 年的固定资产原值增加的主要原因是本期购置新增，占本期增加金额的 53.39%；其次是该公司本期在建工程转入，占本期增加金额的 41.59%。第二，增加结果。2020 年固定资产原值增加主要是机器设备增加了 183 454.62 万元，其次是房屋及建筑物增加了 108 029.80 万元。房屋及建筑物和机器设备的增加属于生产用固定资产的增加，有利于提高公司的生产能力。第三，本期固定资产减少主要是因为正常处置或报废清理所引起。

2）固定资产分布和配置的分析

固定资产按照使用状况和经济用途可以分为：生产用固定资产和非生产用固定资产。生产用固定资产，特别是机器设备，与企业生产经营直接相关，在固定资产中占较大比重；而非生产用固定资产主要指办公大楼、职工宿舍、食堂等非生产单位使用的房屋和设备，用于为企业的生产经营活动提供各类辅助性服务。

固定资产分布合理，是指企业生产用和非生产用固定资产应保持一个恰当的比例，即生产用固定资产应全部投入使用，能满负荷运转，并能完全满足生产经营的需要，非生产用固定资产能担负起服务的职责。非生产经营用固定资产应在发展生产的基础上适当扩大规模，但其增长速度一般不应超过生产用固定资产增长速度。此外，还需要考察生产用固定资产的分布情况及其合理性，这有助于了解企业的生产工艺特点、商业模式、资源配置战略实施情况等方面的信息。

固定资产配置的合理性主要体现在以下几个方面：第一，固定资产技术装备的先进程度要与企业的行业选择和行业定位相适应。第二，固定资产的生产能力要与企业存货的市场份额所需要的生产能力相匹配。第三，固定资产的生产工艺水平要达到能够使产品满足市场需求的相应程度。

对于固定资产分布和配置的合理性，应根据企业报表相关附注的说明，结合企业的生产经营特点、技术水平和发展战略等因素综合分析。固定资产分布与配置合理与否，会在很大程度上决定其利用效率和效益，即其质量的高低。

3）固定资产的盈利性分析

固定资产是企业生存发展的物质基础，反映企业的技术装备水平和竞争实力，固定资产的盈利性会在很大程度上决定企业整体的盈利能力。对于传统的企业而言，由于固定资产是企业用于生产、加工或储存存货的"劳动工具"，而存货又是固定资产为企业创造价值、获取盈利的媒介，因此，固定资产与存货的盈利性以及企业整体的盈利性通常是密不可分的。营业收入是产品价值的外部实现，可以在一定程度上反映固定资产的总体质量与市场需求之间的吻合程度；营业成本是产品生产的内部耗用，可以反映固定资产的总体质量所决定的生产费用开支水平；两者之差即企业赚取的毛利，反映了企业的市场竞争力，进而决定企业整体的盈利水平。

在分析企业的固定资产质量对企业整体盈利能力的影响时，可遵循以下的分析思路：固定资产生产出存货，存货销售获取营业收入，营业收入创造核心利润，核心利润最终带来经营活动产生的现金流量净额。这样便可以通过存货的生产规模和销售规模考察固定资产的生产能力（即产能利用情况）；通过营业成本和存货规模的比较（即存货周转率）考察固定资产所生产出来的产品的市场开拓能力；通过营业成本和营业收入的比较（即毛利率）考察产品的初始获利能力；通过营业收入与核心利润的比较考察产品的最终获利能力；通过核心利润与经营活动产生的现金流量净额的比较（即核心利润的含金量）考察产品当期对企业的实际贡献。

4）固定资产的周转性分析

固定资产的周转性是指企业一定规模的固定资产推动其营业收入的能力与效率，可用固定资产周转率来衡量。固定资产周转率也称固定资产利用率，是企业营业收入与平均固定资产水平（一般采用固定资产的原值）的比值。固定资产周转率越高，说明该企业的固定资产的利用效率越高，对企业效益的推动作用就越大。分析时，可把企业的固定资产周转率与同行业的固定资产周转率平均水平进行比较，如果该企业的固定资产周转率大大偏离同行业平均水平，无论过高还是过低，往往都意味着企业在固定资产管理和运营方面存在异常情况，应引起足够关注，需要进一步查明原因。如果固定资产周转率过高，可能是出于某种目的虚增营业收入等原因；如果固定资产周转率过低，可能是由于虚增固定资产，或者企业存在某些利用率不高的固定资产，这些固定资产也许已经或即将成为企业的不良资产。

5）固定资产的保值性分析

企业的固定资产可成为长期债务的物质保障，固定资产的数量、结构、完整性和先进性都直接制约着企业的长期偿债能力。因此，固定资产的保值程度将直接决定企业长期偿债能力的大小。

固定资产的保值性分析主要是对固定资产减值准备计提情况和计提政策的合理性进行分析。当固定资产的可收回金额低于其账面价值时，企业可按照可收回金额低于账面价值的差额计提固定资产减值准备，并计入当期损益。但由于固定资产的可收回金额是建立在一定的估计和判断的基础上，导致在何时计提减值、计提多少等问题上存在一定的主观性。因此，在对企业固定资产减值分析时主要关注企业是否依据规定计提了固定资产减值准备，计提是否准确。在实际业务中，一些企业往往利用固定资产减值政策的选择空间，对因技术进步而陈旧过时不能使用的固定资产，不提或少提减值准备，不仅虚夸了固定资产价值和企业的生产能力，也虚增了利润，这意味着企业存在着利用固定资产减值准备进行利润操纵的行为。

6）固定资产的折旧政策分析

我国会计准则允许企业使用的折旧方法有平均年限法、工作量法、双倍余额递减法和年数总和法等。不同的折旧方法由于各期所提折旧不同，对企业资产及利润都有影响。固定资产折旧方法的选择对固定资产的影响还隐含着会计估计对固定资产的影响，如折旧年限的估计。所以固定资产折旧政策分析应综合以下几个方面做出评价：

（1）分析固定资产折旧方法的合理性。企业应根据科技发展、环境及其他因素，合理选择折旧方法，对于利用固定资产折旧方法的选择及折旧方法的变更，达到调整固定资产净值和利润目的的做法，要通过分析比较揭示出来。

（2）分析企业固定资产折旧政策的连续性。固定资产折旧方法一经确定，一般不得随意变更。企业变更固定资产折旧方法，可以隐藏一些不可告人的目的，因此，应分析其变更理由是否充分，同时确定折旧政策变更的影响。

（3）分析固定资产预计使用年限和预计净残值的合理性。分析时，应注意固定资产使用年限和固定资产预计净残值的估计是否符合国家有关规定，是否符合企业实际情况。在实际业务中，一些企业在固定资产没有减少的情况下，往往通过延长固定资产使用年限，使折旧费用大幅度减少，达到扭亏为盈的目的。对于这种会计信息失真现象，分析人员应予以揭示，并加以修正。

根据 GL 公司 2020 年财务报表附注，GL 公司不同类别固定资产的折旧年限、净残值率和年折旧率如表 3-21 所示。

表 3-21　GL 公司固定资产折旧分析表

固定资产类别	折旧年限（年）	净残值率（%）	年折旧率（%）
房屋、建筑物	20	5.00	4.75
机器设备	6～10	5.00	9.50～15.83
电子设备	2～3	5.00	31.67～47.50
运输设备	3～4	5.00	23.75～31.67
其他	3～5	5.00	19.00～31.67

该公司采用年限平均法计提固定资产的折旧，当期公司的固定资产折旧方法、固定资产的折旧年限、净残值率和年折旧率均未发生变化，前后期保持一致，由此可以判断该公司固定资产折旧政策较为可靠。

7. 在建工程质量分析

在建工程是企业正在建造过程中的，未来将形成自有固定资产的工程，包括固定资产新建工程、改扩建工程等。在我国，企业资产负债表中的在建工程项目，反映企业期末各项未完工程的实际支出和尚未使用的工程物资的实际成本。一般来说，上市公司要在其年报附注中披露在建工程中所包括的项目的名称、预计投资金额、已投入金额以及完工进度等信息。对这些信息进行分析后，结合投资项目的行业特点和市场前景，可以初步判断在建工程的未来利润增长点和盈利潜力，也可以洞察企业在资源配置战略方面所采取的举措和做出的调整。

在建工程的一个特殊会计问题是借款费用资本化。依据《企业会计准则第 17 号—借款费用》的规定，在符合一定条件下，与固定资产建造过程有关的借款费用可以资本化，计入在建工程。企业应当严格确定资本化区间，把握借款费用开始资本化的时点、暂停资本化的时间和条件，以及停止资本化的时点。不属于允许资本化期间的借款费用应当严格限制其计入在建工程。

对在建工程进行质量分析时，应当慎重对待资本化的借款费用，仔细分析企业是否将不能资本化的借款费用计入了在建工程。同时，如果企业自建的固定资产价值因为资本化的借款费用而高于其公允价值，则这部分借款费用应考虑是否剔除，原因在于企业增加的这部分固定资产的价值仅仅是取得方式和融资方式的差异造成的，它不能在未来带来更多的资源流入。例如，企业建造相同的固定资产，如果一种使用权益资金，另一种使用债务资金，则后者价值将大于前者，但是这部分超出的价值完全是由于融资方式的不同造成的，不会在未来使企业得到额外的补偿。因此，这部分借款费用资本化的价值在财务分析时应剔除出去。

通常，已经达到预定的可使用状态但还没有办理竣工决算的在建工程，应当估价入账，转为固定资产，并及时按照规定开始计提折旧。但实务中有很多企业的在建工程早已投入使用，却迟迟不办理竣工决算而长期在"在建工程"项目中挂账。这样做可以将借款费用继续资本化计入工程的建造成本，推迟对工程项目计提折旧，将本该属于当期费用的一些项目"鱼目混珠"计入在建工程的成本。企业这种做法的目的在于虚增当期资产和利润。

分析时，尤其要关注在建工程的工期长短，如果期限过长，要给出合理可靠的解释，否则信息使用者就要考虑企业是否故意延迟工程竣工办理决算的时间，以达到某种盈余管理的目的。

8. 无形资产质量分析

无形资产是指企业拥有或控制的、没有实物形态的、可辨认的非货币性资产。无形资产除了不具有实物形态和非货币性长期资产外，还有为企业使用而非出售的资产和在创造经济利益方面存在较大不确定性等重要特征。正是由于无形资产在创造经济利益方面存在较大的不确定性，因此一般要求在对无形资产进行核算和披露时持更谨慎的态度。在对无形资产进行质量分析时，应结合该项目的上述特征进行以下几个方面分析。

1）是否有扩大资本化的倾向分析

会计准则允许企业将开发阶段的支出在符合一定条件的前提下才可以资本化，因此，分析人员应当关注企业是否严格遵循了准则的相关规定，是否有扩大资本化的倾向。

2）无形资产的盈利性分析

无形资产往往成为企业重要的发展潜力点和扩张发展的关键，有时其对企业价值的贡献甚至超过有形资产。因此，企业拥有和控制的无形资产越多，往往意味着其可持续发展能力和竞争力越强。但是无形资产本身所具有的属性决定了其盈利性具有很大的不确定性，而且不同项目的无形资产的属性相差很大，其盈利性也各不相同。一般来说，专利权、商标权、著作权、土地使用权、特许经营权等无形资产有明确的法律保护的时间，其盈利性相对较容易判断；而像专有技术等不受法律保护的项目，其盈利性就不太好确定，也易产生资产泡沫。在分析时，要详细阅读报表附注及其他有助于了解企业无形资产类别、性质等情况的资料。

此外，由于无形资产是一项不具有实物形态的特殊资源，自身无法直接为企业创造财富，只有与固定资产或存货等有形资产进行适当组合而使企业在一定程度上实现增值，为企业盈利做出贡献。企业可利用名牌效应、技术优势、管理优势等无形资产盘活有形资产，通过联合参股、控股、兼并等形式实现企业扩张，达到资源的最佳配置。可以说，无形资产与其他资产结合过程中所释放的增值潜力大小，直接决定了无形资产的盈利性，进而很大程度上决定了无形资产的质量好坏。

3）无形资产的保值性分析

按照现行企业会计准则的规定，企业应定期对无形资产的价值进行检查，至少于每年年末检查一次。可以通过分析企业无形资产减值准备的计提情况来判断企业所拥有的各项无形资产的保值性。分析无形资产减值准备主要分析企业是否按照规定计提减值准备以及计提数额的合理性。如果企业没有及时计提或少提无形资产减值准备，会导致虚增无形资产账面价值和当期的利润。现行企业会计准则规定，无形资产减值准备一经计提，在以后期间不得任意转回，这会在一定程度上杜绝企业利用无形资产减值准备的计提来操纵利润的行为发生。

二、主要负债项目的质量分析

负债是指企业过去的交易或者事项形成的、预期会导致经济利益流出企业的现时义务。负债是企业获取资金的一种重要手段，企业举债可以获得杠杆利益，同时，也要承担一定的财务风险。如果不能控制好风险，企业可能会陷入财务危机。企业一般会倾向于少披露负债来粉饰财务报表。对负债质量进行分析时应当注意企业是否存在未披露的负债，以及企业对各种负债的偿还能力。

1. 短期借款质量分析

短期借款是指企业向银行或其他金融机构等借入的偿还期限在一年以下的各种借款，主要包括经营周转借款、临时借款、结算借款、票据贴现借款、卖方信贷、预购定金借款和专项储备借款等。短期借款数额的多少，往往取决于企业生产经营和业务活动对流动资金的需要量、现有流动资产的沉淀和短缺情况等。企业应结合短期借款的使用情况和使用效果分析该项目。短期借款质量的分析应关注以下两个方面。

1）短期借款规模的合理性分析

为了满足流动资产的资金需求，一定数额的短期借款是必需的，但如果数额过大，超过企业的实际需要，不仅会影响资金的利用效果，还会因超出企业的偿债能力而给企业的持续发展带来不利影响。

短期借款适度与否，可以根据流动负债总量、当期的现金流量状况和对未来期间现金流量的预期来确定。一般而言，短期借款应不超过当期流动资产的数额，否则，会引起企业资金链运作紧张，财务风险加大。

2）短期借款变动的原因分析

短期借款发生变动，其原因主要有如下两大类：生产经营需要和企业负债筹资政策变化。具体来说有以下几个方面。

（1）流动资产资金需要，特别是临时性占用流动资产需要发生变化。当季节性或临时性需要产生时，企业就可能通过举借短期借款来满足其资金需要，当这种季节性或临时性需要消除时，企业就会偿还这部分短期借款，从而造成短期借款的变化。

（2）节约利息支出。一般来讲，短期借款的利率低于长期借款和长期债券的利率，举借短期借款相对于长期借款来说，可以减少利息支出。

（3）调整负债结构和财务风险。企业增加短期借款，就可以相对减少对长期负债的需求，使企业负债结构发生变化。相对于长期负债而言，短期借款具有风险大、利率低的特点，负债结构变化将会引起负债成本和财务风险发生相应的变化。

（4）增加企业资金弹性。短期借款可以随借随还，有利于企业对资金存量进行调整。

2. 应付票据、应付账款和预收账款质量分析

（1）应付票据质量分析。应付票据是指企业采用商业汇票结算方式延期付款购入货物应付的票据款。对应付票据质量的分析应关注应付票据是否带息，企业是否发生过延期支付到期票据的情况，以及企业开具的商业汇票是银行承兑汇票还是商业承兑汇票。如果是关联方发生的应付票据，应了解关联方交易的事项、价格、目的等因素，是否存在使用票据方式进行融资的行为。

（2）应付账款质量分析。应付账款是指企业在正常的生产经营过程中因购进货物或接受劳务应在 1 年以内偿付的债务。对应付账款质量的分析应关注企业应付账款的发生是否与企业购货之间存在比较稳定的关系，一般情况下应付账款的规模不应高于企业当期采购或存留的存货金额；是否存在应付账款发生急剧增加以及付款期限拖延的情况，这样的情况出现可能是企业支付能力恶化的表现。

（3）预收账款质量分析。预收账款是指企业在销货之前预先向购买方收取的款项，应在 1 年以内使用产品或劳务来偿还。如果企业能够取得较多的预收账款，说明企业的产品比较有竞争力，或者市场需求旺盛，购货方愿意提前垫付资金。对于企业来说，预收账款是一种不需要付息的短期债务，为生产经营提供了资金支持，而且其偿还是非货币性的，相对于货币性流动负债，企业偿付预收账款比较容易。所以，预收账款的增加一般是对企业有利的，但是如果大量的预收账款是由关联方交易产生的，则应当注意这是否是企业之间的一种变相借贷方式，以缓解企业当前的资金紧张状况。因此，预收账款的分析应关注其实质即是否是企业产品的旺销所致，否则应当降低其质量评价。

3. 长期借款质量分析

长期借款是企业从银行或其他金融机构借入的期限在 1 年以上的款项。对长期借款质量分析时应注意以下几个方面。

（1）观察企业长期借款的用途，是否长期借款的增加与企业长期资产的增加相匹配。长期借款用于流动支出，会增加企业风险，降低资金使用效率。

（2）企业的长期借款的数额是否有较大的波动，波动的原因是什么，对企业状况影响如何，是否有闲置资金。

（3）长期借款的利息费用处理是否合理，长期借款的利息费用数额会影响到资产价值和当期损益的高低，可结合财务报表附注分析企业关于利息费用资本化的相关会计处理的合理性。

（4）观察企业的盈利能力，因为与短期借款不同，长期借款的本金和利息的支付来自于企业盈利，所以，盈利能力应与长期借款规模相配比。

三、主要所有者权益项目的质量分析

所有者权益是指企业资产扣除负债后由所有者享有的剩余权益。对企业所有者权益项目的质量进行分析，可以向企业利益相关者提供企业资本的来源、股权结构变动、分配能力等与决策相关的信息。

1. 实收资本质量分析

实收资本（股本）是所有者权益的重要部分。对实收资本质量主要从实收资本规模和结构变动两个方面进行分析。

（1）实收资本规模变动分析。实收资本在企业正常经营期间一般不发生变化，除非企业出现增资或减资等情况。企业增加实收资本的途径主要有：资本公积、盈余公积转为实收资本；通过配股和增发新股接受投资者投入的资本。企业减少实收资本的原因主要是：因资本过剩而减少实收资本；因严重亏损，无法用利润、公积金来弥补而减少实收资本。企业实收资本规模的变动会影响企业原有投资者对企业的控制权和管理权，对企业的偿债能力和盈利能力也会产生重大的影响。

（2）股权结构分析。股权结构是指各类投资者的实收资本占全部实收资本的比重。投资者占有比重不同，对企业的影响程度不同，据此，我们一般将其分为控制性股东、重大影响性股东和非重大影响性股东。控制性股东将有权决定一个企业的财务和经营决策；重大影响性股东对一个企业的财务和经营政策有参与决策的权利；非重大影响性股东对被持股企业的财务和决策影响较小。只有控制性股东、重大影响性股东决定着企业未来的发展方向和公司治理机制。因此，对股权结构分析时要关注企业的控制性股东、重大影响性股东的背景、所有制性质、这些企业股东是否有能力将企业引向光明的未来等。另外，股权结构分析时还要关注股权集中度，即前十大股东持股比例。因为股权高度集中或过于分散都不利于提高公司治理效率。

2. 资本公积质量分析

资本公积是指归所有者所共有的、非收益转化而形成的资本。资本公积增加的原因包括资本（股本）溢价和其他资本公积，比如：接受捐赠、法定财产重估增值和资本溢价。接受捐赠是指企业因接受其他部门或个人的现金或实物等捐赠而增加的资本公积；法定财产重估增值是指企业在分立、合并、变更和投资时资产评估或者合同、协议约定的资产价值与原账面净值的差额；资本溢价是指投资人缴付的出资额超出其认缴资本金的差额，包括股份有限公司发行股票的溢价净收入及可转换债券转换为股本的溢价净收入等。资本公积数额的增加会直接导致企业净资产的增加，对资本公积质量进行分析时，要注意分析企业资本公积的构成，是否存在着企业通过虚假评估等手段来虚增自己的净资产，改善企业财务状况，达到调整企业资产负债率和每股净资产等财务指标，实现提高企业长期融资能力和股价的目的。

3. 留存收益质量分析

留存收益是指企业从历年实现的利润中提取或形成的、留存于企业的内部积累，包括盈余公积和未分配利润两部分。对留存收益质量主要从其规模和结构变动两方面进行分析。

（1）留存收益规模变动分析。留存收益金额越多，越能满足企业维持或扩大再生产的资金需要，增强企业的资本保值能力和应对风险能力。但是在企业税后利润一定的情况下，留存收益金额越多，每年分派股利就会越少。因此，分析留存收益的总额大小和变动趋势，可以了解企业的股利分配政策和企业当局的意图。

（2）留存收益结构变动分析。对留存收益结构分析主要关注盈余公积金的内部结构。盈余公积金包括法定盈余公积金和任意盈余公积金。法定盈余公积金提取比例是不变的，而任意盈余公积金提取比例是由企业自行决定的。任意盈余公积金提取比例大，说明企业注重长远发展，采取稳健经营的策略。因此分析时应重点关注任意盈余公积金提取比例，观察企业是否注重长远的战略性发展。

思考题

1. 如何对资产负债表的增减变动情况进行分析？
2. 如何对资产负债表的结构状况进行分析？
3. 应收账款的质量分析应从哪些方面进行？
4. 固定资产的质量分析应从哪些方面进行？
5. 长期借款的质量分析应从哪些方面进行？
6. 股本质量的分析应从哪些方面进行？

案例分析　　　　自学自测　　　　扫描此码

第四章

所有者权益变动表分析

 **学习目标**

1. 了解所有者权益变动表分析的目的和内容。
2. 掌握所有者权益变动表的水平分析方法。
3. 掌握所有者权益变动表的结构分析方法。
4. 掌握所有者权益变动表的主要项目分析。
5. 理解所有者权益变动对财务状况质量的影响。

 **导入案例**

SH 公司：分红高派现

SH 公司 1998 年发放 5 000 万股 A 股在深圳证券交易所上市。自上市以来，一直以肉食品加工为主，2019 年入选最具有价值中国品牌 100 强，是我国肉类加工的龙头产业。

SH 公司 2021 年 3 月 28 日发布年度报告，公司 2021 年实现营业收入 666.82 亿元，同比下降 9.72%；实现归属于上市公司股东的净利润（以下简称"净利润"）48.66 亿元，同比下降 22.21%。在 2012—2021 这 10 年中，除 2021 年外，SH 公司只有 2017 年净利润同比下降，且降幅只有 1.95%。基本每股收益为 1.40 元。2021 年度利润分配方案为：以 3 464 661 213.00 为基数，向全体股东每 10 股派发现金红利 12.98 元（含税价），送红股 0 股（含税价），不以公积金转增股本。合计派发现金红利总额为 44.97 亿元。SH 公司 2017—2021 年现金分红和业绩情况见下表 4-1 所示。

表 4-1 SH 公司 2017—2021 年现金分红和业绩情况　　　　　单位：亿元

项　　目	2017 年	2018 年	2019 年	2020 年	2021 年	合计
现金分红	36.30	47.84	33.19	80.38	44.97	242.68
归属于上市公司股东的净利润	43.19	49.15	54.38	62.56	48.66	257.94
派息率（%）	84	97	61	128	92	94
资产负债率（%）	33.01	37.36	40.23	30.46	31.87	
每股收益（元/股）	1.31	1.49	1.64	1.86	1.40	
净资产收益率（%）	31	34	37	33	22	

从表 4-1 可以看出，最近几年该公司一直采取是高派现分红政策，尽管 2021 年盈利水平下降，但 2021 年度的派息率仍达到 92%。该公司采取这么高派息率的主要原因：①有足

够的业绩支撑。SH 公司近五年业绩总体上稳中有升，2021 年经营业绩有所下降，该公司年报中作了如下解释：2021 年，公司肉类产品（含禽产品）总外销量 330 万吨，同比上升8.3%；受猪价、肉价下降较大的影响，本期实现营业总收入 668 亿元，同比下降9.7%；同时，由于 2021 年生猪行情超预期波动，对冻品节奏把控出现偏差，造成国产冻品和进口猪肉盈利水平同比大幅下降。②公司的财务比较安全。SH 公司近五年资产负债率比较低，2021年为 31.87%，考虑到公司盈利能力，除非未来有大量的资本支出，否则公司不会陷入财务困境。③有良好的市场反映。SH 公司 2017 年至 2021 年的年报都披露了高股利分配方案，该公司的累计超额收益率都会达到一个峰值，说明企业在年报披露日前后可以利用高派息股利政策的信号效应，来吸引投资者对公司股票的短期追捧。④ SH 公司现阶段处于成熟期，公司重视的是稳健经营。高派现可以为企业营造效益好的形象，展现公司雄厚的财力。但 SH 公司多年来一直保持着高额现金分红政策，企业的留存收益率很低，因此导致了盈余资金不足。在企业遇到好的对外投资机会时，没有足够的现金来支持，会错失很多好的机会。SH 公司若不能及时调整产业结构，不能抓住好的投资机会，很有可能会使其市场份额逐渐减少，发展艰难。

从本案例中可以看到，公司绩效直接影响所有者权益规模的变动，也会影响所有者权益项目结构的变动；股利分配决策的合理与否直接影响公司净资产规模，也影响公司未来的价值创造。

资料来源：https://xueqiu.com/6624187729/215452290?page=4

第一节　所有者权益变动表分析概述

一、所有者权益变动表的含义

所有者权益变动表分析是通过所有者权益的来源及其变动情况，了解企业会计期间内影响所有者权益增减变动的具体原因，判断构成所有者权益各个项目变动的合法性与合理性，为报表使用者提供较为真实的所有者权益总额及其变动信息。

所有者权益变动表总结了影响所有者权益的所有交易，反映公司本期（年度或中期）内截至期末所有者权益变动情况的报表。2007 年以前，公司所有者权益变动情况是以资产负债表附表形式予以体现的。新会计准则颁布后，要求上市公司于 2007 年正式对外呈报所有者权益变动表，所有者权益变动表即成为与资产负债表、利润表和现金流量表并列披露的第四张财务报表。

根据 2014 年 1 月 26 日财政部发布的《企业会计准则第 30 号——财务报表列报》规定，所有者权益变动表应包含下列信息。

（1）综合收益总额，在合并所有者权益变动表中还应单独列示归属于母公司所有者的综合收益总额和归属于少数股东的综合收益总额。

（2）会计政策变更和会计差错更正的累积影响金额。

（3）所有者投入资本和向所有者分配利润。

（4）按照规定提取的盈余公积。

（5）所有者权益各组成部分的期初和期末余额及其调节情况。

所有者权益变动表以矩阵的形式列示：一方面，列示导致所有者权益变动的交易或事项，即所有者权益变动的来源，对一定时期所有者权益的变动情况进行全面反映；另一方面，按照所有者权益各组成部分（即实收资本、资本公积、其他综合收益、盈余公积、未分配利润和库存股）列示交易或事项对所有者权益各部分的影响。

二、所有者权益变动表分析的目的

所有者权益变动表分析的目的有以下几方面。

（1）通过所有者权益变动表分析，可以清晰体现会计期间构成所有者权益各个项目的变动规模与结构，了解其变动趋势，反映公司净资产的实力，为信息使用者提供资本保值增值的重要信息，并有助于其准确地理解所有者权益增减变动的根源。

（2）通过所有者权益变动表分析，可以进一步从全面收益的角度了解企业更全面、更有用的财务业绩信息，以满足信息使用者进行投资、信贷、监管及其他经济决策的需要。

（3）通过所有者权益变动表分析，可以了解企业会计政策变更的合理性以及会计差错更正的幅度，清晰地揭示会计政策变更以及会计差错的更正对所有者权益的影响。以前，会计政策变更和前期差错更正对所有者权益本年年初余额的影响，主要在会计报表附注中体现，很容易被投资者忽略。随着新会计准则的颁布，除了要求企业在附注中披露与会计政策变更、前期差错更正有关的信息外，还要在所有者权益变动表揭示会计政策变更和前期差错更正对所有者权益的影响，因此，企业会计政策变更以及会计差错的更正情况得到了更为清晰的体现。

（4）通过所有者权益变动表分析，可以了解企业利润分配政策对所有者权益的影响。由于企业对净利润的分配直接影响所有者权益总额，而所有者权益内部各项目的变动也被列入所有者权益变动表。可以说，所有者权益变动表替代了利润分配表，对利润表进行补充说明。因此，通过对所有者权益变动表分析可以了解企业净利润的分配情况及对所有者权益及项目的影响。

三、所有者权益变动表分析的内容

1. 所有者权益变动表水平分析

所有者权益变动表水平分析是指对所有者权益变动表各项目的增减变动及其合理性进行分析，揭示企业当期所有者权益规模与各组成要素之间的关系。

2. 所有者权益变动表结构分析

所有者权益变动表结构分析是指将所有者权益变动表中各项目与所有者权益总额进行对比，分析企业的所有者权益结构，探索优化所有者权益结构思路。

3. 所有者权益变动表的质量分析

所有者权益变动表的质量分析包括两个部分内容：①所有者权益变动表主要项目质量分析。主要是在所有者权益变动表全面分析的基础上，对所有者权益变动表主要项目变动情况及其合理性进行分析。②所有者权益变动表所体现的财务状况质量信息分析。

第二节　所有者权益变动表水平分析

一、所有者权益变动表水平分析表的编制

所有者权益变动表水平分析就是将所有者权益变动表的整体数据变动与各个项目的数据变动进行对比，揭示公司当期所有者权益规模与各个组成要素变动的关系，揭示净资产的变动原因，以便进行相关决策。以 GL 公司 2020 年所有者权益变动表为基础资料，编制所有者权益变动表水平分析表如表 4-2 所示。

二、所有者权益变动表增减变动情况的分析评价

所有者权益变动表水平分析的总体思路是：首先进行总体分析评价，分析所有者权益总额的变动额及变动率、找出主要的影响因素，评价所有者权益的总体变化趋势及其合理性；其次对所有者权益具体项目的增减变动的原因进行分析评价。

1. 所有者权益变动表增减变动情况的总体分析

表 4-2 数据显示，GL 公司 2020 年所有者权益比 2019 年增加了 483 283.06 万元，增长幅度为 4.31%。从影响的主要项目看，最主要的原因是 2020 年实现综合收益总额 2 341 522.39 万元，占所有者权益增加额的 484.50 %；股东投入和减少资本总额增加了 –505 035.09 万元，占所有者权益增加额的–104.50 %。利润分配变动额为–1 355 203.03 万元，占所有者权益增加额的–280.4%。另外，在 2020 年综合收益总额中净利润为 2 227 924.22 万元，占所有者权益增加额的 471.00%，说明 GL 公司是以盈利为资本保值增值的模式。增加净利润是经营资本增加的源泉，也是所有者权益增长的重要途径。健康成长型公司，应在经营过程通过有效的经营实现经营积累，实现投资者资本的保值增值。

2. 所有者权益具体项目的增减变动原因分析

1）实收资本（股本）变动情况的分析

实收资本的增加包括资本公积转入、盈余公积转入、利润分配转入和发行新股等多种渠道，前三种都会稀释股票的价格，而发行新股既能增加注册资本和股东权益又可增加公司的现金资产，这是企业发展的原动力，股东入资所形成的资本规模与企业拥有的资源规模和融资能力密切相关。GL 公司 2020 年股本没有发生变化。

2）资本公积变动情况的分析

资本公积增加的原因包括资本溢价和其他资本公积，如接受捐赠，法定财产重估增值和资本溢价。GL 公司 2020 年所有者权益变动表中，资本公积增加了 2 847.08 万元，较前一年增长了 30.49%。本期资本公积变动主要为对控股子公司 GL 集团财务有限责任公司增资确认资本公积 2 550.44 万元，权益法核算的联营企业确认资本公积变动 296.64 万元。

3）其他综合收益变动情况的分析

其他综合收益是指企业根据会计准则规定未在当期损益中确认的各项利得和损失，包括以后会计期间不能重分类进损益的其他综合收益项目和以后会计期间在满足规定条件时

表 4-2　GL 公司 2020 年所有者权益变动水平分析表

单位：万元

项　目	股本	资本公积	减：库存股	其他综合收益	盈余公积	一般风险准备	未分配利润	少数股东权益	所有者权益合计
一、上年期末余额	601 573.09	9 337.95		626 029.20	349 967.16	48 985.58	9 379 464.35	189 408.32	11 204 765.65
二、本年初余额	601 573.09	9 337.95		626 029.20	349 967.16	48 985.58	9 379 464.35	189 408.32	11 204 765.65
三、本期期末余额	601 573.09	12 185.03	518 227.39	739 606.02	349 967.16	49 757.58	10 284 159.64	169 027.59	11 688 048.71
四、本期增减变动金额		2 847.08	518 227.39	113 576.82		771.99	904 695.28	−20 380.73	483 283.06
五、本期增减变动率		30.49		18.14		1.58	9.65	−10.76	4.31
六、本期规模变动原因									
（一）综合收益总额		296.64		113 576.82			2 217 510.81	10 434.75	2 341 522.39
（二）股东投入和减少资本			518 227.39					12 895.65	−505 035.09
1. 股东投入的普通股								1 467.00	1467.00
2. 股份支付计入股东权益的金额									
3. 其他		296.64	518 227.39					11 428.65	−506 502.09
（三）利润分配						771.99	−1 314 814.32	−41 160.71	−1 355 203.03
1. 提取盈余公积									
2. 提取一般风险准备						771.99	−771.99		
3. 对股东的分配							−1 314 042.33	−41 160.71	−1 355 203.03
4. 其他									
（四）股东权益内部结转		2 550.44					1 998.79	−2 550.44	1 998.79
1. 其他综合收益结转留存收益							1 998.79		1 998.79
2. 其他		2 550.44						−2 550.44	−2 550.44

将重分类进损益的其他综合收益项目两大类。GL 公司 2020 年所有者权益变动表中，其他综合收益增加 113 576.82 万元，较前一年增加 18.14%，变动主要来源于其他权益工具投资公允价值变动。

4）盈余公积变动情况的分析

盈余公积是指企业从税后利润中提取形成的、存留于企业内部、具有特定用途的收益积累。盈余公积按规定可以弥补亏损，也可按照法定程序转增资本金，法定公积金提取率为 10%，当法定盈余公积累计金额达到企业注册资本的 50% 以上时，可以不再提取。盈余公积的增减变动情况可以直接反映企业利润积累程度。GL 公司 2020 年没有提取盈余公积。

5）未分配利润的分析

未分配利润是企业留待以后年度分配或待分配的利润。GL 公司 2020 年未分配利润增加 904 695.28 万元，与前一年相比，增长 9.65%，占母公司净利润的 40.80%（904 695.28 ÷ 2 217 510.81 × 100%）；拟派期末股利 1 314 042.33 万元，占母公司净利润的 59.26%。这些都说明了公司当期有较强的持续发展能力和分红能力。

第三节　所有者权益变动表结构分析

一、所有者权益变动表结构分析表的编制

所有者权益变动表的结构分析，是对所有者权益各个子项目变动占所有者权益变动的比重予以计算，并进行分析评价，揭示公司当期所有者权益各个子项目的比重及其变动情况，解释公司净资产构成的变动原因，从而进行相关决策的过程。

所有者权益变动表某项目结构比=某项目当期变动额÷所有者权益当期变动总额×100%

以 GL 公司 2020 年所有者权益变动表为基础资料，编制所有者权益变动表结构分析表如表 4-3 所示。

二、所有者权益变动表构成的分析评价

从表 4-3 可以看出，GL 公司 2020 年所有者权益变动项目总构成为 100.00%，其中：资本公积变动的构成比重为 0.59%；库存股是所有者权益的减项，视同所有者减少资本，其变动构成比重为 107.23%，变动比例较大，变动原因是该公司本期累计回购股份数量为 94 184 662 股，占公司期末总股本的 1.57%，全部存放于公司回购专用证券账户，后续公司将择机用于实施员工持股计划或股权激励；其他综合收益变动的构成比重为 23.50%；一般风险准备变动的构成比重为 0.16%；未分配利润变动的构成比重为 187.20%，上述项目之和即归属于母公司所有者权益变动的构成为 104.22%，少数股东权益的构成比重为–4.22%。

从所有者权益变动总构成来看，GL 公司 2020 年"盈利性"变化使归属于母公司的所有者权益增加的比重为 210.86%，其中包括留存收益增加的比重为 187.36%（一般风险准备 0.16% 和未分配利润 187.20%）及其他综合收益增加的比重为 23.50%。此外，"输血性"变化也影响了所有者权益的增减变动，"输血性"变化使归属于母公司的所有者权益变动的比重为–106.64%（0.59% – 107.23%），即资本公积增加的比重和库存股增加比重之差。总体

表 4-3　GL 公司 2020 年所有者权益变动表结构分析表

项目	股本	资本公积	减：库存股	归属于母公司所有者权益		盈余公积	一般风险准备	未分配利润	少数股东权益	所有者权益合计
				其他综合收益						
一、上年期末余额	601 573.09	9 337.95		626 029.20		349 967.16	48 985.58	9 379 464.35	189 408.32	11 204 765.65
加：会计政策变更										
前期差错更正										
同一整制下企业合并										
二、本年期初余额	601 573.09	9 337.95		626 029.20		349 967.16	48 985.58	9 379 464.35	189 408.32	11 204 765.65
三、本年期末余额	601 573.09	12 185.03	518 227.39	739 606.02		349 967.16	49 757.58	10 284 159.64	169 027.59	11 688 048.71
四、本期增减变动金额		2 847.08	518 227.39	113 576.82			771.99	904 695.28	-20 380.73	483 283.06
五、本期增减变动构成比重%		0.59	107.23	23.50			0.16	187.20	-4.22	100.00

而言，GL 公司 2020 年股东权益的增加，是以自身盈利为主要原因，主要的源泉来自其资本保值与增值活动形成的资本积累。

第四节　所有者权益变动表质量分析

一、所有者权益变动表的主要项目质量分析

所有者权益变动表的主要项目质量分析，是将组成所有者权益的主要项目进行具体剖析对比，分析其动因、合理性与合法性、是否存在人为操控的迹象等事项的过程。

影响所有者权益变动额的主要原因有综合收益、会计政策变更、前期会计差错更正、股东投入资本和减少资本、向股东分配利润。因此，所有者权益变动表的主要项目，可以根据以下公式具体理解：

本期所有者权益变动额=综合收益总额 + 会计政策变更和前期差错更正的累积影响 + 股东投入资本 – 股东减少资本 – 向股东分配利润

为了避免与资产负债表分析重复，本章所有者权益变动表的主要项目分析包括以下内容。

1. 会计政策变更的分析

1）会计政策及会计政策变更

会计政策是指会计主体在会计核算过程中所采用的原则、基础和会计处理方法。常见的会计政策主要包括：发出存货成本的计量、长期股权投资的估量、投资性房地产的后续计量、固定资产的初始计量、生物资产的初始计量、无形资产的确认、非货币性资产交换的计量、收入的确认、合同收入与费用的确认、借款费用的处理以及合并政策等。企业在会计核算中所采用的会计政策，通常应在会计报表附注中加以披露。

会计政策变更是指在特定的情况下，企业可以对相同的交易或事项由原来采用的会计政策改用另一会计政策。企业采用的会计政策在每一会计期间和前后各期应当保持一致，不得随意变更。否则，势必削弱会计信息的可比性，使会计报表使用者在比较公司的经营业绩时发生困难。但是，我国会计准则也规定，满足下列条件之一的，可以变更会计政策：①法律或国家统一的会计制度等行政法规、规章要求变更。这种情况是指按照国家统一的会计制度以及其他法规和规章，要求企业采用新的会计政策，则应按照行政法规、规章的要求改变原会计政策，按新的会计政策执行。②会计政策的变更能够提供有关企业财务状况，经营成果和现金流量等更可靠、更相关的会计信息。这种情况是指由于经济环境的变更，使企业采用原来的会计政策所提供的会计信息已不能恰当地反映企业的财务状况，经营成果和现金流量等情况，因而有必要改变原会计政策，采用新会计政策。

2）会计政策变更在表中的列示与分析

所有者权益变动表中的"会计政策变更"项目反映企业采用追溯调整法处理的会计政策变更的累积影响金额。其中追溯调整法是指对某项交易或事项变更会计政策，视同该项交易或事项初次发生时即采用变更后的会计政策，并以此对财务报表相关项目进行调整的方法。会计政策变更累积影响数是指变更后的会计政策对以前各期追溯计算的列报前期最

早期初留存收益应有金额与现有金额之间的差额。会计政策变更的累积影响数在所有者权益变动表中单独列示。

对于会计政策变更的分析，一是判断是否合理区分属于会计政策变更和不属于会计政策变更的业务或事项。一般而言，不属于会计政策变更的业务或事项具体包括下列两种情形：①当期发生的交易或者事项与前期相比具有本质差别而采用新的会计政策。会计政策针对特定类型的交易或事项，如果发生的交易或事项与其他交易或事项有本质区别，那么，企业实际上是为新的交易或事项选择适当的会计政策，并没有改变原有的会计政策。例如，某企业以前一直通过经营租赁方式租赁机器设备，但自本年度起租入设备均采用融资租赁方式，则该企业自本年度起对新租赁的设备采用融资租赁会计处理方法核算。由于经营租赁和融资租赁有着本质的区别，因而这种变化不属于会计政策变更。②对初次发生的或不重要的交易或者事项采用新的会计政策。对初次发生的某类交易或事项采用适当的会计政策，并未改变原有的会计政策。例如，企业初次发生跨年度的劳务合同项目，对该类项目采用了完工百分比法在年末确认收入。对企业来说，是首次采用完工百分比法确认收入，但这种做法不属于会计政策变更；对不重要的交易或事项的会计政策，不按会计政策变更做出会计处理，并不影响会计信息的可比性，也不作为会计政策变更。例如，企业原来在生产经营中使用的低值易耗品，数量少且价值较低，领用低值易耗品时一次计入费用，当企业对领用的低值易耗品处理方法改为五五摊销法时，由于该事项对损益的影响很小，属于不重要事项，这种变更不必作为会计政策变更的内容进行专门披露。二是关注企业会计政策选择或变更的深层次原因，结合企业的背景判断管理层是否有粉饰财务报表的动机。分析人员不能以企业对会计政策选择或变更理由的充分描述以及注册会计师出具的无保留意见的审计意见书为由，放弃自己应有的关注，还要深入剖析会计政策选择或变更的深层次原因，特别是如果企业频繁变更会计政策，则可能存在人为操纵会计数据的情况。影响会计政策选择或变更的主要原因有：①出于税收筹划的考虑。财务会计准则与税法规定之间存在一定程度的关联性与制约性，会计方法的选择或变更极有可能出于税收筹划的考虑。②数据收集成本的影响。不同会计政策下的会计方法所导致的数据收集成本可能也是不尽相同的。例如，历史成本计量较公允价值计量的数据收集成本低些；用直线法计提固定资产折旧较用其他方法的数据收集成本低些，等等。③经营成本的影响。会计方法的选择可能间接影响公司的经营成本。例如，对固定资产采取加速折旧方法，在固定资产使用的前期与后期，由此而负担的企业经营费用就会有所不同。④出于对利益相关者之间财富分配的考虑。企业会计方法的选择和变更会影响财务报告数据，并最终会对企业各个利益相关者的财富分配产生影响。因此，企业管理层出于自利的目的，可能会有意识地选择或变更会计方法操控利润，以增加自己所取得的报酬。

2. 前期差错更正的分析

1）前期差错与前期差错更正

前期差错，是指由于没有运用或错误运用下列两种信息，而对前期财务报表造成省略或错报：①编报前期财务报表时预期能够取得并应当予以考虑的可靠信息；②前期财务报表批准报出时能够取得的可靠信息。前期差错通常包括计算错误、应用会计政策错误、疏忽或曲解事实以及舞弊产生的影响以及存货、固定资产盘盈等。

前期差错更正是指企业应当在重要的前期差错发现后的财务报表中，调整前期相关数据。前期差错更正主要采用追溯重述法，它是指在发生前期差错时，视同该项前期差错从未发生过，从而对财务报表相关项目进行更正的方法。

2）前期差错更正在表中的列示与分析

本期发现与以前期间相关的重大会计差错，如果影响损益，应按其对损益的影响数调整发现当期的期初留存收益，会计报表其他相关项目的期初数也应一并调整；如不影响损益，应调整会计报表相关项目的期初数。

对前期差错更正的分析，主要目的在于及时发现与更正前期差错，合理判断和区分相关业务是属于会计政策变更还是属于会计差错更正类别，以保证财务信息的准确性。

会计差错发生的原因包括：①会计政策使用上的差错。《企业会计准则》规定，企业应当按照会计准则和会计制度的原则和方法进行会计核算。但在具体执行过程中，有可能由于各种原因采用了会计准则和会计制度的原则和方法不允许的会计政策。例如，对不应计提折旧的土地计提折旧，而对本应计提折旧的房屋、建筑不计提折旧。②会计估计上的差错。由于经济业务中不确定因素的影响，企业在会计核算时经常需要做出估计。但是，由于种种原因，会计估计可能发生错误。例如，企业在估计固定资产的使用年限和残值时发生错误；企业在存货遭受毁损时，对损失的估计发生错误。③其他错误。在会计核算中，还可能发生除前述两种差错以外的其他差错。例如，漏记交易或事项、错记借贷方向、错记借贷金额等等。

会计差错按其影响程度的不同，可分为重大会计差错和非重大会计差错。重大会计差错是指影响会计报表可靠性的会计差错，其特点是差错的金额比较大，足以影响会计报表的使用者对企业的财务状况和经营成果做出正确判断。按照重要性原则，如果某项差错占有关交易或事项金额的 10%以上，则可以被认为是重大会计差错。非重大会计差错是指不足以影响会计报表使用者对企业财务状况和经营成果做出正确判断的会计差错。无论是否属于重大会计差错，两种会计差错的处理方法是一样的，都应在发现前期差错的当期进行前期差错更正，在所有者权益变动表中适时披露。

3. 综合收益项目分析

所有者权益变动表中综合收益包括净利润和其他综合收益两项内容。

所有者权益变动表中的横向栏中，构成当年增减变动额的第一项即综合收益，其中所包含的"净利润"项目，与利润表中的金额一致，其对应列在"未分配利润"栏。因此，该表可以看作资产负债表与利润表的桥梁，能够将企业当期的经营成果与资本保值增值的结果详细地结合在一起，使信息使用者能综合分析企业的资本保值与增值的执行效果与战略目标的执行情况。

其他综合收益反映企业当年根据企业会计准则规定，未在损益中确认的各项利得和损失扣除所得税影响后的净额，并对应列在"其他综合收益"栏。其他综合收益中的利得和损失是指不应计入当期损益、会导致所有者权益发生增减变动的、与所有者投入资本或者向所有者分配利润无关的利得或者损失。

其他综合收益项目应当根据其他相关会计准则的规定，分为以下两大类列报：①以后会计期间不能重分类进损益的其他综合收益项目。具体包括重新计量设定受益计划净负债或净资产导致的变动、按照权益法核算的在被投资单位不能重分类进损益的其他综合收益变动中所享有的份额。②以后会计期间在满足规定条件时将重分类进损益的其他综合收益项目。具体包括可供出售金融资产公允价值产生的利得或损失、按照权益法核算的在被投资单位可重分类进损益的其他综合收益变动中所享有的份额、持有至到期投资重分类为可供出售金融资产形成的利得或损失、现金流量套期工具产生的利得（或损失）中属于有效套期的部分、外币财务报表折算差额等。

二、所有者权益变动表所体现的财务状况质量信息

对于所有者权益变动表所包含的财务状况质量信息，主要应关注以下几个方面。

1. 区分"输血性"变化和"盈利性"变化

"输血性"变化是指企业靠股东追加投资而增加所有者权益，"盈利性"变化则是指企业依靠自身的盈利而带来所有者权益的增加。很显然，这两种所有者权益的变化所体现的企业未来发展前景显著不同。"输血性"变化虽导致企业资产增加，但未来盈利前景存在较大不确定性；而"盈利性"变化，如果企业盈利质量较高，则意味着企业未来可持续发展前景较好。

2. 关注所有者权益内部项目互相结转的财务效应

所有者权益内部项目互相结转，虽然不改变所有者权益的总规模，但是，这种变化会对企业的财务形象产生直接影响：或增加企业的股本数量，或弥补了企业的累计亏损。这种变化，虽然对资产结构和质量没有直接影响，但对企业未来的股权价值变化以及利润分配前景可能会产生直接影响。

3. 关注企业股权结构的变化与方向性含义

股权结构变化，既可能由原股东之间股权结构的调整而引起，也可能由增加了新的投资者，增加了新的股份而引起。这种变化，对企业的长期发展具有重要意义：可能由于企业股权结构变化，企业的发展战略以及人力资源结构与政策均会发生显著变化。因此，企业股权结构发生变化时，应调整对企业未来前景预测的思路和方法。

4. 关注会计核算因素的影响

会计核算因素的影响是指会计政策变更和差错更正对企业所有者权益的影响。这种影响，除了数字上变化外，对企业的财务状况质量没有实质影响。需要警惕的是，年度间频繁出现前期差错更正事项的情况，很有可能是企业蓄意调整利润的结果。

5. 关注企业股利分配方式所包含的财务质量信息

在分析所有者权益变动表中"对所有者（股东）的分配"金额的基础上，结合现金流量表中"分配股利、利润或偿付利息支付的现金"、资产负债表中"应付股利"项目的期初和期末余额以及资产负债表日后事项中有关股利分配的信息，便可了解企业的股利分配方式。一般认为，企业的股利分配方式包含了如下有关财务状况质量的信息：

（1）现金股利所包含的财务状况质量信息。企业派发现金股利，是股东获取投资收益的一个来源，会导致现金流出企业，企业的资产和所有者权益总额同时减少，这在一定程度上会降低企业内源融资总量，因此这种股利分配形式既引起所有者权益内部结构发生变动，也引起企业总的资本结构发生变动。

现金股利的发放可以消除股东对未来收入不确定的疑虑，增强他们对公司的信心，更加支持公司的发展与壮大。而如果企业不采用稳定的股利政策，通常会被市场认为是企业竞争优势减弱、财务实力下降、发展前景莫测的信号。因此，企业通常都会承受维持每股现金股利不下降的市场压力。当然，较多地分配现金股利，会使得企业减少内部融资来源，进而不得不进入资本市场寻求外部融资，这样更利于企业接受资本市场的有效监督，达到减少代理成本的目的。一般情况下，经常通过金融市场筹集资金的企业更可能按照投资者利益进行决策，从而显示出更好的财务状况质量。

（2）股票股利所包含的财务状况质量信息。发放股票股利可使股东分享公司的盈利而无须分配现金，使公司留存了大量的现金，便于进行再投资，有利于公司的长期发展。与此同时，股票股利将不影响所有者权益的总额，资产、负债的总额也不发生变化，只是引起所有者权益内部结构发生变化。

发放股票股利往往会向市场传递公司将会继续发展的信息，从而提高投资者对公司的信心，在一定程度上稳定股票价格。但在某些情况下，发放股票股利也会被认为是公司资金周转不灵的征兆，从而降低投资者对公司的信心，加剧股价的下跌。

值得注意的是，企业高比例地派发股票股利，并不意味着企业一定具有较高的盈利能力和良好的财务状况质量，反而会引起企业股本规模的过快增长，如果企业的盈利水平不能以相应速度增长，就会引起企业每股收益的大幅下降，进而影响其市场形象和市场表现。

6. 关注其他综合收益对企业未来盈利的影响

其他综合收益是指企业在某一期间除与所有者以其所有者身份进行的交易之外的其他交易或事项所引起的所有者权益变动。综合收益总额项目反映净利润和其他综合收益扣除所得税影响后的净额相加后的合计金额。其他综合收益是未在损益中确认的各项利得和损失，而在所有者权益变动表中直接计入所有者权益的利得和损失，是绕开利润表直接在资产负债表中列示的企业未实现的收益。即利润表列示了已实现收益，而所有者权益变动表除了列示已实现收益外，还列示了现在未实现但将来很可能实现的收益。因此，按照全面收益观，除了应当关注净利润外，还应该关注其他综合收益，以正确预测企业未来的盈利能力。

思考题

1. 所有者权益变动表分析的目的有哪些？
2. 如何对所有者权益变动表进行水平分析、结构分析？
3. 如何分析所有者权益变动表中列示的会计政策变更？

4. 如何分析所有者权益变动表中列示的前期差错更正？

5. 如何理解所有者权益变动表所体现的财务状况质量信息？

案例分析

自
学
自
测

扫
描
此
码

第五章

利润表分析

1. 了解利润表分析的目的和内容。
2. 掌握利润表水平分析的要点。
3. 掌握利润表结构分析的要点。
4. 掌握利润表质量分析的要点。

 导入案例

CT 公司：飙升的业绩为"纸面富贵"？

CT 公司科创板首次公开募股（initial public offering，IPO）获上交所受理。招股书显示，CT 公司过去三年业绩增长迅速，2019 年、2020 和 2021 年营业收入分别为 7 767.8 万元、1.37 亿元和 2.52 亿元，归母净利润①分别为 778.1 万元、2 922.6 万元和 7 947.6 万元。在业绩增长的同时，该公司呈现依赖单一大客户的趋势。2019—2021 年对前五大客户的销售金额分别为 7 600.83 万元、1.27 亿元、2.28 亿元，占总营业收入的比例分别为 97.85%、92.70%、90.48%，客户集中度较高。向第一大客户的销售金额，2019—2021 年分别为 1 458.7 万元、3 956.04 万元、1.19 亿元，占营业收入比例分别为 18.78%、28.88%、47.22%，占比逐年上升，最新一期已接近总营业收入的一半。而第一大客户自 2021 年 2 月至 12 月，一直处于破产重整的状态，经营状况不容乐观。对于 CT 公司，第一大客户带来的业绩增长是否具备可持续性存在不确定性。关于对大客户依赖，该公司在招股书中也坦言：一旦主要客户需求发生变化，以及因自身经营状况恶化或受国家政策、宏观经济、国际贸易政策等外部因素影响，而出现需求大幅下降，经营业绩将受较大影响。

同时应值得注意的是，虽然 CT 公司对第一大客户的销售金额大幅增加，但真正入账的现金却不多。截至 2021 年年末，CT 公司对第一大客户应收账款已达 1.21 亿元，超过当期对第一大客户的销售金额 1.19 亿元，占总应收账款 71.18%。该公司 2021 年应收账款前五名客户情况如表 5-1 所示。

该公司 2019—2021 年应收账款分别为 3 542.31 万元、7 910.38 万元和 1.7 亿元，占当期营业收入比重分别为 45.60%、57.74% 和 67.64%。但截至 2021 年年末，坏账准备却仅为 854.99 万元，其合理性令人生疑。

总之，CT 公司的营业收入与净利润虽均实现大幅增长，但投资者还应关注公司存在"客户集中度较高""应收账款高企"等问题，这些问题会使公司飙升的业绩多为"纸面富贵"。

---

① 归母净利润是指归属于母公司所有者的净利润。

表 5-1　2021 年应收账款前五名客户情况　　　　　　　　　单位：亿元

期　间	客户名称	账面余额	占比
2021.1—2021.12	第一大客户	1.21	71.18%
	第二大客户	0.10	5.88%
	第三大客户	0.09	5.29%
	第四大客户	0.07	4.12%
	第五大客户	0.05	2.94%
	合 计	1.52	89.41%

资料来源：http://finance.sina.com.cn/money/fund/jjyj/2022-06-07/doc-imizmscu5569635.shtml?finpagefr=p_115

通过这个案例可见，企业提供的利润表有时候并不能真实反映企业的经营成果。那么应如何判断企业利润的情况？如何从企业提供的利润表及附注中发现问题呢？利润表分析通常运用哪些方法呢？

第一节　利润表分析的目的和内容

一、利润表分析的目的

利润表是反映一定会计期间企业经营成果的报表。利润表能反映企业在一定期间的收入和费用情况以及获得利润或发生亏损的数额，表明企业收入与支出之间的关系。通过利润表提供的不同时期的数据，不仅可以分析并判断企业损益发展变化的情况，预测企业未来的盈利能力；还可以考核企业的经营成果、利润计划的执行情况以及分析企业利润增减变化原因。

利润表分析的目的主要包括以下几个方面。

（1）正确评价企业各方面的经营业绩。由于利润的形成是企业生产经营过程中各环节和步骤共同作用的结果，因此，通过对不同环节进行利润分析可以准确评价各环节的业绩。

（2）及时、准确地发现企业经营管理中存在的问题，为企业进一步改进经营管理工作指明了方向。通过比较、分析利润表中各个项目构成要素，并与历史数据或行业数据或计划数据等进行比较，找出影响企业利润的因素，有利于全面改善经营管理，促使企业利润持续增长。

（3）为投资者、债权人进行投资和信贷决策提供可靠的信息。投资者和债权人通过对利润表的分析，可以预测判断企业的经营潜力及发展前景，进一步做出切合实际的投资和信贷决策。

另外，利润表分析对于国家宏观管理者研究企业对国家的贡献也有重要的参考价值。

二、利润表分析的主要内容

1. 利润表水平分析

利润表的水平分析，就是将利润表中各个项目的本期实际数与选定的标准数据进行比较，从企业利润的形成角度，反映企业利润的变动情况，目的是分析其利润的变动及其形成的原因，并推测企业在经营管理中可能取得的成绩和存在的问题。

2. 利润表结构分析

利润表的结构分析，是指按照利润表各个项目之间的依存关系，计算各个项目占营业收入的比重并进行对比分析，发现影响企业各环节的利润构成、利润率及收入与成本费用的主要问题，分析企业盈利的稳定性和持续性，判断企业盈利趋势，为企业的经营决策提供依据。

3. 利润表质量分析

利润表质量分析主要是在水平分析和结构分析的基础上，根据利润表附注所提供的详细信息，进一步分析说明企业利润表中重要项目的质量情况，深入揭示利润形成的内在质量，便于更好理解和把握企业整体的利润质量。

第二节　利润表水平分析

一、利润表水平分析表的编制

利润表水平分析就是运用水平分析法，从利润形成的角度，反映利润及形成利润的各要素的变动情况，揭示企业在利润形成过程中的管理业绩及存在的问题。

在编制利润表水平分析表时，通常将利润表的实际数与选定的标准进行比较，采用增减变动额和增减变动百分比两种形式。通常根据不同的分析目的选择比较标准，一般可选择的比较标准包括历史标准、预算标准、行业标准等。

下面以 GL 公司 2020 年的利润表为分析依据，编制利润表水平分析表，见表 5-2 所示。

表 5-2　GL 公司利润表水平分析　　　　　　　　　　单位：万元

项　　目	2020 年	2019 年	变 动 情 况	
			变动额	变动（%）
一、营业总收入	17 049 741.57	20 050 833.36	−3 001 091.79	−14.97
其中：营业收入	16 819 920.44	19 815 302.75	−2 995 382.31	−15.11
二、营业总成本	14 626 068.19	17 072 357.38	−2 446 289.19	−14.33
其中：营业成本	12 422 903.37	14 349 937.26	−1 927 033.89	−13.43
利息支出	30 444.81	11 058.00	19 386.82	175.32
手续费及佣金支出	51.63	60.34	−8.71	−14.43
税金及附加	96 460.07	154 298.37	−57 838.31	−37.48
销售费用	1 304 324.18	1 830 981.22	−526 657.04	−28.76
管理费用	360 378.28	379 564.56	−19 186.28	−5.05
研发费用	605 256.31	589 121.97	16 134.34	2.74
财务费用	−193 750.47	−242 664.34	48 913.88	20.16
其中：利息费用	108 836.94	159 827.63	−50 990.69	−31.9
加：其他收益	116 412.01	93 614.86	22 797.15	24.35

项　目	2020 年	2019 年	变动情况	
			变动额	变动（%）
投资收益	71 301.01	−22 663.48	93 964.49	414.61
其中：对联营企业和合营企业的投资收益	3 531.43	−2 098.32	5 629.76	268.30
公允价值变动收益	20 015.35	22 826.41	−2 811.06	−12.31
信用减值损失（损失以"−"号填列）	19 282.47	−27 944.86	47 227.33	169.00
资产减值损失（损失以"−"号填列）	−46 627.03	−84 289.33	37 662.30	44.68
资产处置收益（损失以"−"号填列）	294.60	491.12	−196.53	−40.02
三、营业利润	2 604 351.78	2 960 510.71	−356 158.93	−12.03
加：营业外收入	28 716.07	34 570.67	−5 854.59	−16.94
减：营业外支出	2 174.11	59 810.66	−57 636.54	−96.37
四、利润总额	2 630 893.74	2 935 270.72	−304 376.98	−10.37
减：所得税	402 969.52	452 546.36	−49 576.84	−10.96
五、净利润	2 227 924.22	2 482 724.36	−254 800.14	−10.26
归属于母公司股东的净利润	2 217 510.81	2 469 664.13	−252 153.32	−10.21
少数股东损益	10 413.41	13 060.23	−2 646.82	−20.27
六、其他综合收益的税后净额	113 598.17	688 014.31	−574 416.14	−83.49
归属母公司股东其他综合收益的税后净额	113 576.82	688 053.85	−574 477.03	−83.49
归属于少数股东其他综合收益的税后净额	21.35	−39.54	60.89	154.00
七、综合收益总额	2 341 522.39	3 170 738.67	−829 216.28	−26.15
归属于母公司所有者的综合收益总额	2 331 087.64	3 157 717.99	−826 630.35	−26.18
归属于少数股东的综合收益总额	10 434.75	13 020.68	−2 585.93	−19.86
八、每股收益：				
基本每股收益（元/股）	3.71	4.11	−0.40	−9.73
稀释每股收益（元/股）	3.71	4.11	−0.40	−9.73

二、利润表水平分析与评价

利润表水平分析时，可按照利润的形成过程，自下而上逆向追溯，对净利润、利润总额、营业利润、核心利润以及毛利等几个关键的利润项目进行重点分析，分别分析这几个项目产生差异的原因，借以判断企业各项利润指标的变动是否合理，并由此评价企业的盈利水平和未来发展趋势。

（一）净利润分析

净利润是指在利润总额中按规定交纳了所得税后公司的利润留成，一般也称为税后利润。净利润是直接归属于企业所有者的最终财务成果，也是股东财富的具体体现。GL 公司 2020 年实现净利润 2 227 924.22 万元，比 2019 年降低了 254 800.14 万元，下降率为 10.26 %。其中，归属于母公司股东的净利润降低了 252 153.32 万元，下降率为 10.21%；少数股东损益降低了 2 646.82 万元，下降率为 20.27%。从水平分析表看，该公司净利润降低主要是

2020 年利润总额本期降低 304 376.98 万元引起的，且其下降率为 10.37%，比净利润下降幅度大，尽管所得税费用本期下降了 49 576.84 万元，降低了 10.96%，是利于净利润增长的抵减项，但最终在二者综合作用下 2020 年净利润本期降低了 254 800.14 万元。

（二）利润总额分析

利润总额是企业税前财务成果，它是在营业利润的基础之上，再加减营业外收支。GL 公司 2020 年利润总额本期降低 304 376.98 万元，且其下降率为 10.37%，究其原因在于：营业利润本期降低了 356 158.93 万元，下降率为 12.03%，营业外收入本期降低了 5 854.59 万元，下降率为 16.94%，这两个方面是影响利润总额的不利因素；营业外支出本期降低了 57 636.54 万元，下降率为 96.37%，这是影响利润总额的有利因素。

（三）营业利润分析

通常营业利润是一定时期内企业盈利最主要、最稳定的关键来源。营业利润既包括企业在销售商品、提供劳务等日常活动中所产生的营业毛利、核心利润，又包括企业公允价值变动净收益、资产减值损失、对外投资的净收益、接受政府补助的其他收益和资产处置收益等项目。GL 公司 2020 营业利润本期降低了 356 158.93 万元，下降率为 12.03%，该公司营业利润下降主要是营业总收入大幅减少所致。营业总成本本期降低 2 446 289.19 万元，下降率为 14.33%；其他收益本期增加了 22 797.15 万元，增长率为 24.35%；投资收益本期增加了 93 964.49 万元，增长率为 414.61%；信用减值损失本期减少了 47 227.33 万元，下降了 169%；资产减值损失本期减少了 37 662.30 万元，下降了 44.68%，上述各项目都是影响营业利润增加的有利因素。但由于营业总收入本期降低 3 001 091.79 万元，下降率为 14.97%；公允价值变动收益本期降低 2 811.06 万元，下降率为 12.31%；资产处置收益本期减少了 196.53 万元，下降了 40.02%等不利因素影响，使增减相抵后营业利润减少。

（四）核心利润分析

核心利润是指企业利用经营性资产从事自身经营活动所产生的直接利润，在数量上等于营业毛利减掉税金及附加，再减掉销售费用、管理费用、研发费用、利息费用四项期间费用。对于经营主导型企业来说，核心利润应是构成营业利润的主要内容，反映的是企业经营性资产的综合盈利能力，是衡量企业竞争力的重要指标之一。GL 公司 2020 年核心利润是 1 921 761.29 万元，2019 年核心利润是 2 351 571.74 万元，2020 年核心利润比 2019 年减少 429 810.45 万元，下降率为 18.28%。关键因素是 2020 年的营业毛利下降了 1 068 348.42 万元，下降率为 19.55%，尽管税金及附加、销售费用、管理费用、利息费用这四项与 2019 年相比都有不同程度的下降，下降率分别为 37.48%，28.76%，5.05%，31.9%，研发费用只有小幅增长，增长率为 2.74%，但是抵不过营业毛利大幅下降，使 2020 年核心利润减少。

（五）营业毛利分析

营业毛利是指企业营业收入与营业成本之间的差额，反映企业初始盈利能力。GL 公司 2020 年营业毛利是 4 397 017.07 万元，2019 年营业毛利是 5 465 365.49 万元，2020 年营业毛利比 2019 年下降了 1 068 348.42 万元，下降率为 19.55 %，其中主要因为营业收入大幅降低 2 995 382.31 万元，下降率为 15.11%，尽管营业成本下降了 1 927 033.89 万元，下降率为 13.43%，但这两个因素综合作用，导致营业毛利减少了。

除上述几个利润关键指标分析以外，"其他综合收益的税后净额"项目反映根据企业会计准则规定未在损益中确认的各项利得和损失扣除所得税影响后的净额。GL 公司 2020 年其他综合收益本期减少了 574 416.14 万元，降低了 83.49%，主要是由于归属于母公司所有者的其他综合收益的税后净额减少所致；综合收益总额等于企业净利润加上其他综合收益，GL 公司 2020 年综合收益总额本期减少 829 216.28 万元，下降了 26.15%，其中归属于母公司所有者的综合收益总额是主要影响因素；GL 公司 2020 年基本每股收益和稀释每股收益相比 2019 年均有小幅度下降，下降了 0.40 元，降低率为 9.73%。

引起利润指标变动的原因既有主观的因素，又有客观的因素。主观的因素主要来自企业内部管理，比如，企业内部控制制度不健全或执行不严，就会导致企业成本费用上升，在其他条件不变的情况下，结果必然引起利润减少；客观的因素主要来自企业外部环境，比如，国家调整税收政策导致企业税负增加，在其他条件不变的情况下，结果也必然引起利润减少。企业在利润形成过程中的管理业绩及存在的问题都应从主观因素来看。因此，分析和评价利润指标变动时，应排除客观因素，抓住主观因素。从以上利润表进行水平分析可知，GL 公司 2020 年净利润、利润总额、营业利润、核心利润以及毛利等几个关键的利润项目和其他综合收益的税后净额、综合收益总额等项目都有不同程度下降，引起这些利润项目变动既有有利因素，也有不利因素，既有主观因素，也有客观因素。因此，应根据利润表附注提供的资料进一步对影响 GL 公司利润的各项因素进行分析。

第三节　利润表结构分析

一、利润表结构分析表的编制

利润表结构分析，即利润表的垂直分析，就是通过计算利润表中各因素或各种财务成果在营业收入中所占的比重，分析财务成果的结构及其增减变动的合理程度。

编制利润表的结构分析表，首先，计算各项目占营业总收入的比重。通常是以利润表中的"营业总收入"为共同基数，定为 100%，然后再求出各项目金额占"营业总收入"的比重，即结构比例。然后，计算各项目比重的变动程度，即各项目的报告期比重减去各项目的比较标准比重，根据分析评价的目的选择比较标准。

根据 GL 公司 2020 年的利润表资料，编制 GL 公司的利润表结构分析表，如表 5-3 所示。

表 5-3　GL 公司表结构分析表　　　　　　　　单位：万元

项　　目	2020 年	2019 年	利润结构（%）		
			2020 年	2019 年	变动情况（%）
一、营业总收入	17 049 741.57	20 050 833.36	100.00	100.00	0.00
其中：营业收入	16 819 920.44	19 815 302.75	98.65	98.83	−0.18

项　目	2020 年	2019 年	利润结构（%）		
			2020 年	2019 年	变动情况（%）
二、营业总成本	14 626 068.19	17 072 357.38	85.78	85.15	0.63
其中：营业成本	12 422 903.37	14 349 937.26	72.86	71.57	1.29
利息支出	30 444.81	11 058.00	0.18	0.06	0.12
手续费及佣金支出	51.63	60.34	0.00	0.00	0.00
营业税金及附加	96 460.07	154 298.37	0.57	0.77	−0.20
销售费用	1 304 324.18	1 830 981.22	7.65	9.13	−1.48
管理费用	360 378.28	379 564.56	2.11	1.89	0.22
研发费用	605 256.31	589 121.97	3.55	2.94	0.61
财务费用	−193 750.47	−242 664.34	−1.14	−1.21	0.07
其中：利息费用	108 836.94	159 827.63	0.64	0.80	−0.16
加：其他收益	116 412.01	9 3614.86	0.68	0.47	0.21
投资收益	71 301.01	−22 663.48	0.42	−0.11	0.53
其中：对联营企业和合营企业的投资收益	3 531.43	−2 098.32	0.02	−0.01	0.03
公允价值变动收益	20 015.35	22 826.41	0.12	0.11	0.01
信用减值损失（损失以"−"号填列）	19 282.47	−27 944.86	0.11	−0.14	0.25
资产减值损失（损失以"−"号填列）	−46 627.03	-84 289.33	−0.27	−0.42	0.15
资产处置收益（损失以"−"号填列）	294.60	491.12	0.00	0.00	0.00
三、营业利润（亏损以"−"号填列）	2 604 351.78	2 960 510.71	15.28	14.77	0.51
加：营业外收入	28 716.07	34 570.67	0.17	0.17	0.00
减：营业外支出	2 174.11	59 810.66	0.01	0.30	−0.29
四、利润总额（亏损总额以"−"号填列）	2 630 893.74	2 935 270.72	15.43	14.64	0.79
减：所得税	402 969.52	452 546.36	2.36	2.26	0.10
五、净利润（净亏损以"−"号填列）	2 227 924.22	2 482 724.36	13.07	12.38	0.69
六、其他综合收益的税后净额	113 598.17	68 8014.31	0.67	3.43	−2.76
七、综合收益总额	2 341 522.39	3 170 738.67	13.73	15.81	−2.08
归属于母公司所有者的综合收益总额	2 331 087.64	3 157 717.99	13.67	15.75	−2.08
归属于少数股东的综合收益总额	10 434.75	13 020.68	0.06	0.06	0.00

二、利润表结构分析与评价

在进行利润表结构分析时应重点关注企业利润的来源，因为不同来源的利润在未来期间的可持续性不同。如果企业营业利润（尤其是经常性业务利润，即核心利润）占营业收入比重较大，为利润总额的主要部分，说明公司经营主业方向明确，主业盈利水平较强，并具有持续增长的稳定性。反之，如果企业利润主要来自营业外收支净额等非营业利润项目，不具有经常性，则企业利润质量不高。另外，如果企业投资收益占比重比较大，说明企业投资资产的盈利能力较强，那么这个企业就是把投资活动作为企业的主要盈利活动，从长远看，对一般实体性企业而言：这并不是最佳的盈利结构，因为从目前的市场情况看，投资收益的稳定性相对还是比较差的，存在着较高的风险。

在进行利润表结构分析时，可按照利润的形成过程，对几个关键的利润项目进行重点分析。

（1）净利润结构分析。从表 5-3 可知，GL 公司 2020 年和 2019 年净利润占营业总收入的比重分别为 13.07% 和 12.38%，2020 年比上年度上升了 0.69%。其原因是虽然 2020 年所得税费用占营业总收入比重比上年上升 0.10%，但利润总额占营业总收入比重比上年上升了 0.79%。

（2）利润总额结构分析。从表 5-3 可知，GL 公司 2020 年和 2019 年利润总额占营业总收入的比重分别为 15.43 % 和 14.64%，2020 年比 2019 年上升了 0.79%。其原因是 2020 年营业利润占营业总收入的比重比 2019 年上升了 0.51%，营业外支出占营业总收入比重下降了 0.29%。另外，营业外收支占营业总收入的比重很小，说明企业的非日常经营活动没有对利润总额产生决定性的影响，营业利润是构成 GL 公司利润总额的主体。

（3）营业利润结构分析。从表 5-3 可知，GL 公司 2020 年和 2019 年营业利润占营业总收入的比重分别为 15.28% 和 14.77%，2020 年比 2019 年上升了 0.51%，其主要原因是尽管 2020 年核心利润占营业总收入比重下降了 0.46%，但 2020 年其他收益占营业总收入比重提高了 0.21%，投资收益占营业总收入比重提高了 0.53%，信用减值损失和资产减值损失占营业总收入比重提高了 0.4%。

（4）核心利润结构分析。GL 公司 2020 年和 2019 年核心利润占营业总收入的比重分别为 11.27% 和 11.73%，2020 年比 2019 年下降了 0.46%。其主要原因是 2020 年营业收入占营业总收入的比重下降了 0.18%；而在成本和期间费用中，尽管 2020 年税金及附加占营业总收入比重下降了 0.2%、销售费用占营业总收入比重下降了 1.48%、利息费用占营业总收入比重下降了 0.16%，但由于营业成本占营业总收入比重提高了 1.29%，管理费用占营业总收入比重提高了 0.22%，研发费用占营业总收入比重提高了 0.61%，使得营业成本、税金及附加和四项期间费用之和占营业总收入比重又提高了 0.28%。

（5）营业毛利结构分析。GL 公司 2020 年和 2019 年营业毛利占营业总收入的比重分别为 25.79% 和 27.26%，2020 年比 2019 年下降了 1.47%。其原因是 2020 年营业收入占营业总收入的比重下降了 0.18%，2020 年营业成本占营业总收入比重提高了 1.29%。

通过对 GL 公司的利润结构分析表的分析，可以得出结论：GL 公司的利润结构较为稳定，各项目结构比变动幅度不大。但要注意，虽然企业利润总额结构比增长的关键因素是营业利润结构比的增长，但是反映企业当期自身经营活动的核心利润结构比、营业毛利结构比却在下降，主要原因是当期营业收入结构比有小幅下降，而营业成本、管理费用和研发费用的结构比有一定幅度上升，说明企业应进一步开拓市场，控制营业成本，提高管理费用和研发费用的有效性。

对利润结构表进行分析，还可以针对综合收益总额进行垂直分析，分别考察净利润、其他综合收益构成的比重及变动，归属于母公司所有者的综合收益以及归属于少数股东的综合收益构成的比重及变动情况，进一步分析综合收益总额的构成及变动情况。

第四节　利润表质量分析

企业利润质量是指企业利润的形成过程以及利润结果的合规性、真实性、效益性及公允性。高质量的企业利润表现为资金运转状况良好、企业所依赖的业务具有较好的市场发展前景、良好的现金流、利润所带来的净资产增加能够为企业未来的发展奠定良好的基础。反之，就是低质量的企业利润。考察企业的利润质量主要是从利润的形成过程质量、利润结构质量（前文已提及）及其所对应的现金流量表、资产负债表相关项目质量来进行，而其所对应的资产负债表、现金流量表相关项目的质量分析，可参阅资产负债表、现金流量表的有关内容。因此，本节利润质量分析是指在前面水平分析和结构分析的基础上，根据利润表附注所提供的详细信息，从企业利润形成过程质量来分析和考察利润的内在品质，主要包括收入类项目的质量分析和费用类项目的质量分析。

一、收入类项目的质量分析

收入类项目是指利润表的加项，主要包括营业收入、其他收益、投资收益、公允价值变动损益、营业外收入等。

（一）营业收入质量分析

我国《企业会计准则——基本准则》对收入的定义是：收入是指在日常活动中形成的、会导致所有者权益增加的、与所有者投入资本无关的经济利益的总流入。工业企业制造并销售产品、商品流通企业销售商品、咨询公司提供咨询服务、软件公司为客户开发软件、安装公司提供安装服务、建筑企业提供建造服务等，均属于企业的日常活动。

营业收入是所有盈利的基础，是分析企业利润的起点。在分析营业收入质量时，需要综合分析以下几个方面。

1. 营业收入确认分析

企业应根据《企业会计准则第 14 号——收入》中规定的五步法确认收入。收入的确认至少应当符合以下条件：一是合同各方已批准该合同并承诺将履行各自义务；二是该合同明确了合同各方与所转让商品或提供劳务（以下简称"转让商品"）相关的权利和义务；三是该合同有明确的与所转让商品相关的支付条款；四是该合同具有商业实质，即履行该合同将改变企业未来现金流量的风险、时间分布或金额；五是企业因向客户转让商品而有权取得的对价很可能收回。这就是企业收入确认原则，即企业与客户之间的合同同时满足上述五项条件时，企业应当在客户取得相关商品控制权时确认收入。

营业收入确认分析主要包括以下几个方面。

（1）收入确认时间的合法性分析，是分析本期收入与前期收入或后期收入的界限是否清晰，即有无提前或推迟本期收入确认的情况，重点应关注月末、季末、年末的收入确认。

（2）收入确认内容的合理性分析。在某些特殊情况下，企业收入的确认与一般性收入的确认不同，如附有销售退款条件销售时收入的确认、附有质量保证条款销售时收入的确认、售后回购收入的确认等。

（3）收入确认方法的合理性分析，是分析确认收入的方法是否合理，如对采用产出法和投入法的条件与估计方法是否合理等的分析。

2. 营业收入计量分析

营业收入计量分析主要是对营业收入数额的准确性及合理性进行分析。企业的营业收入是指全部营业收入减去销售退回、折扣与折让后的余额。因此，应对销售退回、折扣与折让的处理及计量准确性进行分析。根据企业会计准则规定，销售退回与折让的计量比较简单，而销售折扣问题相对较复杂，应关注企业商业折扣与现金折扣的处理是否正确及其对营业收入的影响。

营业收入的确认与计量分析的目的是确认收入的正确性，而其正确与否的关键在于分析时要选择准确与合理的会计政策，并运用恰当的会计处理方法。

3. 营业收入构成分析

营业收入分析不仅要观察其总金额的变动，还必须深入分析其构成，以便明确收入的变动原因及其来源。营业收入的分类可以从多个角度进行分析，不同的分析角度可以发现不同的问题以及找出产生问题的原因。

（1）主营业务收入与其他业务收入构成分析。营业收入按来源不同分为主营业务收入和其他业务收入。通过对企业主营业务收入与其他业务收入的构成情况分析，可以了解与判断企业的经营方针、方向及效果，进而分析预测企业的可持续发展能力。如果一个企业的主营业务收入的比例较低或者不断下降，其发展潜力和前景显然是值得怀疑的。

根据 GL 公司财务报表附注资料，编制营业收入来源构成分析表，如表 5-4 所示。

表 5-4　GL 公司营业收入来源构成分析表　　　　　　单位：万元

项　　目	2020 年		2019 年	
	金额	比重（%）	金额	比重（%）
主营业务收入	13 042 776.65	77.54	15 688 865.90	79.18
其他业务收入	3 777 143.79	22.46	4 126 436.85	20.82
营业收入合计	16 819 920.44	100	19 815 302.75	100

由表 5-4 可知，GL 公司这两年营业收入中，超过 77% 的部分均来自主营业务收入，只有不到 23% 的部分来源于其他业务收入，说明该公司主营业务相对突出。2020 年主营业务收入占比相比 2019 年略有下降，降低率为 1.64%，说明公司经营战略和经营方式没有较大改变，企业营业收入的来源相对稳定。

（2）营业收入的品种构成分析。分析时应关注企业经营的产品或服务的品种是否适合市场的需要，这对企业今后的生存和发展至关重要。分析的方法一般是计算各经营品种的收入占全部营业收入的比重，再通过比较比重的变化发现企业经营品种结构的变化幅度。对企业营业收入的品种构成进行分析，可以观察企业过去业绩的主要增长点及未来的发展趋势，企业产品品种的变化也反映了企业发展战略的变化。需要指出的是，如果企业对某一类产品过度依赖，就会对某些外界环境变化因素异常敏感，这会加大企业的经营风险。

根据 GL 公司财务报表附注资料，编制营业收入品种构成分析表，如表 5-5 所示。

表 5-5　GL 公司营业收入品种构成分析表　　　　单位：万元

	2020 年		2019 年	
	金额	占营业收入比重（%）	金额	占营业收入比重（%）
空调	11 788 163.99	70.08	13 866 505.51	69.98
生活电器	452 175.65	2.69	557 591.14	2.81
智能装备	79 094.27	0.47	214 128.56	1.08
其他主营	723 342.74	4.30	1 050 640.70	5.30
其他业务	3 777 143.79	22.46	4 126 436.85	20.82

由表 5-5 可知，GL 公司的空调业务收入占营业收入绝大部分，2020 年占营业收入达 70.08%，占主营业务收入达 90.38%，该公司的专业化色彩依旧，也说明公司空调业务仍具有较强的行业竞争优势和较突出的竞争地位，在公司的收入结构中依旧发挥着"中流砥柱"的作用，但要注意空调业务的"天花板"现象。

（3）营业收入的地区构成分析。关注营业收入的地区构成分析，可以了解企业的销售市场布局、顾客分布及变动情况等。占总收入比重大的地区是企业过去业绩的主要增长点，分析营业收入的地区构成时，应着重分析以下三个方面。①要分析地区的经济发展后劲与企业业务发展前景的关系。企业选择产品市场应考虑地区的经济总量、经济结构调整对企业未来市场的影响。②要分析地区的政治经济环境。特定地区政治经济环境存在诸多不确定因素，如行政领导人的更选、特定地区经济政策的调整等。这些因素一般会对企业原有的发展惯性产生较大的影响。③要分析国际政治经济环境的变化，如战争导致的地区动荡、金融危机导致的某些地区发展的停滞、低碳经济等对企业所在地区和行业的影响等。此外，不同地区的消费者对不同品牌商品的偏好、不同地区的人文环境特征、不同地区的市场潜力等在很大程度上制约企业业绩的持续性和未来发展趋势。

根据 GL 公司财务报表附注资料，编制营业收入地区构成分析表，如表 5-6 所示。

表 5-6　GL 公司营业收入地区构成分析表　　　　单位：万元

	2020 年		2019 年	
	金额	占营业收入比重	金额	占营业收入比重
内销-主营业务	11 040 700.22	65.64%	13 607 320.70	68.67%
外销-主营业务	2 002 076.43	11.90%	2 081 545.20	10.51%
其他业务	3 777 143.79	22.46%	4 126 436.85	20.82%

由表 5-6 可知，GL 公司的内销仍然占据主导地位。

（4）营业收入的客户构成分析。通过分析营业收入的客户构成情况，有助于判断企业营业收入的质量和业绩的波动性。营业收入的客户构成分析可以从以下两个角度进行。①关注分析客户的分散程度。在相同的条件下，企业的销售客户越分散、集中率越低，说明企业产品销售（或劳务提供）的市场化程度越高，行业竞争力越强，营业收入的持续性就会越好。同时，企业的销售客户越分散，销售回款因个别客户的坏账所引起的波动会越小，营业收入的回款质量也就越有保障。②关注分析关联方交易对营业收入的贡献程度。企业营业收入的客户可分为关联方和非关联方。如果一个企业产品或劳务主要卖给非关联方，而且所取得的营业收入持续走高，则说明企业营业收入是市场化规范运作的结果，具有较高的可持续性。在企业形成集团化经营的条件下，集团内各个企业之间就有可能会发生关联方交易。由于关联方交易不同于单纯的市场交易，存在因关联方之间地位上的不平等而产生交易上的不平等的问题，彼此之间就有可能为了"包装"某个企业的业绩而人为制造一些业务。因此，应关注以关联方交易为主体形成的营业收入在诸如交易价格、交易的实现时间、交易量等方面的非市场化因素。市场运作越不规范，业绩包装就越是方便，企业营业收入的发展前景就越不确定。当然，并不否认集团内部具有一定数量的市场化运作的交易。但是，在分析时应关注关联方交易的收入占总收入的比重和非市场化运作情况。

根据 GL 公司 2020 年公布年报资料，编制营业收入客户构成分析表，如表 5-7 所示。

表 5-7　GL 公司营业收入客户构成分析表

客　户　名　称	销售额（万元）	占年度销售总额比例
第一名	790 634.80	4.64%
第二名	511 174.65	3.00%
第三名	452 673.44	2.66%
第四名	432 845.78	2.54%
第五名	344 574.50	2.02%
前五名客户合计销售金额	2 531 903.17	14.86%
前五名客户销售额中关联方销售额	874 635.86	5.13%

由表 5-7 可知，GL 公司 2020 年前五名客户合计销售金额占年度销售总额比例是 14.86%，第一名客户销售金额占年度销售总额比例也只有 4.64%，说明该公司销售客户较为分散，营业收入的质量和业绩的波动性较小。而且前五名客户销售额中关联方销售额占年度销售总额比例是 5.13%，说明该公司的营业收入主要来自非关联方，具有较高的可持续性。

4. 收入操纵行为的分析

在有效资本市场环境下，营业收入及其成长性直接关系上市公司的证券估值，正因为如此，营业收入成为近年来上市公司粉饰和操纵利润的惯用手段。在对营业收入分析时，特别应关注是否有收入操纵行为。

常见的收入操纵手段主要有以下两种。

（1）虚构收入。虚构收入是最普遍的一种会计操作行为，具体做法有以下几种：一是白条出库，作销售入账；二是对开发票，确认收入；三是虚开发票，确认收入。在实际操作中，一些企业为了达到增加利润的目的，与经销商签订虚假的销售合同，计入"应收账款"，从而增加收入和增加利润；或者有些企业直接开具假发票、白条出库等手段进行收入虚增。

（2）提前或推迟确认收入。提前确认收入的具体做法主要有：一是存在有重大不确定性时确定收入；二是完工百分比法的不适当运用；三是在仍需提供未来服务时确认收入；四是提前开具销售发票，以美化业绩。在房地产和高新技术行业，提前确认收入的现象比较普遍。比如房地产企业，往往将预收账款作为销售收入，滥用完工百分比等。

推迟确认收入是将本期确认的收入递延至未来期间确认。这种手法一般在企业当前收益较为充裕，而未来收益预计可能减少的情况下时有发生。

收入操纵的预警信号常表现为：①应收账款的增幅高于销售收入的增幅；②计提巨额的坏账准备。这可能意味着其收入确认政策极端不稳健或在以前年度确认了不实的销售收入，③收购日前后毛利率发生大幅波动。这可能意味着上市公司将购买日前的收入推迟至购买日后确认，或者将购买日后的费用提前至购买日前确认；销售收入与生产能力比例失调。销售收入显然与生产能力密切相关，销售收入容易被虚构，但生产能力却难以被篡改。一些上市公司在虚构销售收入时，经常会忽略销售收入与生产能力的关系。通过分析上市公司的生产能力，并与行业数据（如产销率）和市场占有率等信息交叉复核，是发现上市公司虚构销售收入的有效手段之一；⑤与客户发生套换交易。如果上市公司在向其客户销售产品或提供劳务的同时，在缺乏正当商业理由的情况下又大量向客户购买产品或接受劳务，且交易价格具有显失公允或对等特性，那么就应当关注该上市公司是否利用与客户的套换交易进行收入操纵；⑥收入主要来自关联销售。如果上市公司的收入主要来自关联交易，尽管也能解决其产品的市场实现问题，但这种市场实现不是上市公司与独立的当事人通过价值判断和讨价还价达成的，并不能反映上市公司的核心竞争力。通过关联交易确认的销售收入，不仅其可持续性存在不确定因素，且交易规模和交易价格容易被操纵；⑧销售收入与经营性现金流量相背离。提前确认销售收入是上市公司操纵收入的最常见手法，其显著的财务特征是销售收入与经营性现金流量的严重背离。充分关注销售收入与经营性现金流量的关系及其变动趋势，是发现收入操纵的有效手段之一。

（二）投资收益质量分析

投资收益是指企业对外投资所取得的收益。一般而言，投资收益是由企业拥有或控制的投资性资产所带来的收益，主要包括两个部分：一是投资性资产的持有收益，即在其持有期间从被投资企业获取的利润；二是投资性资产的处置收益，即在处置投资性资产时，售价与初始取得成本之间的差额。

对投资收益质量分析时，应关注以下两个方面。

（1）分析投资收益占净利润的比重。很多企业的利润含量中投资收益比重比较大，但这并不意味着盈利质量不高，而是需要具体分析。对于许多传统的企业来说，核心利润往往在企业收益中占绝对比重。但是，随着企业兼并、合并、重组等资本经营活动的增加，越来越多的现代企业将经营中心从产品和销售转移至对外投资上，这些企业中具有对外投资性质的资产的数额在逐年增加，带来的结果是企业的收益中投资收益的比重越来越大。但从目前的市场情况来看，投资收益的稳定性相对还是比较差的，存在着较高的风险，因此，企业的投资收益的不确定性也比较大。这主要是因为这部分资产不在企业的直接控制之下，除了债权性投资能带来固定收益和利息收益外，其他投资性资产给企业带来的收益大小主要取决于被投资企业的收益情况和分红政策，因而具有一定的波动性和不可预见性，这会在一定程度上影响企业收益的持续性。在分析时，要充分考虑投资收益的这一特点，谨慎地判断和预测企业未来的投资收益。

（2）分析投资收益的含金量。一是在持有期间获取的投资收益。由于投资企业对合营企业和联营企业的长期股权投资采用权益法，将被投资企业所实现的净利润（或者发生的净亏损）的相应份额确认为投资收益，而不是按照企业实际分配到的利润核算。因此，这种投资收益的含金量取决于被投资企业的分红政策。可以肯定的是，只要被投资企业不将净利润全部用于分红，投资企业所确认的投资收益就会存在不同程度的"水分"，有可能造成投资企业有利润而没有现金流；而投资企业对其子公司的长期股权投资采用的是成本法，企业就应按照子公司宣告发放的现金股利根据其持股比例确认为投资收益，因此这种投资收益的含金量基本上是有保障的；其他投资性资产在持有期间所带来的投资收益，无论是股利还是利息，一般情况下都会带来相应的现金流入。二是在处置收益时获取的投资收益。由于在利润表上是将售价与初始取得成本之间的差额确认为投资收益，而在现金流量表上"收回投资收到的现金"主要取决于各项投资性资产的售价高低，由此可见，二者没有明显的对应关系，处置收益的含金量具有很大的不确定性。

（三）其他收益质量分析

对其他收益项目的质量分析，应注意以下几点。

（1）分析企业业务与政府政策的关联度。能够获得政府补贴的企业，一般来说从事的是政府支持的业务。这意味着，企业的业务和发展方向是受政府鼓励、支持或者扶植的。这种政策环境有利于企业在特定时期快速发展，并且如果企业能够获得政府补贴，也说明企业在政府补贴政策方面研究能力较强。

（2）反映企业当期主营业务的市场竞争力。政府之所以向企业发放补贴，一般是希望通过补贴来支持、鼓励或者扶持企业的发展。因此，正常的补贴逻辑应该是享受补贴的企业主营业务的市场竞争力由于各种原因表现得较弱，或者企业遇到暂时的经营性困难。这意味着，享受补贴的企业往往是当期市场竞争力较弱的企业。当然，既然是政策，一般不会是一家企业独自享受。因此有可能出现这样的情形：竞争力强的企业由于也符合补贴政策，因而也享受了相关的补贴。

（3）注意政府政策的阶段性。需要注意的是，由于政府对经济政策的动态调整以及企业发展的动态变化，政府的补贴政策经常变化。因此，完全靠政府持续的补贴生存的企业不会有持续的竞争力。

（四）公允价值变动收益质量分析

公允价值变动收益是指企业以各种资产，如投资性房地产、债务重组、非货币交换、交易性金融资产等公允价值变动形成的应计入当期损益的利得或损失，即公允价值与账面价值之间的差额。

对公允价值变动收益分析时，应该注意的是，一是企业获取的相关资产的公允价值是否合理，是否将不适合使用公允价值计量的资产划分为此类，企业在出售相关资产时，前期发生的公允价值变动收益是否已计入投资收益。比如在市场不活跃或者非正常的情况下，对于投资性房地产来说，绝对客观的公允价值难以获取，因此该项目便不可避免地存在一定的主观因素，这样就会或多或少影响企业利润的真实性。二是公允价值变动收益属于没有实现的损益，因此，公允价值变动收益的增减只会引起企业利润总额的变动，但不会引起企业现金流量的变动。如果某企业公允价值变动损益在净利润中比重过大，会影响企业利润的含金量和持续性，但可以在一定程度上反映这些资产项目的保值质量高。

（五）资产处置收益质量分析

上市公司自 2017 年年度报告开始，将原属于企业营业外收入的资产处置利得归入"资产处置收益"项目并"升格"为营业内，作为营业利润的一部分进行披露。

对于企业的资产处置收益需要注意的是：企业可能会由于处置非流动资产而获得利润，从而"改善"营业利润的规模。但实际上，这种"改善"与企业的营业收入没有一点关联，而且这种"改善"不会有持续性，甚至靠资产处置收益改善营业利润的企业，可能其产品的营业状况正在经历困难时期。

（六）营业外收入质量分析

营业外收入是指企业发生的与其生产经营活动无直接关系的各项收入，主要包括债务重组利得、盘盈利得、罚款收入、因债权人原因确实无法支付的应付款项等。一般情况下，营业外收入发生的金额较小，对企业利润的影响也较弱，如果某个期间企业的营业外收入金额较大，应分析其中的原因，是否存在关联方交易、是否存在操纵利润。另外，鉴于营业外收入不稳定，在未来没有持续性，所以，不能根据这部分收益来预测企业未来的利润水平，同时如果营业外收入占利润总额的比例过大，说明企业的盈利结构出了问题，至少是增加了不稳定的因素。

二、费用类项目的质量分析

费用类项目是指利润表的减项，主要包括营业成本、销售费用、管理费用、利息费用、资产减值损失与信用减值损失、营业外支出、所得税费用等。

（一）营业成本质量分析

营业成本是指与营业收入相关的，已经确定了归属期间和归属对象的成本。与营业收入相对应，营业成本也分为主营业务成本和其他业务成本两部分。对营业成本的分析有助于评价和判断企业成本控制的能力和成本的变化趋势，并且与营业收入进行配比后可得出企业营业利润的情况。在分析营业成本质量时，需要综合分析以下几个方面后再进行评价。

（1）分析影响营业成本水平的因素。影响企业营业成本的高低，既有企业可以控制的主观因素，如企业可选择供货渠道、采购批量、会计政策等控制成本水平；也有企业不可以控制的客观因素，如受市场因素的影响而引起的材料价格波动。在评价时应排除客观因素，抓住主观因素。

（2）关注企业营业成本的品种和地区构成。通过分析企业的各种产品、各个地区的成本情况，并与营业收入进行配比来分析每一项目的毛利以及变动情况，观察和发现企业在各个环节和部门成本管理中存在的问题。

（3）注意企业是否有操纵营业成本的行为。一是注意营业成本计算是否真实。在制造业里，营业成本表现为已销售产品的生产成本。因此，在分析时要关注会计核算方法（如存货计价方法、固定资产折旧方法等）的选择是否"恰当、稳健"，当期有无发生变更、其变更有无对营业成本产生较大影响。二是注意企业的营业成本是否按时结转，是否存在"低转成本"或"高转成本"的现象。根据收入与费用原则，企业在确认收入的同一会计期间，结转相关的成本。如果不执行收入与费用配比原则，在确认收入的同一会计期间不进行相关成本的合理结转，或者"低转成本"，导致当期营业成本低估，资产价值高估；或者"高转成本"，导致当期营业成本高估，资产价值低估。所以，当营业成本与期末存货余额之间的相对规模出现异常波动，尤其是在企业的毛利率也随之发生异常波动时，若这种现象无法用正常的理由进行解释，这往往可能是企业出于某种动机，利用"低转成本"或者"高转成本"等手段，人为操纵利润的一种迹象。

（二）期间费用质量分析

期间费用是指不受企业产品产量或商品销量增减变动影响，不能直接或间接归属于某个特定对象的各种费用。期间费用包括管理费用、销售费用、研发费用、财务费用（利息费用）。对各项期间费用质量分析不能只强调各项期间费用发生的规模，更应强调各项费用发生后所带来的效益。大部分的期间费用在规模上都是相对固定的，即不能简单通过压缩规模来控制期间费用。另外，有些期间费用如研发费、广告费、职工教育经费等，其规模的压缩往往会直接影响企业的发展前景。所以在期间费用控制方面，不要片面强调节约和压缩，而要强调效益，不要追求费用最小化，而要追求成本效益最大化。有些企业管理者会通过调整期间费用的大小达到其盈余管理的目的，因此，对这些期间费用进行质量分析时也需要对企业年度间期间费用上升或下降的合理性进行分析。

1. 管理费用分析

管理费用是指企业行政管理部门为组织和管理经营活动而发生的各项费用，包括由企业统一负担的管理人员的薪酬、差旅费、办公费、劳动保险费、职工待业保险费、业务招待费、董事会会费、工会经费、职工教育经费、咨询费、诉讼费、商标注册费、技术转让费、排污费、矿产资源补偿费、聘请中介机构费、修理费、房产税、土地使用税、车船税、印花税、审计费以及其他管理费用等。企业管理费的项目比较庞杂，对其进行分析的难度较大，如果能够取得管理费用的明细项目将对分析其质量有较大帮助。对管理费用质量分析时应注意以下几个方面。

（1）关注管理费用结构与规模变化。从管理费用结构来看，管理费用结构往往体现在企业人力资源政策、管理手段、管理工具、管理条件等方面。从管理费用规模来看，有些项目的支出规模与企业规模相关，对其实施有效的控制可以促进企业管理效率的提高；而对有些项目（如职工教育经费等）的控制或压缩对企业长远发展是不利的，会限制企业今后的发展。一般情况下，在企业规模、组织结构、管理风格和管理手段等方面变化不大的情况下，企业的管理费用规模也不会有太大变化。如果企业规模扩大、企业收入增长，而管理费用下降，则应注意企业是否存在利润操纵的嫌疑。

（2）关注管理费用的支出效率。因为管理费用多数项目属于固定性费用，与企业营业收入在一定范围和期间内没有很强的相关性。但是，管理费用与营业收入存在一定的配比关系，通过计算管理费用与营业收入的比率，将该指标与行业平均水平以及本企业历史水平进行比较，考察管理费用支出的效率。企业提高管理效率的最优途径就是增加收入，使得用一定数额的管理费用以支持更大的营业规模。

（3）与企业制定的财务预算比较分析。有些项目，如管理费用中的管理人员工资、职工福利费、差旅费、办公费等公司经费部分，在一定时期内，如果企业经营规模没有发生重大改变，公司经费开支几乎与企业的业务量没有关系，因此通过与预算数的对比，可以容易地得到企业管理费用的质量状况。只要预算制定是合理的，则超过预算就说明企业管理费用控制存在问题。

2. 研发费用分析

我国将研发费用作为一项单独的费用在利润表上列示，是从上市公司 2018 年年度报告开始的。在此之前，研发费用是与管理费用一起并称为管理费用来列示的。

研发费用是指企业与研究及开发相关、直接作为费用计入利润表的相关资源消耗，包括研发人员人工费用、研发过程中直接投入的各项费用、与研发有关的固定资产折旧费、无形资产摊销费以及新产品设计费等。对研发费用质量分析时应注意以下几个方面。

（1）关注研发费用带来效益的滞后性。从当期效益的观点来看，研发费用将直接减少企业当期的核心利润、营业利润、利润总额和净利润。但是，从企业持续发展的战略来看，当企业需要研发来维持技术能力以保持竞争力时，研发费用就有了战略含义。因此，研发费用的规模及其有效性在很大程度上与企业未来的竞争力乃至生存状况有关。在分析中必须强调的是，研发费用所带来的收益通常滞后，从研发投入到企业最终获得研发投资收益这一过程越长，它对企业绩效的滞后效应就可能会越大。

（2）关注研发费用的恰当性分析。由于企业所处的竞争环境以及企业自身经营特点的复杂性，一般难以根据研发费用的规模来判断企业的未来竞争力。但是，研发费用的恰当性分析可以结合企业的营业收入规模、企业所处行业的技术进步特征、同行业主要竞争对手的研发投入状况以及企业营业收入和毛利率的持续变化等方面来进行。其中，研发费用（还要考虑资本化的部分，即开发支出当年的增加额）与企业营业收入的比率是最为常见的分析指标，往往将该指标与同行业企业进行比较来简单判断企业未来发展的潜力。

3. 销售费用分析

销售费用是指企业在销售过程中发生的各项费用，以及专设销售机构的各项经费，包括应由企业负担的运输费、装卸费、包装费、保险费、广告费、展览费和售后服务费，以及销售部门人员薪酬、差旅费、办公费、折旧费、修理费用和其他经费等。从销售费用的构成来看，有的与企业的业务活动规模有关，有的与企业从事销售活动人员的待遇有关，有的与企业未来发展、开拓市场、扩大企业的知名度等有关。因此，对销售费用质量分析应包括以下几个方面。

（1）分析销售费用规模变动的合理性。在进行分析时，应结合行业竞争态势和竞争格局的变化、企业营销策略的变化以及相关会计政策的变化等因素，判断销售费用变动的合理性。一般情况下，企业的销售费用会随着销售规模的扩大而增长，但增长的幅度低于销售规模增长的幅度。有时销售规模不变甚至下降，但销售费用增长了，这有可能是企业产品销售出现了困难，企业为了刺激销售而不得不加大投入，当然也可能是销售部门管理上的问题，所以要分析具体原因。但如果企业销售规模扩大，而销售费用却下降了，则应注意企业是否存在利润操纵的嫌疑。

（2）考察销售费用支出的有效性。通过计算销售费用与营业收入的比率，将该指标与同行业比较和前后期比较，来考察销售费用支出的有效性。

（3）考察销售费用的长期效应。首先，根据我国企业会计准则的规定，企业广告费在发生时全额计入当期损益，但是对于一些数额巨大的广告支出带来的影响会在本期之后还会存在，对于此种大额的广告费支出，分析人员应当仔细判断对市场的影响和该广告的效果。其次，企业如果在新地域和新产品上投入较多的销售费用，如在新地域设立销售机构和销售人员的支出等，这些新的支出不一定在本期就能增加销售收入，分析人员对此也应当谨慎分析，以判定对以后期间收入增加的效应。因此，分析销售费用中诸如广告费、促销费、展览费、销售网点业务费等与企业营销策略有关的项目所占比重的变化情况，关注这些项目对企业长期销售能力改善、企业长期发展可能做出的贡献，考察销售费用的长期效应。

（4）分析企业是否存在销售费用确认问题。例如，有的企业将巨额广告费列为长期待摊费用，实现费用资本化，并自行调整摊销额，达到随意虚增当期利润的目的。这种情况要结合资产负债表长期待摊费用项目一起分析，观察该项目是否有异常变动，并查明原因。

4. 利息费用分析

利息费用是指计入特定会计期间的企业资金的筹集和运用中发生的各项利息支出。在利润表上，在2017年年度报告以前，利息费用与利息收入一起在"财务费用"项目反映。在 2018 年年度报告后，上市公司被要求除了列示财务费用外，还要将利息费用与利息收入分别列示。一般来说，利息费用规模变化与企业的经营业务规模不存在正相关关系，而更多地与企业贷款规模、贷款利息率和贷款期限相关联。因此，对利息费用进行质量分析主要包括以下几个方面。

（1）贷款规模的合理性分析。在利息率一定的情况下，企业贷款规模越高，发生的财务费用越高，会降低企业的当期利润。而企业降低贷款规模，虽然可导致计入利润表的财务费用下降，增加企业的当期利润，但可能会由于资金短缺限制企业的未来发展。所以应关注贷款规模的合理性，使其与企业经营战略调整相适应，与企业未来的资金需求相适应。在进行分析时，企业贷款规模变化主要通过与历史水平、行业平均水平比较，并结合企业自身融资政策、资产规模和融资环境来评价其规模变化的合理性及原因。

（2）贷款利息率和贷款期限的影响因素分析。从企业融资的角度来看，贷款利息率的具体水平主要取决于以下几个因素：一定时期资本市场的供求关系、贷款规模、贷款的担保条件以及贷款企业的信誉等。在利率的选择上，可以采用固定利率、变动利率或浮动利率等。可见，影响贷款利率的因素，既有企业不可控制的因素，也有企业可以控制的因素。在不考虑贷款规模和贷款期限的条件下，企业的利息费用将随着利率水平而波动。在分析中，应主要关注可控性因素的影响，了解企业贷款利率升降所揭示的融资环境、企业信誉等方面的变化，对企业因贷款利率的宏观下调等不可控因素而出现的利息费用降低不应给予过高的评价。

（3）关注利息费用确认问题。有些企业把借款费用中本应当予以资本化的部分而费用化了，或者借款费用中本应当计入财务费用的部分而资本化了，借以达到操纵企业利润的目的。

（三）资产减值损失与信用减值损失质量分析

资产减值损失是指企业计提各种资产减值准备所形成的损失。上市公司自 2018 年年度报告开始，将原资产减值损失分为资产减值损失和信用减值损失分别披露。金融资产减值准备所形成的预期信用损失计入"信用减值损失"项目。

按照现行企业会计准则的要求，企业应遵循谨慎性原则，于每个会计期末对其资产进行减值测试，对出现减值迹象（即公允价值低于以历史成本为基础的账面价值）的资产要计提减值准备，并相应确认资产减值损失。资产减值损失与信用减值损失各项目的构成及其金额增减变化的情况，通常在报表附注中，以编制资产减值准备明细表的形式加以说明。

对资产减值损失与信用减值损失项目进行质量分析时，应关注以下两个方面。

（1）在谨慎性原则下，资产价值的确认与计量采用账面价值与可收回金额（或市价、可变现净值）孰低法，即只有在资产由于某种原因发生贬值时，才需要通过计提减值准备将其账面价值降至可收回金额。因此，资产减值损失与信用减值损失反映了企业资产项目的贬值程度及规模，在一定程度上揭示这些资产的保值质量以及企业对这些资产的管理质量。

（2）在对各项资产进行减值测试时，关键环节是要恰当地确定各项资产的公允价值，而公允价值的确定从某种程度上说不可避免存在主观上的估计和判断，因此，资产减值损失的确认问题实质上属于会计估计问题，即存在企业利用主观人为因素来调节利润的可能。因此，资产减值损失计提恰当与否将直接影响企业利润的真实性与利润质量。

另外应该注意，尽管在经营活动中资产出现减值是正常的，但恰当确认的资产减值却反映了企业的管理水平。高水平的企业管理者会在恰当的时候增加其资产，在恰当时候处置或出售资产，并在这个过程中获得利润，实现企业资本增值。经常出现大规模资产减值准备的企业，如果其确认恰当，则在这个企业管理过程中一定存在某些方面的问题。

（四）营业外支出质量分析

营业外支出是指企业在经营业务以外发生的支出，包括盘亏损失、非常损失、对外捐赠支出、赔偿金和违约金支出等。营业外支出是企业偶发性的损失，一般情况下，发生的金额较小，对企业利润的影响也较弱，如果某个期间企业的相关金额较大，分析时应关注发生的原因，是否存在关联方交易、是否存在操纵利润。

（五）所得税费用质量分析

所得税费用是指企业根据企业会计准则确认的应从利润总额中扣除的一个费用项目，它是用经过调整后的本期利润总额，乘以企业所适用的税率计算得到。利润总额减去所得税费用后的差额即为净利润。

由于税法与企业会计准则对于企业会计项目金额的认定不同，导致企业所得税费用与当期的应交所得税不同。简单地说，计算所得税费用的基数是基于企业会计准则对利润总额进行调整后的结果，即调整后的会计利润，而计算应交所得税的基数是应纳税所得额（即应税利润），它是基于税法对利润总额进行调整后的结果。当企业会计准则与税法在确认应税项目和可抵扣项目上存在不一致的规定时，两者就会产生差异。在现行企业会计准则和税法下，会计利润、应纳税所得额、所得税费用、应交所得税以及递延所得税资产（负债）之间的关系，可以大致通过下列公式予以简化揭示：

所得税费用＝调整后的会计利润×所得税税率

应交所得税＝应纳税所得额（即应税利润）×所得税税率

递延所得税资产＝应交所得税－所得税费用

在上式中，若所得税费用大于应交所得税，计算结果为负数，则应确认为递延所得税负债。

由此可见，所得税费用既不会与利润表中的利润总额存在固定的税率关系，也不会直接反映企业当期实际缴纳的所得税规模。可以简单地认为，它与应交所得税之间的差异大小可大体反映会计准则与税法在确认该企业经营成果问题上的分歧大小。

三、利润质量恶化的主要外在表现

企业利润质量的恶化没有一个明确界限，往往是一个较为缓慢的过程，甚至具有一定的隐蔽性和欺骗性。但利润质量的恶化总会反映在企业经营的某些方面，分析者可以通过下列一些迹象来及时发现企业利润质量恶化的可能。

1. 应收账款规模的不正常增加，应收账款平均收账期的不正常延长

应收账款是因企业赊销而引起的债权。在企业赊销政策一定的条件下，企业的应收账款规模应该与企业的营业收入保持一定的对应关系，企业的应收账款平均收账期应保持稳定。值得注意的是，企业应收账款规模还与企业在赊销过程中采用的信用政策有关（尤其对那些产品在市场上可替换性强、市场竞争激烈的企业），放宽信用政策将会刺激销售，增加应收账款的规模、延长应收账款平均收账期。应收账款的产生意味着企业主营业务收入没有形成现金流入，它只是企业收款权利。

因此，虽然过宽的信用政策可以刺激企业营业收入的明显增长，但是企业会面临未来发生大量坏账的风险，利润的含金量会受影响。

2. 存货周转率下降，存货周转过于缓慢

在存货周转过于缓慢的情况下，表明企业在产品质量、价格、存货控制或营销策略等方面存在一些问题。在营业收入一定的前提下，存货周转越慢，企业占用在存货上的资金也就越多。过多的存货，除了占用资金、可能使资金占用成本增加外，还可能使企业面临存货过时的风险，并产生过多的存货损失以及存货保管成本，这些因素都会在一定程度上降低利润的持续性。

3. 应付账款规模的不正常增加，应付账款平均付款期的不正常延长

应付账款是因企业赊购商品或其他存货而引起的债务。在企业供货商赊销政策一定的条件下，企业的应付账款规模应该与企业的采购规模保持一定的对应关系。在企业产销较为平稳的条件下，企业的应付账款规模还应该与企业的营业收入保持一定的对应关系。企业的应付账款平均付账期应保持稳定。如果企业的购货和销售状况没有发生很大变化，企业的供货商也没有主动放宽赊销的信用政策，但企业应付账款规模却不正常增加、应付账款平均付账期也不正常延长，就有可能是成为企业支付能力恶化、资产质量恶化、利润质量恶化的外在表现。

4. 企业变更会计政策和会计估计

根据一致性原则，企业一旦确定了会计政策和会计估计基础，一般不得随意变更。但如果企业赖以决策的基础发生了变化，或者获得了新的信息、积累了更多的经验、内外部环境发生了变化等，企业可以对会计政策进行变更或者对会计估计进行修订，但要给出充足的理由。然而在实务中，有很多企业在并不符合会计准则要求的情况下变更会计政策和会计估计，如变更固定资产的折旧方法、延长固定资产的折旧年限、压低应收账款等资产项目的减值准备计提比例等，其变更的目的不排除借此改善企业财务业绩。因此，尤其是在企业面临不良经营状况时，企业有变更会计政策和会计估计的举动，且恰好有利于企业账面利润的改善，那么这种变更便成为企业利润质量恶化的一种信号。

5. 企业无形资产或者开发支出等资产项目规模不正常增加

从对无形资产会计处理的一般惯例来看，企业自创无形资产所发生的研究和开发支出，一般应计入发生当期的利润表，冲减利润。在资产负债表上作为无形资产列示的无形资产主要是企业从外部取得的无形资产。如果企业出现无形资产或者开发支出不正常增加，则有可能是因为收入不足以弥补应当归于当期的花费或开支，企业为了减少研究和开发支出对利润表的冲击而利用这些虚拟资产将费用资本化，从而形成企业"虚盈实亏"的现象。由此可见，企业无形资产或者开发支出等资产项目规模不正常增加是企业盈利能力下降、利润质量不佳的一种表现。

6. 企业业绩过度依赖非经常性损益项目

企业利润总额来源于核心利润、投资收益以及营业外收支净额等其他利润。在正常情况下，对于经营主导型企业而言，核心利润应该是企业利润的主要来源；对于投资主导型企业而言，投资收益应该是企业利润的主要来源。但是在实务中，有些企业在利润增长潜力挖尽的情况下，为了维持一定的利润水平，就有可能通过非经常性损益项目弥补核心利润、投资收益的不足。例如，通过对企业固定资产的出售利得来增加利润等。显然，这类活动在短期内会使企业维持表面繁荣，但会使企业的长期发展战略受冲击，未来的盈利能力和利润质量也必定会受负面影响。

7. 企业利润表中的销售费用、管理费用等项目不正常降低

企业利润表中的销售费用、管理费用等项目出现不正常地降低。企业利润表中的销售费用、管理费用等基本上可以分成固定部分和变动部分。其中，固定部分包括折旧费、人员费等不随企业业务变化而变化的费用；变动部分则是指那些随企业业务变化而变化的费用。因此，企业各个会计期间的总费用将随企业业务的变化而变化，不太可能发生随着企业业务的增长而降低费用的情况。如果企业出现业务增长但是总费用没有相应增长甚至不正常降低的，并且这种下降缺乏持续性，就很可能是企业为缓解业绩恶化而采用的一种利润操纵手段。

8. 企业过度举债

企业过度举债，除了发展、扩张性原因以外，还有可能是企业通过正常经营活动、投资活动难以获得正常的现金流量的支持，即利润的含金量下降。在回款不利、难以支付经营活动所需要的现金流量的情况下，企业只能依靠扩大贷款规模来解决。但扩大贷款规模会因企业未来承担更多的利息支出而使企业的业绩更差，而且会面临偿债压力的风险。因此，一般认为，过度举债往往会导致企业一步步走向财务困境，这也是企业利润质量恶化的外在表现。

9. 企业有足够的可供分配的利润，但长期不进行现金股利分配

就股东而言，其投资的主要目的在于：获取现金股利；控制被投资企业以实现企业的战略目标；长期持有以实现投资的增值等。其中，获取现金股利是股东投资最基本的投资目的之一，而企业支付现金股利一般需具备两个条件：第一，企业应有足够的可供分配的利润；第二，企业要有充足的现金流。如果企业有足够的可供分配的利润但不进行现金股利分配，可以认为企业没有充足的现金流支付现金股利，或者是管理层对企业未来的发展前景信心不足，这是企业利润质量下降的一种外在表现。

10. 企业反常压缩酌量性支出

酌量性支出是指企业管理层可以通过自身决策来改变其发生规模的支出，如研究和开发支出、广告费支出、职工培训支出等。此类支出可能并不在当期带来全部效益，但对企业的未来发展非常有利，因此，其发生水平通常与企业当期的经营规模和业绩变化不呈直接的线性关系，而与企业的经营战略和管理风格有更密切的联系，一般在一定时期内表现出相对稳定的开支状态。如果这类支出的规模相对于营业收入的规模大幅降低，就应考虑有反常压缩的可能。也就是说，企业可能为了避免当期利润规模大幅下降，蓄意减小酌量性支出规模或推迟其发生的时间。这种做法往往预示着企业的利润质量可能会进一步恶化。

11. 注册会计师（会计事务所）变更、审计报告出现异常

注册会计师的任务主要是向企业的股东就企业报表编制情况出具意见。对于注册会计师而言，企业是注册会计师的客户。注册会计师一般不轻易失去客户。只有在审计过程中，注册会计师的意见与企业管理者就报表编制出现重大意见分歧、难以继续合作的条件下，注册会计师才有可能出于审计风险的考虑而主动放弃客户。因此，对于变更注册会计师（会计师事务所）的企业，会计信息使用者应当考虑企业因业绩下降而不得不造假的可能。

　　注册会计师（会计师事务所）出具的审计报告分为无保留意见的审计报告、保留意见的审计报告、否定意见的审计报告或拒绝表达意见的审计报告。如果注册会计师（会计师事务所）出具无保留意见的审计报告，表明企业会计信息的质量较高、会计信息的可信度较高。如果出现其他三种报告中的任何一种，均表明企业与注册会计师在报表编制上存在重大分歧或难以取得审计证据，在这种情况下，会计信息使用者很难对企业的利润质量进行较高的评价。

 思考题

1. 如何对利润表进行水平分析？

2. 如何对利润表进行结构分析？

3. 如何评价企业利润质量？

4. 评价营业收入质量主要从哪些方面进行分析？

5. 如何看待公允价值变动损益、资产减值准备等非经常性损益对企业利润的贡献？

6. 企业利润质量恶化可能表现在哪些方面？

案例分析

自学自测　　扫描此码

第六章

现金流量表分析

学习目标

1. 了解现金流量表分析的目的和内容。
2. 掌握现金流量表的分析方法。
3. 掌握现金流量表质量分析的要点。
4. 掌握现金流量和利润的关系。

导入案例

经营现金流与营业收入、净利润变动趋势不一致遭深交所问询

2022 年 5 月 4 日，深交所向某上市公司发出 2021 年年报问询函。问询函指出，公司 2021 年实现营业收入 20 254.58 万元、归属于上市公司股东的净利润 3 997.06 万元、归属于上市公司股东的扣除非经常性损益后的净利润 1 211.70 万元、经营活动产生的现金流量净额–4 870.61 万元，同比变化分别为 348.64%、132.52%、730.10%、–1 349.99%。深交所要求该公司说明报告期内经营现金流与营业收入、净利润变动趋势不一致的原因及合理性，各项业务的销售政策、信用政策等是否发生变化，是否与同行业可比公司存在较大差异、原因及合理性。

资料来源：作者根据网络公开资料整理编写。

经营活动产生的现金流量对公司有什么意义？深交所为什么就此提出问询？如何理解公司经营现金流量出现异常背后隐藏的质量信息含义？经营活动的现金流量与净利润之间有什么关系？现金流量表分析应关注哪些方面？这些问题都会在本章的学习中得到解决。

第一节　现金流量表分析的目的与内容

一、现金流量表及相关概念

现金流量表是以收付实现制为基础编制的，反映企业在一定会计期间内现金及现金等价物流入和流出信息的动态报表。现金流量表中的现金是一个广义的概念，包括现金和现金等价物两个方面。

（一）现金

现金是指企业库存现金以及可以随时用于支付的存款，不仅包括"库存现金"账户核算的库存现金，还包括企业"银行存款"账户核算的存入金融企业、随时可以用于支付的存款，也包括"其他货币资金"账户核算的外埠存款、银行汇票存款、银行本票存款和在途货币资金等其他货币资金。应当注意的是银行存款和其他货币资金中有些不能随时用于支付的存款，不应作为现金，但提前通知金融企业便可支取的定期存款，则应包括在现金范围内。

（二）现金等价物

现金等价物是指企业持有的期限短、流动性强，易于转换为已知金额的现金、价值变动风险很小的投资。现金等价物虽然不是现金，但其支付能力与现金的差别不大，可视为现金。期限短，一般是指从购买日起 3 个月内到期。现金等价物通常包括 3 个月内到期的债券投资，而权益性投资变现的金额通常不确定，因而不属于现金等价物。企业可根据具体情况确定现金等价物，一经确定不得随意变更。

（三）现金流量

现金流量是某一段时期内企业现金和现金等价物流入和流出的数量。比如企业销售商品、提供劳务、出售固定资产、向银行借款等取得现金，形成企业的现金流入；购买原材料、接受劳务、购建固定资产、对外投资、偿还债务等支付现金，形成企业的现金流出。现金流量信息能够表明企业经营状况是否良好，资金是否紧缺，企业偿付能力大小，从而为投资者、债权人、企业管理者提供非常有用的信息。值得注意的是，现金之间或现金和现金等价物之间的不同形态转换不属于现金流量，如企业从银行提取现金、用现金购买短期的国库券等，只是企业现金存放形式的转换，现金并未流入流出企业，不构成企业的现金流量。

根据企业活动的性质，现金流量通常可分为经营活动现金流量、投资活动现金流量和筹资活动现金流量，每一类现金流又包括现金流入量、现金流出量和现金流量净额。

经营活动现金流量（cash flow from operating activities，CFO）是企业购进材料、销售商品等组织经营活动的结果，是除投资活动和筹资活动外的所有交易和事项引起现金流量变动的结果。良好的经营活动现金流量是企业生存、持续经营的必要基础。

投资活动现金流量（cash flow from investing activities，CFI）是指企业进行长期资产的购建和不包括在现金等价物范围内的投资及其处置活动所引起的现金流量的变动。投资活动的现金流出量对于维持企业当前经营能力及提供未来经营增大空间是必要的。

筹资活动现金流量（cash flow from financing activities，CFF）是指导致企业资本及债务规模和构成发生变化的活动所引起的现金流量的变动。筹资活动现金流量是影响企业资本结构的重要因素。

我国会计准则规定现金流量表的格式采用了直接法编制，主要按经济活动的性质分别归集经营活动、投资活动和筹资活动产生的现金流入量、现金流出量和现金流量净额，另外还有汇率对现金流量的影响，最后得出企业净现金流量。

二、现金流量表分析的目的

1. 了解企业现金变动情况和变动原因

资产负债表中货币资金项目只是反映了企业一定时期现金增加或减少的事实和结果，

是静态的现金存量。通过现金流量表的分析，可以知道企业现金的主要来源和去向，能从动态上了解现金的变动情况，并揭示现金增加或减少的原因。

2. 判断企业获取现金的能力

经营活动是企业现金的主要来源，分析人员通过分析现金流量表各项目的金额、构成，参考历史数据与行业数据，并结合利润表、资产负债表一起分析，能够对企业经营活动产生现金的能力做出判断。

3. 评价企业盈利质量

利润是按照权责发生制计算的，由于权责发生制下利润确认的时间和现金收付的时间可能不一致，并且权责发生制给人为调节利润提供了可能机会，因此，可能导致企业的利润水平和企业现金的水平相背离。在现实中，账面利润良好，而因为现金短缺陷入经营困难甚至破产的企业比比皆是。高质量的盈利需要充足的现金流来保证，相反，企业利润偏离现金流越大，其盈利质量越缺乏可靠的保证。因此，对企业一定时期的利润与现金流量的差异进行分析，有助于正确评价企业盈利的质量。

4. 预测企业未来的现金流量

企业未来的现金流量是企业创造价值的根本，报表分析者只有准确预测企业未来现金流，才能对企业价值做出合理的评价。现金流量表提供的现金流量信息是预测未来现金流的基础，如企业对外进行长期投资活动，虽然在本期现金流量表上反映为现金流出，但企业未来可能有大量现金流入；相反，企业大量举债，虽然在本期现金流量表上反映为现金流入，但企业未来可能面临较大的偿债压力。据此可以预测企业未来现金流量，从而为企业编制现金流量计划、组织现金调度、合理节约使用资金创造条件，也为投资者和债权人做出正确的投资与信贷决策提供必要信息。

三、现金流量表分析的内容

（1）现金流量表水平分析。现金流量表水平分析就是采用水平分析法，对现金流量表各项现金流入、现金流出的增减变动及其合理性进行分析，揭示企业各类现金流量的差异，分析与揭示企业经营活动、投资活动、筹资活动对现金流入、现金流出的影响，进而分析现金流量变动的原因。

（2）现金流量表结构分析。现金流量表结构分析，就是采用垂直分析法，通过计算现金流量表中各项目占现金流入总额或现金流出总额的比重，分析企业现金收入和现金支出的构成，并对企业现金流量结构的合理性做出评价。

（3）现金流量表质量分析。现金流量表质量分析是指在现金流量表水平分析和结构分析的基础上，分析现金流量表中各项目能够按照企业的预期目标进行顺畅运转的质量状况。它主要包括现金流量表总体质量分析、各类经济活动现金流量的质量分析以及主要项目质量分析等内容。

（4）现金流量与净利润综合分析。其主要包括经营活动现金流量与净利润关系分析。

第二节 现金流量表水平分析

一、现金流量表水平分析表的编制

现金流量表水平分析就是通过了解企业经营活动、筹资活动、投资活动相关现金流入量、流出量等情况，揭示企业各项现金流入、现金流出及其净流量的增减变动差异，分析差异产生的原因及财务影响，为企业进行资金预测和筹资、投资、经营等相关决策提供依据。

现金流量表水平分析要根据分析目的来选择比较的标准（或基期），标准或基期构成按照分析评价目的的不同，可以采用预算数、上期数、同行业平均数或可比企业的实际数等。

以 GL 公司的资料为例，编制现金流量表水平分析表，如表 6-1 所示。

表 6-1 GL 公司现金流量表水平分析表　　　　单位：万元

项　　目	2020 年	2019 年	变动额	变动率
一、经营活动产生的现金流量：				
销售商品、提供劳务收到的现金	15 589 038.43	16 638 769.80	−1 049 731.36	−6.30%
客户存款和同业存放款项净增加额	−9 250.68	3 189.82	−12 440.49	−390.01%
向其他金融机构拆入资金净增加额	−70 000.00	100 000.00	−170 000.00	−170.00%
收取利息、手续费及佣金的现金	113 726.56	105 138.98	8 587.58	8.17%
回购业务资金净增加额	47 500.00	207 450.00	−159 950.00	−77.10%
收到的税费返还	248 429.31	185 437.35	62 991.96	33.97%
收到其他与经营活动有关现金	469 832.80	279 606.38	190 226.42	68.03%
经营活动现金流入小计	16 389 276.43	17 519 592.33	−1 130 315.90	−6.45%
购买商品、接受劳务支付的现金	12 179 312.13	9 421 477.14	2 757 835.00	29.27%
客户贷款及垫款净增加额	−909 137.74	752 947.38	−1 662 085.12	−220.74%
存放中央银行和同业款项净增加额	−97 619.25	−3 134.17	−94 485.08	−3 014.67%
支付利息手续费及佣金的现金	31 275.34	10 332.74	20 942.60	202.68%
支付给职工以及为职工支付的现金	890 127.71	883 121.37	7 006.34	0.79%
支付的各项税费	818 405.29	1 512 831.18	−694 425.89	−45.90%
支付其他与经营活动有关现金	1 553 049.21	2 152 645.28	−599 596.07	−27.85%
经营活动现金流出小计	14 465 412.70	14 730 220.92	−264 808.22	−1.80%
经营活动产生的现金流量净额	1 923 863.73	2 789 371.41	−865 507.68	−31.03%
二、投资活动产生的现金流量：				
收回投资收到的现金	952 063.98	313 097.40	638 966.57	204.08%
取得投资收益收到的现金	30 541.17	42 692.00	−12 150.83	−28.46%
处置固定资产、无形资产和其他长期资产收回的现金净额	663.18	961.45	−298.27	−31.02%
收到其他与投资活动有关现金	432 264.94	487 802.53	−55 537.59	−11.39%
投资活动现金流入小计	1 415 533.28	844 553.39	570 979.89	67.61%

项　目	2020 年	2019 年	变动额	变动率
购建固定资产、无形资产和其他长期资产支付的现金	452 864.68	471 318.80	−18 454.12	−3.92%
投资支付的现金	356 105.60	719 275.60	−363 170.01	−50.49%
取得子公司及其他营业单位支付的现金净额	42 587.54	77 418.38	−34 830.84	44.99%
支付其他与投资活动有关现金	554 202.45	704 045.47	−149 843.02	−21.28%
投资活动现金流出小计	1 405 760.26	1 972 058.25	−566 297.99	−28.72%
投资活动产生的现金流量净额	9 773.02	−1 127 504.86	1 137 277.88	−100.87%
三、筹资活动产生的现金流量：				
吸收投资收到的现金	1 467.00	32 685.00	−31 218.00	−95.51%
其中：子公司吸收少数股东投资收到的现金	1 467.00	32 685.00	−31 218.00	−95.51%
取得借款收到的现金	3 759 979.15	2 126 825.79	1 633 153.36	76.79%
筹资活动现金流入小计	3 761 446.15	2 159 510.79	1 601 935.36	74.18%
偿还债务支付的现金	2 947 543.11	2 765 770.37	181 772.75	6.57%
分配股利、利润或偿付利息支付的现金	1 423 601.44	1 315 938.04	107 663.41	8.18%
其中：子公司支付给少数股东的股利、利润	41 160.71		41 160.71	
支付其他与筹资活动有关现金	1 501 451.35		1 501 451.35	
筹资活动现金流出小计	5 872 595.90	4 081 708.40	1 790 887.50	43.88%
筹资活动产生的现金流量净额	−2 111 149.75	−1 922 197.61	−188 952.14	−9.83%
四、汇率变动对现金及现金等价物的影响	−37 239.21	20 376.16	−57 615.38	−282.76%
五、现金及现金等价物净增加额	−214 752.22	−239 954.90	25 202.68	−10.50%
加：期初现金及现金等价物余额	2 637 257.18	2 877 212.08	−239 954.90	−8.34%
六、期末现金及现金等价物余额	2 422 504.96	2 637 257.18	−214 752.22	−8.14%

二、现金流量表水平分析与评价

现金流量表水平分析时的总体思路是：按着"整体—大类—具体项目"的顺序和步骤进行分析与评价。①整体评价。分析现金流量表现金及现金等价物的增减变动额及增减变动率及其发生变动的原因。②分类评价。分析经营活动、投资活动、筹资活动等各类现金流量的增减变动额及增减变动率及其发生变动的原因。③分项评价。结合企业实际及行业特点，分别找出现金流量表中经营活动、投资活动、筹资活动各类现金流量中对现金流入、现金流出增减变化影响比较大的项目，分析引起现金流量变化的具体原因。

从表 6-1 可以看出，GL 公司 2020 年现金及现金等价物净增加额比 2019 年增加了 25 202.68 万元。2020 年经营活动、投资活动和筹资活动产生的现金流量净额较 2019 年的变动额分别是−865 507.68 万元、1 137 277.88 万元和−188 952.14 万元。从现金及现金等价物净增加额增加的原因看，主要是投资活动产生的现金流量净额大幅度增加所致，尽管经营活动产生的现金流量净额和筹资活动产生的现金流量净额有一定幅度减少。

2020 年经营活动现金流量净额比 2019 年减少 865 507.68 万元，下降率为 31.03%。经营活动现金流入量比上年减少了 1 130 315.90 万元，降低率为 6.45%，经营活动现金流出量比去年减少了 264 808.22 万元，降低率为 1.80%。经营活动现金流入量的减少远远高于经营活动现金流出量的减少，致使经营活动现金净流量有了大幅减少。2020 年经营活动现金流入量减少主要因为销售商品、提供劳务收到的现金减少了 1 049 731.36 万元，降低率为 6.3%。经营活动现金流出量减少主要因为客户贷款及垫款净增加额降低了 1 662 085.12 万元，降低率为 220.74%。

2020 年投资活动产生的现金流量净额比 2019 年增加了 1 137 277.88 万元，增长率为 100.87%。本期投资活动的现金流入量比上年增加了 570 979.89 万元，增长率为 67.61%，投资活动现金流出量比去年减少了 566 297.99 万元，减少幅度为 28.72%。引起投资活动的现金流入量增加的主要项目是收回投资收到的现金，其本期增加额为 638 966.57 万元，增长率为 204.08%；引起投资活动的现金流出减少的主要项目是投资支付的现金和支付其他与投资活动有关的现金，投资支付的现金本期减少额为 363 170.01 万元，降低率为 50.49%，其他与投资活动有关的现金本期减少额为 149 843.02 万元，降低率为 21.28%。

2020 年筹资活动产生的现金流量净额比 2019 年降低了 188 952.14 万元，下降率为 9.83%。主要是因为筹资活动现金流出量的增加大于筹资活动现金流入量的增加。筹资活动现金流入量增加了 1 601 935.36 万元，增长率为 74.18%；筹资活动现金流出量增加了 1 790 887.50 万元，增加幅度为 43.88%。筹资活动现金流入量的增加主要是因为从银行等金融机构取得的借款增加了 1 633 153.36 万元，增长率为 76.79%。筹资活动现金流出量的增加主要是因为支付其他与筹资活动有关的现金增加了 1 501 451.35 万元，从该公司会计报表附注可知这部分现金主要是回购股票支付的现金和借款保证金净支出及手续费支出。

第三节　现金流量表结构分析

一、现金流量表结构分析表的编制

现金流量表结构分析的目的就是通过计算现金流量表各项目占总现金流入或总现金流出的比重，分析企业现金流入的主要来源和现金流出的主要方向，并对企业现金流量结构的合理性做出评价。现金流量结构包括现金流入结构、现金流出结构和内部结构。

以 GL 公司 2020 年现金流量表为基础，编制现金流量表结构分析表，如表 6-2 所示。

表 6-2　GL 公司现金流量表结构分析表　　　　　　　　　　单位：万元

项　　目	2020 年	流入结构	流出结构	内部结构
一、经营活动产生的现金流量：				
销售商品、提供劳务收到的现金	15 589 038.43	72.28%		95.12%
客户存款和同业存放款项净增加额	−9 250.68	−0.04%		−0.06%

项　目	2020 年	流入结构	流出结构	内部结构
向中央银行借款净增加额				
向其他金融机构拆入资金净增加额	−70 000.00	−0.32%		−0.43%
收取利息、手续费及佣金的现金	113 726.56	0.53%		0.69%
拆入资金净增加额				
回购业务资金净增加额	47 500.00	0.22%		0.29%
收到的税费返还	248 429.31	1.15%		1.52%
收到其他与经营活动有关的现金	469 832.80	2.18%		2.87%
经营活动现金流入小计	16 389 276.43	76.00%		100.00%
购买商品、接受劳务支付的现金	12 179 312.13		56.01%	84.20%
客户贷款及垫款净增加额	−909 137.74		−4.18%	−6.28%
存放中央银行和同业款项净增加额	−97 619.25		−0.45%	−0.67%
拆出资金净增加额				
支付利息、手续费及佣金的现金	31 275.34		0.14%	0.22%
支付给职工以及为职工支付的现金	890 127.71		4.09%	6.15%
支付的各项税费	818 405.29		3.76%	5.66%
支付其他与经营活动有关的现金	1 553 049.21		7.14%	10.74%
经营活动现金流出小计	14 465 412.70		66.53%	100.00%
经营活动产生的现金流量净额	1 923 863.73			
二、投资活动产生的现金流量:				
收回投资收到的现金	952 063.98	4.41%		67.26%
取得投资收益收到的现金	30 541.17	0.14%		2.16%
处置固定资产、无形资产和其他长期资产收回的现金净额	663.18	0.00%		0.05%
处置子公司及其他营业单位收到的现金净额				
收到其他与投资活动有关的现金	432 264.94	2.00%		30.54%
投资活动现金流入小计	1 415 533.28	6.56%		100.00%
购建固定资产、无形资产和其他长期资产支付的现金	452 864.68		2.08%	32.21%
投资支付的现金	356 105.60		1.64%	25.33%
取得子公司及其他营业单位支付的现金净额	42 587.54		0.20%	3.03%
支付其他与投资活动有关的现金	554 202.45		2.55%	39.42%
投资活动现金流出小计	1 405 760.26		6.47%	100.00%
投资活动产生的现金流量净额	9 773.02			
三、筹资活动产生的现金流量:				
吸收投资收到的现金	1 467.00	0.01%		0.04%
其中: 子公司吸收少数股东投资收到的现金	1 467.00	0.01%		0.04%
取得借款收到的现金	3 759 979.15	17.43%		99.96%
收到其他与筹资活动有关的现金				

续表

项　目	2020 年	流入结构	流出结构	内部结构
筹资活动现金流入小计	3 761 446.15	17.44%		100.00%
偿还债务支付的现金	2 947 543.11		13.56%	50.19%
分配股利、利润或偿付利息支付的现金	1 423 601.44		6.55%	24.24%
其中：子公司支付给少数股东的股利、利润	41 160.71		0.19%	0.70%
支付其他与筹资活动有关的现金	1 501 451.35		6.91%	25.57%
筹资活动现金流出小计	5 872 595.90		27.01%	100.00%
筹资活动产生的现金流量净额	−2 111 149.75			
现金流入总额	21 566 255.86	100.00%		
现金流出总额	21 743 768.87		100.00%	
四、汇率变动对现金及现金等价物的影响	−37 239.21			
五、现金及现金等价物净增加额	−214 752.22			
加：期初现金及现金等价物余额	2 637 257.18			
六、期末现金及现金等价物余额	2 422 504.96			

二、现金流量表结构分析与评价

现金流量表结构分析主要包括现金流入结构分析、现金流出结构分析和现金流量净额结构分析。

（一）现金流入结构分析

现金流入结构分为现金总流入结构和内部流入结构。现金流入结构分析可以明确企业的现金来源何处，增加现金流入应在哪些方面采取措施等。

总流入结构是反映企业经营活动的现金流入量、投资活动的现金流入量和筹资活动的现金流入量分别占现金总流入量的比重。其中，经营活动现金流入量是企业现金的主要来源，影响企业生存和发展。因此，经营活动现金流入量应当占有较大比重，这个比例越大，说明企业通过经营活动创造现金的能力越强，企业的经营状况越好，财务基础越牢固，投资和筹资风险越低。

$$某类活动产生的现金流入结构 = \frac{某类活动产生的现金流入量}{现金流入量总计} \times 100\%$$

内部流入结构反映的是经营活动、投资活动和筹资活动等各项业务活动现金流入中具体项目的构成情况。例如，在经营活动的现金流入结构中，"销售商品、提供劳务收到的现金"应当在企业经营活动现金流入中所占比例最大，是企业最主要的现金来源，它直接反映了企业创造现金的能力。但是对于不同性质的企业，这个比例也可能有较大的差异，所以应结合企业的实际情况来分析评价。

$$某类活动产生的现金流入内部结构 = \frac{某类活动中现金收入项目的现金流入量}{某类活动产生现金流入量} \times 100\%$$

通过表 6-2，可以很直观地看到，2020 年 GL 公司现金流入总量为 21 566 255.86 万元，其中经营活动现金流入量、投资活动现金流入量、筹资活动现金流入量的占比分别为76.00%、6.56%、17.44%，可见企业经营活动是当期现金流入的主要来源，反映企业当期经营状况良好。同时，在经营活动现金流入中，"销售商品、提供劳务收到的现金"是最重要的现金来源，占经营活动现金流入量的95.12%，占现金总流入量的72.28%；在投资活动现金流入中，"收回投资收到的现金"占投资活动现金流入量的67.26%，但只占现金总流入量的4.41%，表明GL公司收回投资收到的现金对公司现金流的影响不大；在筹资活动现金流入中，"取得借款收到的现金"占筹资活动现金流入量的99.96%，表明GL公司主要靠借款进行融资。

总体来说，GL公司的现金流入结构还是相对合理的。该公司经营活动的现金流入量在现金总流入量中占绝大部分，销售商品、提供劳务带来的现金流入量占经营活动现金流入量的绝大部分，明显高于其他业务活动流入的现金。

（二）现金流出结构分析

现金流出结构分为现金总流出结构和内部流出结构。现金流出结构分析可以了解企业现金的使用方向，据以分析和评价现金流出的合理性，提高现金管理的有效性。

总流出结构是反映企业经营活动的现金流出量、投资活动的现金流出量和筹资活动的现金流出量分别在全部现金流出量中所占的比重。一般来说，企业的经营活动现金流出量所占的比重较大，而且相对稳定，如果出现大幅波动，则需要进一步寻找原因。如果投资活动现金流出所占的比重加大，说明企业加大投资，未来收益可能增长，具有一定的成长性，但可能会加大企业的风险。如果筹资活动现金流出量所占的比重加大，意味着偿还债务或者进行股利分配，降低企业的财务风险，但可能会加大企业资金的压力。投资活动和筹资活动的现金流出比重往往因企业的投资政策和筹资政策的不同而存在很大的差异。

$$某类活动产生的现金流出结构 = \frac{某类活动产生的现金流出量}{现金流出量总计} \times 100\%$$

内部现金流出结构反映的是经营活动、投资活动和筹资活动等各项业务活动现金流出中具体项目的构成情况。例如，在经营活动的现金流出结构中，"购买商品、接受劳务支付的现金"应当在经营活动现金流出中所占比重最大。

$$某类活动产生的现金流出内部结构 = \frac{某类活动中现金流出项目的现金流出量}{某类活动产生的现金流出量} \times 100\%$$

通过表6-2可以很直观地看到，GL公司2020年现金流出总量为21 743 768.87万元，其中经营活动现金流出量、投资活动现金流出量、筹资活动现金流出量所占的比重分别为66.53%、6.47%、27.01%，可见在现金流出总量中经营活动现金流出量所占的比重最大，反映企业当期现金较大部分用于生产经营。在经营活动现金流出中，"购买商品、接受劳务支付的现金"所占经营活动现金流出的比重为84.20%，是其主要流向；投资活动现金流出量都用于"购建固定资产、无形资产和其他长期资产"和"支付其他与投资活动有关的现金"，所占比例分别是32.21%和39.42%，但所占总现金流出量的比重只有2.08%和2.55%，表明投资活动支付的现金流对公司现金流的影响很小。在筹资活动现金流出中，"偿还债务支付的现金"所占的比重为 50.19%，"支付其他与筹资活动有关的现金"所占的比重为 25.57%，"分配股利、利润或偿付利息支付的现金"所占的比重为 24.24%，这三者所占总现金流出量的比重分别是 13.56%、6.91%和 6.55%，表明筹资活动支付的现金流对公司现金流有一定的影响。

总体来说，GL 公司的现金流出结构还是相对合理的。该公司经营活动的现金流出量在现金总流出量中占绝大部分比重，购买商品、接受劳务带来的现金流出量占经营活动现金流出量的绝大部分，明显高于其他业务活动流出的现金。

（三）现金流量净额结构分析

现金流量净额结构是反映经营活动、投资活动和筹资活动的现金流量净额占全部现金流量净额的比重。现金流量净额结构可以明确企业的现金净额是如何形成与分布的。一个正常经营的企业，经营活动产生的现金净额占现金流量净额的比例应当是最大的，因为经营活动导致的现金净增加才是企业利润的真正来源。当然，企业因为处于不同的生命周期，投资或筹资活动有可能是企业现金增加的主要来源，但这都只是暂时的，企业不可能依靠持续借款或者变卖资产来满足长期的现金需求。

$$某类活动产生的现金净额结构 = \frac{某类活动产生的现金流量净额}{现金流量净额总计} \times 100\%$$

根据 GL 公司 2020 年现金流量表编制的现金净流量结构分析表如表 6-3 所示。

表 6-3　GL 公司现金流量净额结构分析表

项　目	金额（万元）	结构百分比
经营活动净现金流量	1 923 863.73	1 083.79%
投资活动净现金流量	9 773.02	5.50%
筹资活动净现金流量	−2 111 149.75	−1 189.29%
总额	−177 513.00	100.00%

根据表 6-3 可以得出，筹资活动产生的净现金流量是形成负现金净流量的主要原因，而经营活动和投资活动产生现金净流入量，说明该公司的经营和投资状况良好，已进入债务偿还期或为股东分配股利。

第四节　现金流量表质量分析

现金流量的质量是指企业的现金流量能够按照企业的预期目标进行运转的质量。由于经营活动、投资活动和筹资活动在企业资金周转过程中发挥不同的作用，体现不同的质量特征，因此，三类活动现金流量质量分析的侧重点也应有所不同。此外，不同的分析主体出于不同的分析目的，所关心的问题和分析的侧重点也会有所差异。本节的现金流量表质量分析主要包括两大方面：①各类经济活动现金流量的质量分析，即经营活动现金流量质量分析、投资活动现金流量质量分析、筹资活动现金流量质量分析；②现金流量表主要项目的质量分析。

一、企业各类经济活动现金流量的质量分析

（一）经营活动现金流量的质量分析

企业通过经营活动产生现金净流量的能力常被视为企业自身的造血功能，一般情况下企业都会主动谋求尽可能多的经营活动现金净流量。在企业的结算方式、信用政策等因素相对稳定、购销业务较少出现巨幅波动的情况下，企业经营活动现金流量在不同年度间应保持一定的稳定性，否则可能存在人为操纵的情况。

1. 充足性分析

现金流量状况是影响企业生存发展的关键因素，经营活动是企业经济活动的主体，也是企业获取持续资金来源的基本途径。通常只有在企业的某些特殊发展阶段（如初创期或转型期）或者某些特殊的经济环境下（如金融危机时期），才允许企业产生负的经营活动现金净流量。在其他时期，如果企业的经营活动现金流量仍十分有限，那么一般会认为企业自身的造血功能不强，经营现金流量质量自然也就不会太高。由此可见，充足性是经营活动现金流量的一大质量特征。

经营活动的现金流量充足性是指企业经营活动产生的现金流量应当能够满足企业正常的运转及规模扩张的需要。经营活动产生的现金流是企业最安全、最核心的现金来源。在正常情况下，经营活动的现金流入量除了要维护企业经营活动的正常周转外，还应该有足够的补偿经营性长期资产折旧与摊销，以及支付利息和现金股利的能力，除此之外，在企业经营活动现金流量用于上述用途还有富余的情况下，剩余的经营活动现金流量为企业的扩张提供现金流的支持。因此，经营活动的现金流是否充足是企业发展的关键所在。但需要注意的是，企业经营活动现金流量是否充分，除了受制于经营活动现金流量净额自身的规模之外，还受诸如企业的折旧政策，包括无形资产在内的各类长期资产摊销政策、企业融资环境与融资行为、企业现金股利分配政策等主观因素的影响。

1）经营活动产生的现金净流量小于零

经营活动产生的现金净流量小于零，意味着企业通过正常的商品购、产、销所带来的现金流入量，不足以支付经营活动而引起的现金流出量。从企业的成长过程来分析，在企业开始从事经营活动的初期，由于其生产阶段的各个环节都处于"磨合"状态，设备、人力资源的利用率相对较低，材料的消耗量相对较高，导致企业的生产成本较高。同时，为了开拓市场，企业有可能投入较大资金，采用各种手段将自己的产品推向市场（包括加大广告支出、放宽收账期等），从而有可能使企业在这一时期的经营活动现金流量表现为"入不敷出"的状态。对于任何一个企业，经营初期这种入不敷出的状态都是不可避免的，是正常的。但是，如果企业在正常的生产经营期间仍然出现这种状态，应当认为企业经营活动现金流量的质量不高。

2）经营活动产生的现金净流量等于零

经营活动产生的现金净流量等于零，意味着企业通过正常的商品购、产、销所带来的现金流入量，恰恰能够支付经营活动而引起的现金流出量。这表明企业正常经营活动不需

要补充额外流动资金，但没有剩余资金用于投资活动以及融资活动。必须要注意，这种表面上企业经营活动现金流量收支平衡状态，从长期来看，根本不可能维持企业经营活动的"简单再生产"。因为在企业日常成本消耗中，除了付现成本以外，还有相当一部分属于按照权责发生制原则的要求而确认的摊销成本和应计成本，即非付现成本。显然，在经营活动产生的现金净流量等于零时，这部分非付现成本得不到经营活动产生现金流量的补偿。因此，如果企业在正常生产经营期间持续出现这种状态，根本不可能维持企业经营活动的"简单再生产"，企业经营活动现金流量的质量仍然不高。

3）经营活动产生的现金净流量大于零

经营活动产生的现金净流量大于零，意味着企业通过正常的商品购、产、销所带来的现金流入量，大于因支付经营活动而引起的现金流出量。具体又可分为以下三种情况。①经营活动产生的现金净流量大于零但不足以弥补当期的非付现成本。这意味着企业通过正常的商品购、产、销所带来的现金流入量除支付经营活动而引起的现金流出量外，其余额只能补偿部分但不是全部的当期非付现成本。在这种状态下，企业在现金流量方面的压力虽然比前面两种情形好些，但从长期来看，经营过程中的非付现成本得不到完全的补偿，仍然不能维持企业经营活动的"简单再生产"，因而，这种状态下的企业经营活动现金流量质量仍然不高。②经营活动产生的现金净流量大于零并恰好弥补当期的非付现成本。这意味着企业通过正常的商品购、产、销所带来的现金流入量不仅可以支付经营活动而引起的现金流出量，而且其余额刚好能够补偿企业全部的当期非付现成本。在这种状态下，企业在经营活动中的现金流量方面的压力已经解除，企业经营活动的"简单再生产"得以维持。但是，如果长期持续这种状态，则企业经营活动产生的现金流量不能为企业扩大投资等活动提供资金的支持，因而，这种状态下的企业经营活动现金流量质量也不是理想的。③经营活动产生的现金净流量大于零并在补偿当期的非付现成本后仍有剩余。这意味着企业通过正常的商品购、产、销所带来的现金流入量不仅可以支付经营活动而引起的现金流出量、补偿企业全部的当期非付现成本，还有剩余资金为企业投资活动、支付现金股利等提供货币支持。这种状态如果能持续，则对企业稳定生产经营、扩大投资规模、减轻筹资压力以及回报投资者都起重要的作用，因而这种状态下的企业经营活动现金流量质量才是理想状态。

从上面的分析可以看出，企业经营活动产生的现金流量，仅仅大于零是不够的。

2. 稳定性分析

经营活动现金流量的稳定性是指企业各会计期间的经营活动现金流量规模是否存在剧烈波动状况，内部构成是否基本符合所处行业的特征，以及是否存在异常变化情况。稳定是一家企业持续经营并得以发展的前提，经营活动现金流量主要来自企业自身开展的经营活动，主营业务突出、收入稳定是公司运营良好的重要标志，持续平稳的现金流量则是企业正常运营和规避风险的重要保证。

如果一家企业的经营活动现金流入结构比较合理，即企业销售商品、提供劳务收到的现金明显高于其他经营活动流入的现金，且稳定程度较高，这样的企业可以避免出现现金闲置或现金紧张状况，从而保持现金的顺畅周转状态，提高资金使用效率，这样的经营活动现金流量的质量较好。反之，如果一家企业经营活动现金流量的规模和结构经常出现明显波动，则说明企业主营业务的获现能力可能存在很大的不确定性，经营风险较大，这会增大企业现金短缺或闲置的可能性，这样的经营活动现金流量的质量就比较差。如果维持运行和支撑发展的大部分资金由非核心业务活动提供，企业缺少稳定可靠的核心业务的经营现金流量来源，经营活动现金流量的质量就更差，这说明企业的核心竞争力较差或者主营业务的获现能力较差，财务基础较薄弱。如果某时期企业的经营活动现金流量出现异常，很可能另有隐情，必须引起足够的重视。

由表 6-1 可知，GL 公司这两年的经营活动现金净流量均大于零并在补偿当期的非付现成本后仍有剩余，这说明该企业通过正常的商品购、产、销活动所带来的现金流入量不仅可以支付经营活动而引起的现金流出量、补偿企业全部的当期非付现成本，还有剩余资金为企业投资活动、支付现金股利等提供货币支持，而且其中销售商品、提供劳务收到的现金远远高于其他经营活动收入。此状态说明该企业持续两年经营活动现金流量充足，主营业务的获现能力强，能够稳定生产经营、扩大投资规模、减轻筹资压力以及回报投资者。

（二）投资活动现金流量的质量分析

与经营活动现金流量的特点不同，大部分投资的出售变现或者收益获取通常具有一定的滞后性，即本期投资引发的现金流出在当期可能并不会带来相应的回报，即投资活动现金流入量和现金流出量之间，在期间上不存在匹配关系。因此，对投资活动现金流量的质量分析应该从投资活动现金流入量和流出量两个方面分别展开。对投资活动现金流量进行质量分析，应主要关注投资活动现金流量的战略吻合性和现金流入量的盈利性。

1. 投资活动现金流量的战略吻合性分析

按照投资目的可以将企业的投资活动分为两大类别：第一类投资活动是利用企业暂时闲置的货币资金进行短期投资，以求获得较高的投资收益；第二类投资活动是为企业未来的长远发展奠定基础，体现企业长期发展战略的要求。第二类投资活动又主要分为两种：①企业正常生产经营活动奠定基础的对内扩张或调整，如购建和处置固定资产、无形资产和其他长期资产；②企业迅速扩大规模的对外并购活动或调整，如取得和处置子公司及其他营业单位。因此，企业投资活动的现金流量应与企业发展战略相吻合，这种现金流量的战略性是企业投资活动所具备的基本质量特征。

（1）对内扩张或调整的战略吻合性分析。"购建固定资产、无形资产和其他长期资产支付的现金"项目和"处置固定资产、无形资产和其他长期资产收到的现金净额"项目，是现金流量表中分别反映对内扩张投资活动现金流出量与流入量的两个重要项目。对二者的规模进行比较与分析，可以判断对内投资活动是否体现企业经营活动发展的战略要求。

如果前者明显小于后者，则通常表明企业收缩主业经营战线和规模的战略意图。当然也有可能是企业在资金紧张或者市场前景暗淡情况下的一种被动选择。这种收缩行为的经济后果需要结合产品生命周期、竞争态势等市场环境、宏观经济环境以及对外投资的战略安排等因素进行具体深入的分析。

如果前者远大于后者，则通常表明企业在原有生产经营规模的基础上，试图通过对内扩张战略来进一步提升市场占有率和提高主业的竞争力。如果经营性资产在资产结构中原本就占主要地位，则这种对内扩张态势表明，企业将一如既往地坚持经营主导型战略。

如果两者均具有较大规模，通常表明企业正处在长期经营性资产的大规模置换与优化阶段，可能是企业战略转型或资产更新换代的要求所致。这往往意味着企业正在改善技术装备水平，提高产品适应市场能力和增强企业核心竞争力。至于这种转型或调整的实施效果如何，还有待后续期间的核心利润和经营活动现金流量的表现来检验。

由表 6-1 可知，GL 公司 2020 年及 2019 年"购建固定资产、无形资产和其他长期资产支付的现金"项目分别为 452 864.68 万元和 471 318.80 万元，"处置固定资产、无形资产和其他长期资产收回的现金净额"项目分别为 663.18 万元和 961.45 万元。表明该企业通过对内扩张战略来进一步提升主业的竞争力，在一定程度上表明了企业实行的是经营主导型战略。

（2）对外扩张或调整的战略吻合性分析。"取得子公司及其他营业单位支付的现金净额"项目和"处置子公司及其他营业单位收到的现金净额"项目，是现金流量表中分别反映对外扩张投资活动现金流出量与流入量的两个重要项目。通过两者之间的规模比较，可以反映企业对外投资发展战略的实施和调整情况。

如果前者明显小于后者，通常表明当期企业的对外投资呈现总体收缩的态势，一方面应关注所收回投资的盈利性，另一方面应关注这种收缩的真正意图，是对效益不好或发展前景暗淡的投资对象进行的主动处置，还是企业在资金紧张等情况下的一种被动选择。另外，还要分析这种投资战线的收缩对企业未来盈利能力和未来现金流量的影响。

如果前者远大于后者，通常表明当期企业的对外投资呈现总体扩张的态势。分析时应关注企业新的投资方向是否会对提升企业的行业竞争力或者分散经营风险产生积极影响，当然这最终会体现在给企业未来盈利能力和未来现金流量带来的影响上。

如果两者均具有较大规模，通常表明企业正处在对外投资的结构性调整阶段，分析时应密切关注这种投资战略调整对企业未来盈利能力和未来现金流量的影响。

由表 6-1 可知，GL 公司 2020 年及 2019 年"取得子公司及其他营业单位支付的现金净额"项目分别为 42 587.54 万元和 77 418.38 万元，"处置子公司及其他营业单位收到的现金净额"项目都是 0。这表明该企业这两年的对外投资呈现总体扩张的态势。

（3）对内对外投资相互转移的战略吻合性分析。在有些情况下，企业可能会在对内投资和对外投资之间进行某种战略调整，一种是在大规模处置固定资产、无形资产和长期资产的同时大规模取得子公司及其他营业单位；另一种是在大规模处置子公司及其他营业单位的同时大规模购建固定资产、无形资产和其他长期资产。这些情况的出现往往意味着企业对经营主导型与投资主导型等战略进行调整，以实现盈利模式的转变。分析时应结合行业市场环境和宏观经济环境等因素来判断其对企业未来发展的影响。

由表 6-1 可知，GL 公司没有发生盈利模式的转变，即企业仍然采用经营主导型战略。

2. 投资活动现金流入量的盈利性分析

投资活动的最终目的是获取利润，因此，盈利性是企业投资活动所具备的另一基本特征。

企业投资活动引起现金流入主要有两个原因：一是收回投资成本或残值（包括对外投资本金和处置固定资产、无形资产和其他长期资产的变现价值）；二是取得投资收益收到的现金。对于收回投资成本的情况，应重点进行变现价值与投资初始成本的比较，可通过分析报表附注投资收益的明细项目中处置各类投资取得的投资收益情况以及营业外收入或营业外支出的明细项目，来考察收回投资成本过程中所体现的盈利性。而对于取得投资收益收到的现金，应主要通过对比投资收益附注中"成本法、权益法核算的长期股权投资收益"和现金流量表中"取得投资收益收到的现金"，来分析判断投资收益的现金获取能力。

（三）筹资活动现金流量的质量分析

筹资活动产生的现金流量类似于人体的"输血功能"，对其进行质量分析的实质就是分析其状态是否适应企业不同发展阶段的需求。筹资活动现金流量在总体上应该与企业经营活动现金流量、投资活动现金流量周转的状况相适应，并在满足企业经营活动和投资活动现金需求的同时，尽量降低融资成本，避免不良融资行为。因此，筹资活动现金流量的质量分析应从筹资活动现金流量的适应性分析、筹资渠道与筹资方式的多样性分析，以及筹资行为的恰当性分析三个方面进行。

1. 筹资活动现金流量的适应性分析

筹资活动的现金流量适应性是指筹资活动的现金流量在时间上、金额上满足企业投资活动、经营活动的现金需求。一方面，当企业经营活动和投资活动现金流量净额之和小于零，且企业又没有储备足够的现金可以动用时，筹资活动应该及时、足额地筹集相应数量的现金，以满足上述两类活动的资金需求；另一方面，当企业经营活动和投资活动现金流量之和大于零，且需要降低现金闲置余额时，筹资活动应适时地调整筹资规模和速度，并积极归还借款本金，降低资本成本提高企业的经济效益。另外，债务融资到期时，在企业没有足够的自有资金积累的情况下，企业应有能力适时举借新的债务或者通过其他渠道筹集资金，以保证到期债务如期偿还。因此，适应性应成为筹资活动现金流量的一大质量特征。

由表 6-1 可知，GL 公司 2020 年经营活动和投资活动产生的现金流量净额之和大于零，筹资活动适时地调整筹资相对规模和速度，归还大量借款本金，支付股东股利或偿付利息，支付其他与筹资活动有关的现金，降低资本成本。

2. 筹资渠道与筹资方式的多样性分析

资本成本是企业筹资活动中需要考虑的一个主要问题。不同筹资渠道及筹资方式，其筹资成本与筹资风险相差很大。如果想要将资本成本降至较低水平，同时将财务风险保持在适当的范围内，企业必须从实际出发，选择适合企业发展的筹资渠道和筹资方式，合理确定筹资规模、期限和还款方式，实现筹资渠道和方式的多样化。因此，筹资渠道和筹资方式的多样性是筹资活动中现金流量的另一大质量特征。但是，筹资活动现金流量的多样性的质量特征在企业某一期间的现金流量表中不可能体现得非常明显，一般只有将连续几个会计期间的现金流量表联系起来综合分析，才能判断其合理性。

3. 筹资行为的恰当性分析

筹资行为的恰当性分析是考察企业是否存在超过实际需求的过度融资、企业资金是否存在被其他企业无效益占用等不良融资行为，并进一步分析某种不良融资行为背后真正的融资动机。在筹资活动现金流量大于零的情况下，应着重分析企业的筹资活动是否已经纳入企业的发展规划，是否与企业未来的发展战略相一致，这时应结合企业所处生命周期的具体阶段，分析企业是否存在过度融资的现象。例如，当企业处于发展的起步阶段，此时投资需要大量资金，而企业经营活动的现金流量小于零，则企业对现金的需求是通过已经纳入企业发展规划的筹资活动来解决，这时筹资活动现金流量大于零是正常的。另外，更应判断企业筹资行为是企业管理层以扩大投资和经营活动为目标的主动筹资行为，还是企业因投资活动和经营活动的现金流出失控而采取不得已的被动筹资行为。

（四）现金及现金等价物净增加额分析

1. 现金及现金等价物净增加额为正数

现金及现金等价物净增加额为正数可能是由经营活动、投资活动和筹资活动中的某项活动引起的。如果主要是由于经营活动引起的，表明企业经营状况良好，企业收现能力比较强。如果主要由投资活动引起的，要分情况而定：若是企业处置固定资产、无形资产和其他长期资产引起的，有可能是企业生产经营能力的衰退，必须处理非流动资产，以缓解资金短缺的压力；若是企业收回投资引起的，可能企业在规避投资风险、投资战略改变，也可能是企业存在资金紧张的问题。如果主要是由于筹资活动引起的，则意味着企业已背负着沉重的债务负担，未来只有创造更多的现金流量，才能满足企业偿付的需求，否则企业将陷入财务危机。

2. 现金及现金等价物净增加额为负数

现金及现金等价物净增加额为负数，一般来说是个不良信号。但如果企业经营活动净现金流量为正数，并且数额比较大，而企业现金流量减少主要用于购买固定资产、无形资产和其他长期资产或对外投资，或者归还大量借款本金、支付股东股利或偿付利息，支付其他与筹资活动有关的现金，这时尽管现金及现金等价物净增加额为负数，但并不意味着企业经营能力不佳，企业未来可能有更多的现金流入量，或者降低资金成本，未来融资能力增强。

必须强调的是，对现金流量变化过程的分析远远比对现金流量的变化结果分析重要。在进行现金流量变化过程的分析时，应重点分析引起当期现金流量变化的主要因素，并需要分清变化的因素哪些是预算或计划中已有安排的，哪些是因偶发性原因而引起的，并对实际与预算（计划）的差异进行分析，从而判断企业现金流量变动的合理性。

二、现金流量表主要项目质量分析

（一）经营活动现金流量项目质量分析

1. 经营活动的现金流入项目质量分析

（1）销售商品、提供劳务收到的现金。该项目反映企业销售商品、提供劳务实际收到的现金（包括销售收入和应向购买者收取的增值税销项税额），具体包括本期销售商品、提供劳务收到的现金数，以及前期销售商品、提供劳务本期收到的现金和本期预收的款项，减去本期销售本期退回的商品和前期销售本期退回的商品支付的现金。

该项目是企业现金流入的主要来源，具有数额大、所占比重大的特点，而且与企业的信用政策有很大的关系。将该项目与利润表中的营业收入项目相对比，可以判断企业收现情况。但计算销售收现率这个指标时需要注意，销售商品、提供劳务收到现金项目当中包含了向购买者收取的增值税销项税额，而营业收入项目当中却不包含销项税额，因此，应当参考报表附注当中所披露的税率进行调整。较高销售收现率表明企业产品定位正确，适销对路，并已形成卖方市场的良好环境，当然也有可能是企业存在隐瞒销售收入的行为或有意包装成销售商品、提供劳务收到的现金。如果销售收现率较低，意味着企业存在大量的赊销，这时需区分：是为了迅速占领市场而采取的一种策略，还是由于采用信用政策不当造成的。当然较低的销售收现率也可能是企业存在虚构销售收入的行为。

另外，分析该项目要注意：有些企业为了美化经营现金流的需要，往往把证券投资得到的收益本应作为投资收益列入投资活动产生的现金流量项目中，而作为企业主营业务收入，列入该项目。

GL 公司 2020 年销售商品、提供劳务收到的现金额（15 589 038.43 万元）与按增值税税率调整营业收入后的金额（19 006 510.10 万元）对比，计算出来的销售收现率为 82.02%，可以认为企业的销售收现情况不太理想。

（2）收到的税费返还。该项目反映企业收到返还的增值税、所得税、消费税、关税和教育费附加等各种税费返还款。此项目通常数额不大，对经营活动现金流入量影响也不大，甚至很多企业该项目数为零。这是只有国家财政扶持领域的企业、外贸出口型企业或地方政府支持的企业才有可能涉及。分析该项目时，一方面可以注意发现企业是否存在虚构收入的情况，因为大多数税费返还都与企业的营业收入相关联，有的企业虚构了收入，但现金流量表中却没收到相应的必要税费返还。另一方面可结合企业所处行业的情况，判断税费返还对企业当期损益及现金流量影响。GL 公司 2020 年收到的税费返还 248 429.31 万元，占现金流入总量的比重很少。

（3）收到的其他与经营活动有关的现金。该项目反映企业收到的银行存款利息收入、捐赠收入、罚款收入、流动资产损失中由个人赔偿的现金收入等其他与经营活动有关的现金流入金额，金额较大的应当单独列示。此项目具有一定的偶然性和不稳定性，数额不应过多。分析该项目时，应注意企业有无借助下列事项粉饰其经营活动现金流量的情况。一是关联方归还欠款。一些企业的关联方（尤其是以大股东为代表）往往在年末突击归还上市公司的欠款，由此导致该项目金额出现了大幅度上升，"其他应收款"项目金额也相应出现了大幅回落。但实际上，在年报过后，一些上市公司"支付的其他与经营活动有关的现金"和"其他应收款"项目金额便出现了上升的反弹现象。二是占用关联方资金。一些上市公司经常采取期末占用关联方往来款项的方式来虚增当期的经营活动现金流量，导致"其他应付款"增加。为此，应特别关注上市公司与关联方期末进行大额款项往来的情况。三是现金流量项目类别归属。某些上市公司将一些非经营性现金流量项目归入该项目，从而虚夸了当期经营活动现金流量。

GL 公司 2020 年收到的其他与经营活动有关的现金 469 832.80 万元，占现金流入总量的比重为 2.18%。根据附注资料显示，主要是收到政府补助、利息收入、票据质押保证金、保函保证金等净减少额和押金、保证金及其他。

2. 经营活动的现金流出项目质量分析

（1）购买商品、接受劳务支付的现金。该项目反映企业购买商品、接受劳务实际支付的现金（包括增值税进项税额），具体包括企业本期购买商品、接受劳务实际支付的现金，以及本期支付前期购买商品、接受劳务的未付款项和本期预付款项，减去本期发生的购货退回收到的现金。

该项目应是企业现金流出的主要方向，通常具有数额大、所占比重大的特点。将该项目与利润表的营业成本相比较，可以判断企业购买商品付现率的情况，借此可以了解企业资金的紧张程度或企业的商业信用情况。

GL 公司 2020 年购买商品、接受劳务支付的现金为 12 179 312.13 万元，占现金流出总量的比重为 56.01%。

（2）支付给职工以及为职工支付的现金。该项目反映企业本期实际支付给职工的工资、奖金、各种津贴和补贴等职工薪酬，但是支付给在建工程人员的薪酬以及支付给离退休人员的薪酬除外。支付给在建工程人员的薪酬在"购建固定资产、无形资产和其他长期资产支付的现金"项目中反映，支付给离退休人员的薪酬在"支付其他与经营活动有关的现金"项目中反映，此项目金额波动不大。可将该项目与企业员工人数相对比，通过计算每位员工分摊的现金支出，分析企业的人均工资水平是否正常，是否存在通过压低人工费用来操纵利润的行为。

GL 公司 2020 年支付给职工以及为职工支付的现金为 890 127.71 万元，占现金流出总量的比重为 4.09%。

（3）支付的各项税费。该项目反映企业本期发生并支付的、本期支付以前各期发生的以及预交的教育费附加、矿产资源补偿费、印花税、房产税、土地增值税、车船使用税等税费，但是计入固定资产价值、实际支付的耕地占用税等税费除外。此项目会随着企业销售规模的变化而变动。分析该项目，可将其与营业收入相比较，可以反映企业税负的大小，再结合行业数据可以判断是否存在虚构收入等情况。另外，还可将该项目与利润表的税金及附加和所得税项目进行综合比较，来对企业报告年度的相关税费支付状况做出判断。

GL 公司 2020 年支付的各项税费 818 405.29 万元，占现金流出总量的比重为 3.76%。

（4）支付其他与经营活动有关的现金。该项目反映企业支付的罚款支出、差旅费、业务招待费、保险费、经营租赁支付的现金等其他与经营活动有关的现金流出，金额较大的应当单独列示。该项目具有不稳定性，金额不应过多。当企业的这个项目金额较大时，就应注意是否存在着通过这个项目操纵现金流的行为。

GL 公司 2020 年支付其他与经营活动有关的现金 1 553 049.21 万元，占现金流出总量的比重为 7.14%。根据附注资料显示，主要是销售费用支付的现金和管理费用及研发费用支付的现金。

（二）投资活动现金流量主要项目质量分析

投资活动现金流量项目可以分为三大类：一是理财型投资活动现金流入和流出项目，包括收回投资收到的现金、取得投资收益收到现金、投资支付的现金等项目。这些现金流量项目大多数时候是由于企业储备的现金比较多，但是现金回报率太低，因此用现金进行交易性金融资产、持有至到期投资、可供出售金融资产、财务类长期股权投资等金融资产的投资并取得收益，而在企业需要现金时随时变现金融资产。购买金融资产时支付现金，出售金融资产或者收到利息和现金股利时收回现金。一般来说，这些现金流项目与公司的战略关联度不是很大。二是反映企业公司战略的投资活动现金流入和流出项目，包括处置固定资产、无形资产和其他长期资产收回的现金净额、处置子公司及其他营业单位收到的现金净额、购建固定资产、无形资产和其他长期资产支付的现金、取得子公司及其他营业单位支付的现金净额等项目。投资拉动一家企业的未来成长，这些项目对企业具有长期战略影响意义，是关于购建和处置长期经营资产及取得和处置子公司两大类投资决策和活动。三是其他投资活动现金流入和流出项目，这些项目反映企业除了理财类投资活动和战略类投资活动外，收到和支付的其他与投资活动有关的现金。

1. 投资活动的现金流入项目质量分析

（1）收回投资所收到的现金。该项目反映企业出售、转让或到期收回除现金等价物以外的交易性金融资产、持有至到期投资、可供出售金融资产、长期股权投资等而收到的现金。此项目一般不能绝对地追求数额较大，这是因为投资扩张是企业未来创造利润的增长点。要注意分析企业缩小投资的可能原因：一是企业投资战略改变；二是因为被投资企业业绩不佳而不得不收回投资，规避投资风险；三是因为企业资金紧张；四是企业存在重大资产的转移，可结合会计报表附注披露的信息，考察相关交易或事项是否公允。

GL 公司 2020 年收到收回投资所收到的现金为 952 063.98 万元，占现金流入总量的比重为 4.41%。

（2）取得投资收益收到的现金。该项目反映企业因股权性投资而分得的现金股利，从子公司、联营企业或合营企业分回利润而收到的现金，以及因债权性投资而取得的现金利息收入，但股票股利除外。此项目存在发生额，说明企业进入投资回收期。分析该项目时，一方面将其同利润表当中的投资收益项目进行对比分析，可以考察投资收益的收现状况；另一方面将其同资产负债表当中的投资资产金额进行对比分析，可以考察投资资产的现金回报情况。另外，为了真实反映投资收益的收现水平，应当注意投资收益的确认和现金的流入往往存在时间差的问题。

GL 公司 2020 年取得投资收益收到的现金为 30 541.17 万元，占现金流入总量的比重为 0.14%。GL 公司 2020 年确认投资收益金额为 71 301.01 万元，投资收益现金回收率为 42.83%，说明取得投资收益收到的现金较少。

（3）处置固定资产、无形资产和其他长期资产收回的现金净额。该项目反映企业出售、报废固定资产、无形资产和其他长期资产所取得的现金（包括因资产毁损而收到的保险赔偿收入），减去为处置这些资产而支付的有关费用后的净额。此项目一般金额不大，如果数额较大，表明企业产业、产品结构将有所调整，或者表明企业已经陷入深度的债务危机之中，靠出售设备来维持经营、未来的生产能力将受严重影响，或者表明企业有资产转移的行为。GL 公司 2020 年处置固定资产、无形资产和其他长期资产收回的现金净额很少，只有 663.18 万元。

（4）处置子公司及其他营业单位收到的现金净额。该项目反映企业处置子公司及其他营业单位所取得的现金减去相关处置费用后的净额。该项目金额一般为零，如果有金额，要分析具体原因，是战略结构转变还是发生债务危机或者存在重大资产转移。处置子公司及其他营业单位属于公司的重大影响事项，公司一般会单独发布公告或者在年度报告中详细予以说明，可结合相关信息判断该事项对企业未来经营发展会产生何种影响。GL 公司2020 年该项金额没有发生。

（5）收到的其他与投资活动有关的现金。该项目反映除了上述各项目外，收到的其他与投资活动有关的现金，如收回购买股票和债券时支付的已宣告但尚未领取的现金股利或已到付息期但尚未领取的债券利息。该项目金额一般较小。

GL 公司2020 年收到的其他与投资活动有关的现金为 432 264.94 万元，占现金流入总量的比重为 2.00%，主要是远期结售汇收款和定期存款利息收入等。

2. 投资活动的现金流出项目质量分析

（1）购建固定资产、无形资产和其他长期资产支付的现金。该项目反映企业购买或建造固定资产、取得无形资产和其他长期资产所支付的现金及增值税款、支付的应由在建工程和无形资产负担的职工薪酬现金支出。但为购建固定资产而发生的借款利息资本化部分、融资租入固定资产所支付的租赁费除外，二者在筹资活动产生的现金流量中反映。该项目数额的大小除了受行业的特点、企业的生产经营规模等因素影响外，企业的生命周期也是一个很重要的因素，一般而言，处于初创期和成长期的企业投资较大，该项目金额较大，而处于衰退期的企业通常投资较少，缩小经营规模。如果该项目数额增加幅度很大，则表明企业扩大再生产能力，或者企业未来经营方式和经营战略的发展变化，这对企业未来的获利能力和现金流都会产生重要影响。

GL 公司2020 年购建固定资产、无形资产和其他长期资产支付的现金为 452 864.68 万元，占现金流出总量的比重为 2.08%。

（2）投资支付的现金。该项目反映企业取得的除现金等价物以外的权益性投资和债权性投资所支付的现金，以及支付的佣金、手续费等附加费用。该项目可结合资产负债表的交易性金融资产、持有至到期投资、可供出售金融资产、长期股权投资等对外投资各项目的增加额分析。一般而言，该项目金额越大，说明企业储备的现金越多，为了提高资金回报率而进行大量金融资产的投资。

GL 公司2020 年投资支付的现金为 356 105.60 万元，占现金流出总量的比重为 1.64%。

（3）取得子公司及其他营业单位支付的现金净额。该项目反映企业购买子公司及其他营业单位购买出价中以现金支付的部分，减去子公司或其他营业单位持有的现金和现金等价物后的净额。该项目反映了企业扩张程度的强弱。该项目金额越大，说明企业通过收购或兼并迅速实现了扩张战略，虽然短时间会造成企业资金紧张，但长期来看可保证企业未来的业绩猛增，当然收购或兼并也是有一定的风险。

GL 公司2020 年取得子公司及其他营业单位支付的现金净额为 42 587.54 万元，占现金流出总量的比重为 0.20%。

（4）支付的其他与投资活动有关的现金。该项目反映除了上述各项目外，支付的其他与投资活动有关的现金。例如，在购买股票和债券时，实际支付的价款中包含的已宣告但尚未领取的现金股利或已到付息期但尚未领取的债券利息。该项目金额一般较小，如果金额较大，应进一步分析其内容与合理性。

GL公司2020年支付的其他与投资活动有关的现金为554 202.45万元，占现金流出总量的比重为2.55%。根据附注资料显示，主要是定期存款净增加额及远期结售汇付款。

（三）筹资活动现金流量主要项目质量分析

1. 筹资活动的现金流入项目质量分析

（1）吸收投资收到的现金和发行债券收到的现金。这两个项目反映企业以发行股票、债券等方式筹集资金实际收到的款项，减去直接支付给金融企业的佣金、手续费、宣传费、咨询费、印刷费等发行费用后的净额。这两个项目表明企业通过资本市场筹资能力的强弱。这两个项目如有发生额，数额一般较大，可结合资产负债表中的"股本"和"应付债券"等项目的增加额进行分析。分析该项目时，一是要着重关注企业筹资增加的原因，是因为企业经营活动现金流紧张而依靠筹资来维持运转，还是因为企业对未来充满信心而进行重大投资活动；二是要着重关注企业采取新筹资的方式对企业现有资本结构、控制权、风险等方面的影响。

GL公司2020年吸收投资收到的现金为1 467.00万元，是子公司吸收少数股东投资收到的现金，占现金流入总量的比重为0.01%。

（2）取得借款收到的现金。该项目反映企业举借各种短期、长期借款而收到的现金。此项目数额的大小，表明企业通过银行筹集资金能力的强弱，在一定程度上代表了企业信用水平的高低。但是，该项目金额越大，表明企业在未来将要产生大量的现金流归还本息，财务风险将会加大。另外要特别关注长期、短期借款的用途，防止"短借长投"或"长借短投"。

GL公司2020年取得借款收到的现金为3 759 979.15万元，占现金流入总量的比重为17.43%。

（3）收到的其他与筹资活动有关的现金。该项目反映除了上述各项目外，收到的其他与筹资活动有关的现金。该项目金额一般较小，如果金额较大，应具体分析其内容与合理性。

2. 筹资活动的现金流出项目质量分析

（1）偿还债务支付的现金。该项目反映企业以现金偿还债务的本金。一般来说，该项目金额越大，企业面临的财务风险就会降低。但也不尽然，要注意将该项目与"取得借款收到的现金"等有关项目结合起来分析，看企业是否存在着"借新债还旧债""短借长投"等现象，判断企业资金周转是否已经进入良性循环状态。

GL公司2020年偿还债务支付的现金为2 947 543.11万元，占现金流出总量的比重为13.56%。

（2）分配股利、利润或偿付利息支付的现金。该项目反映企业以现金方式实际支付的现金股利、支付给其他投资单位的利润、支付借款和债券的利息。该项目可以反映企业现金的充裕程度和支付能力。

GL 公司 2020 年分配股利、利润或偿付利息支付的现金为 1 423 601.44 万元，占现金流出总量的比重为 6.55%。

（3）支付的其他与筹资活动有关的现金。该项目反映除了上述各项目外，支付的其他与筹资活动有关的现金，包括以发行股票、债券等方式筹集资金而由企业直接支付的审计和咨询等费用、融资租入固定资产所支付的租赁费、以分期付款方式购建固定资产以后各期支付的现金等。该项目金额一般较小，如果金额较大，应进一步分析其内容与合理性。

GL 公司 2020 年支付的其他与筹资活动有关的现金为 1 501 451.35 万元，占现金流出总量的比重为 6.91%。根据附注资料显示，主要是回购股票支付的现金和借款保证金净支出及手续费支出。

第五节　现金流量与利润的综合分析

一、三大会计报表主要项目之间的对应关系

企业三大会计报表从不同的角度，采取不同的方式提供了与企业生产经营相关的信息。资产负债表是存量报表，它表现的是企业在某一时点的价值；利润表是流量报表，它反映的是企业在一定期间经营业绩的好坏；现金流量表反映了企业一定期间现金流入和流出的情况，揭示了企业获取和运用现金的能力。现金流量表和资产负债表、利润表并不是相互脱离、彼此独立的，报表具体项目之间存在着很强的关联性，可据此观察项目之间的变动是否符合常理，进而对企业的生产经营做出正确判断。如果忽略了它们之间的联系，就有可能导致分析结论过于片面。三大会计报表主要项目之间的对应关系如表 6-4 所示。

表 6-4　三大报表的主要项目对应表

主要现金流量表项目	主要资产负债项目	主要利润表项目
销售商品、提供劳务收到的现金	应收账款、应收票据、预收账款	营业收入
收到的税费返还、支付的各项税费	应交税费	税金及附加、所得税费用
购买商品、接受劳务支付的现金	应付账款、存货、预付账款	营业成本
支付给职工以及为职工支付的现金	应付职工薪酬	营业成本、管理费用等
收回投资收到的现金、投资支付的现金、处置子公司及其他营业单位收到的现金净额、取得子公司及其他营业单位支付的现金净额	长期股权投资、交易性金融资产、可供出售金额资产、持有至到期投资	投资收益、公允价值变动收益
取得投资收益所收到的现金	应收股利、应收利息	投资收益
处置固定资产、无形资产或其他长期资产收回的现金净额	固定资产、无形资产	营业外收支等
构建固定资产、无形资产和其他长期资产支付的现金	固定资产、无形资产	营业成本、管理费用、销售费用以及资产减值损失等
吸收投资收到的现金	实收资本（股本）、资本公积	

主要现金流量表项目	主要资产负债表项目	主要利润表项目
借款收到的现金、偿还债务所支付的现金	短期借款、长期借款、应付债券	
分配股利、利润或偿付利息所支付的现金	应付股利、应付利息	财务费用
现金流量表中的"其他"项目	其他应收款、其他应付款等	营业外收支等

二、经营活动现金流量净额与净利润的关系分析

利润表是按照权责发生制来归集企业的收入和支出，而现金流量表是按照收付实现制来归集企业的收入和支出。它们所反映的经济活动内容是相同的，只是反映的角度不同。但是在某个会计期间内，净利润和经营活动产生的现金流量净额却往往不一致。用公式表示经营活动净现金流量与净利润之间的关系如下：

经营活动现金流量净额=本期净利润+不减少现金的经营性费用+（非经营性活动费用−非经营性活动收入）+（非现金流动资产减少−非现金流动资产增加）+（流动负债增加−流动负债减少）

其中：

（1）不减少现金的经营性费用主要包括计提的资产减值准备、固定资产折旧及无形资产的摊销等。这些费用没有发生现金流出，但是减少了当期的利润，因而应当将其加回到净利润中，调增经营活动净现金流量。这类差异主要受会计政策的影响，应着重分析会计政策的合理性，看企业是否存在操纵会计利润的行为。

（2）不属于经营活动的损益主要包括处置固定资产、无形资产和其他长期资产的损失、财务费用中不属于经营活动的部分，以及公允价值变动损益和投资收益等，这部分损益与经营活动无关，因而应当将其从净利润中扣除，调减经营活动净现金流量。一般情况下，这种损益不会对企业净利润造成太大影响，否则企业可能存在主营业务不突出的现象，分析时要关注企业的生产经营是否发生了重大变化。

（3）非现金流动资产的增减主要包括本期经营活动存货、经营性应收项目（应收票据、应收账款、预付账款、其他应收款中与经营活动有关的部分等）的减少（增加）调增（调减）经营活动净现金流量。

期末经营活动存货增加，表明当期存货有留存，当期实际的现金流出比当期的营业成本要高，所以在调节净利润时，应减去存货的净增加数；反之，期末经营活动存货减少，在调节净利润时，应加上存货的净减少数。至于赊购增加的存货，通过同时调整经营性应付项目的增减变动而自动抵销。若存货的增减变动不属于经营活动，如接受投资者投入的存货，则不进行调整。

期末经营性应收项目增加，表明当期的销售并没有完全收现，即利润增加而现金流量未增加，所以在调节净利润时，应减去经营性应收项目的净增加数；反之，期末经营性应收项目减少，在调节净利润时，应加上经营性应收项目的净减少数。

（4）流动负债的增减，主要包括本期经营活动应付项目（应付票据、应付账款、预收账款、其他应付款中与经营活动有关的部分等）的增加（减少）调增（调减）经营活动净现金流量。

期末经营性应付项目增加，表明企业占用供应商的资金增加，当期的实际现金支出小于利润表中所确认的成本，所以在调节净利润时，应加上经营性应付项目的净增加数；反之，期末经营性应付项目减少，在调节净利润时，应减去经营性应付项目的净减少数。

通过对这一关系式的分析，可直接揭示企业的净利润与经营活动现金净流量的差异及产生这种差异的原因。要深入细致地分析引起上述差异的原因，对于不减少现金的经营费用分析，则要关注会计政策的影响；对于非经营性活动损益分析，则要关注企业生产经营有无重大变化。对非现金流动资产（流动负债）项目的分析，要结合企业具体的经营政策和经营能力来分析。例如，存货的增加，要看是销售不畅还是战略储备引起的；经营性应收项目的增加要看是由于信用政策变化还是盲目扩大销售，对经营性应付项目的分析，要看是由于企业资金紧张还是与供应商的议价能力增强引起的。分析时应特别关注差异较大的部分，并结合资产负债表和利润表相关项目对差异的合理性进行判断。

思考题

1. 企业为什么会出现"有利润而没现金"的情况？
2. 如何对现金流量表进行水平分析和评价？
3. 如何对现金流量表进行结构分析和评价？
4. 如何对经营活动现金流量、投资活动现金流量、筹资活动现金流量进行质量分析？
5. 经营活动现金净流量与净利润出现差异的具体原因有哪些？

案例分析

自学自测

扫描此码

第七章

偿债能力分析

 **学习目标**

1. 了解偿债能力分析的目的及内容。
2. 掌握短期偿债能力指标。
3. 掌握长期偿债能力指标。
4. 熟悉影响企业偿债能力的因素。

 导入案例

恒大集团深陷债务危机

2020 年 8 月 24 日，恒大集团向广东省政府提交了《关于恳请支持重大资产重组项目的情况报告》（以下简称报告），希望政府协调推进恒大地产借壳深深房 A（000029，2016 年 9 月 14 日开市起停牌）事项。报告显示，恒大集团有息负债已达 8 355 亿元，其中在 128 家金融机构借款达 2 323 亿元。这一封求救信将恒大集团深陷债务危机的事实浮出水面。

梳理恒大集团近年来的负债情况，发现其资产负债率长期保持在 80% 左右。从负债结构上看，债务情况更是不容乐观。因为恒大的流动负债规模以及增长速度远超非流动负债，流动性压力逐年增大。据 wind 数据显示，2018—2020 年及 2021 年上半年，恒大的流动负债分别为 1.16 万亿元、1.35 万亿元、1.51 万亿元和 1.57 万亿元，而同期非流动负债仅为 0.41 万亿元、0.5 万亿元、0.44 万亿元和 0.39 万亿元。如果细分流动负债，发现其短期借款逐年降低，融资环境在逐年恶化。数据显示，2018—2020 年及 2021 年上半年，恒大的短期借款分别为 3 182.85 亿元、3 721.69 亿元、3 354.77 亿元、2 400.19 亿元，而应付账款以及其他应付款则分别为 5 543.13 亿元、7 176.18 亿元、8 291.74 亿元、9 511.33 亿元。这说明恒大集团从银行或其他金融机构借入的偿还期在一年以内的各种借款逐年减少，而应付账款以及其他应付款则逐年增加。换言之，恒大可能已经无法从金融机构获得支持，只能凭借强势地位占有上下游的资金，由工程方或上下游企业垫付款项。更危险的是，恒大除了表内债务之外，还有"深不见底"的表外债务，市场机构预估有 1 万亿元。

实际上，高杠杆，既是恒大跃入世界 500 强的不二法门，也是悬在恒大头上的达摩克利斯之剑，更是最终导致恒大陷入流动性危机的根源。

资料来源：作者根据网络公开资料整理编写。

恒大的经验告诉我们，保持良好的偿债能力是企业高质量、可持续发展的前提和基础。偿债能力分析是企业财务能力分析的主要内容之一。本章将介绍偿债能力分析的主要指标及其应用。

第一节　偿债能力分析概述

一、偿债能力分析的目的

偿债能力是指企业偿还全部到期债务的能力，包括短期偿债能力和长期偿债能力。企业日常经营和购置资产都需要资金的支持，而企业的资金来源，不外乎自有资金和外来资金两个方面。自有资金代表企业权益投资人投入企业的资金，外来资金则代表企业债权人投入的资金，是企业的负债，有一定的偿还期限，如果企业无法按偿还债务，可能会面临财务危机。偿债能力是企业债权人、投资者和管理者都十分关心的问题。在瞬息万变的市场经济条件下，即使有良好发展前景的企业，也可能会由于不能按时偿还债务而被迫清算。因此，分析和判断偿债能力是企业财务分析的一项重要内容。

在市场经济环境下，企业能否按期偿还债务，直接关系企业能否持续经营和健康发展，并直接和间接地影响企业投资人、债权人、政府部门、经营者乃至企业员工的切身利益。但是，不同利益相关者进行企业偿债能力分析的目的却有所不同。

债权人是从维护自身利益角度分析企业的偿债能力，只有企业具有较强的偿债能力，才能保证债权人按期收回借出资金，并得到相应的利息。而企业是否有能力按期支付借贷本金和利息，是债权人向企业提供信用贷款的基本前提。因此，债权人在进行贷款决策时，需要对企业的偿债能力进行深入分析。

投资者最关心企业的盈利能力和长远发展。他们认为，企业具有较强的偿债能力，可以降低财务风险，提高盈利能力。而企业的长远发展不仅受盈利能力影响，还会受偿债能力影响。企业只有按时偿还债务，才能持续经营下去，才有长远发展前景。如果企业的偿债能力出现问题，不能按时偿还到期债务，就会影响企业的持续经营能力，更谈不上未来的发展。当然，企业可以采取紧急措施筹集资金来偿还到期债务，但这一方面会增加筹资难度和资金成本，另一方面还会消耗企业经营者大量的时间和精力，影响企业的盈利能力，最终也会损伤投资者的利益。

企业经营者则是从企业资金管理的角度进行偿债能力分析，以便调度和筹措资金，及时偿还债务，降低企业的财务风险。企业一旦出现不能偿还到期债务的情况，就会影响企业的持续经营，甚至使企业陷入破产清算的境地。通过进行偿债能力分析，企业经营者可以随时发现问题，并采取措施加以解决。

二、偿债能力分析内容

在有限责任制企业，投资人以出资额为限承担债务，企业以资产为限承担债务。根据负债的偿还期限，企业负债分为流动负债和长期负债。根据资产的变现能力，企业的资产分为流动资产和长期资产。不同的负债应该用不同的资产偿还，因此企业资产与负债之间存在一定的对比关系。从静态角度看，企业偿债能力是用资产清偿短期债务和长期债务的能力，表现为资产与负债之间的数量关系；从动态角度看，企业偿债能力是用企业在生产经营过程中创造的收益清偿短期债务和长期债务的能力，表现为企业经营收益与负债之间的数量关系。此外，企业有无充足的现金也直接影响企业的偿债能力，因此偿债能力也可以表现为企业现金净流入量与负债的数量关系。

根据负债的偿还期限，企业负债能力分析主要包括两方面内容：一是短期偿债能力分析，主要了解企业偿还一年内或一个营业周期内到期债务的能力，判断企业的财务风险；二是长期偿债能力分析，主要了解企业偿还全部债务的能力，判断企业整体的财务状况、债务负担和企业偿还债务的保障制度。

第二节　短期偿债能力分析

一、短期偿债能力分析概述

（一）短期偿债能力分析的重要性

短期偿债能力是指企业以流动资产偿还流动负债的能力，可以反映企业偿付一年内到期债务的实力。

在市场经济条件下，企业作为一个独立的经济实体，能否偿还到期或即将到期的债务直接影响企业的信誉、信用、支付能力及能否再融资等一系列问题，甚至影响企业的持续经营能力。因此，短期偿债能力是企业各方利益相关者所重视的问题。

从企业自身角度看，短期偿债能力也表明了企业的支付能力和承担财务风险的能力。企业如果缺乏短期偿债能力，可能无法取得有利的现金折扣，或者失去有利的交易机会。企业无力清偿到期债务的情况比较严重时，可能会被迫出售长期资产抵债，甚至陷入破产或倒闭的危险境地。

从债权人的角度看，短期偿债能力反映债权人能否按时收回借贷本金和利息。企业如果缺乏短期偿债能力，则债权人收回本金和利息的时间将被拖延，甚至无法收回本金和利息，使债权人蒙受损失。为了保证借贷本息的安全收回，当债权人在决定是否向企业提供信贷时，必须审慎评估企业的短期偿债能力。

从企业股东的角度看，企业如果缺乏短期偿债能力，会直接影响企业信誉，增加企业借贷的难度，或无法取得有利的商业信用，提高企业资金成本，失去有利的交易机会或投资机会，进而影响企业的盈利能力，导致股票价格下降，使股东蒙受损失。

从客户和供应商的角度看，短期偿债能力预示着企业履行合约的能力。企业如果缺乏短期偿债能力，将直接影响企业的支付能力，导致企业无法正常经营，无法完成客户的订单，或者无法按期偿付供应商的货款。这一方面会影响客户的如期采购和供应商货款回收，另一方面会使企业失去信誉、丢失业务。

从企业员工的角度看，企业如果缺乏短期偿债能力，可能导致无法按期支付员工工资，或者降低员工工资和福利。如果影响企业的持续经营能力，企业可能会裁员，员工可能因此失去工作的机会。

（二）影响短期偿债能力的主要因素

1. 资产的流动性

资产的流动性是指企业资产转化为现金的能力。企业的债务一般需要用流动资产来偿还，不仅短期债务需要用流动资产偿还，长期债务最后也要转化为短期债务，也需要用流动资产来偿还，除非终止经营或者破产清算，否则一般不会通过出售固定资产来偿还短期债务。因此，企业资产的流动性越强，或变现能力较强的资产所占比重越大，企业的短期偿债能力越强。

2. 流动负债的结构

流动负债代表企业需要承担的现实债务。企业流动负债数额越大，企业的债务负担就越重，就需要配备更多的可随时变现的流动资产。

企业的流动负债主要由短期借款、应付票据、应付和预收账款、应缴税费等组成，不同形态的流动负债，其偿还方式和紧迫性也有所不同。短期借款、应付票据、应付账款、应缴税费等需要用现金偿还，而预收账款则需要用商品或劳务偿还。如果需要用现金偿还的流动负债比重较大，则企业需要拥有足够的现金才能保证其偿债能力；如果流动负债中预收账款的比重较大，则企业只需要准备足够的、符合合同要求的存货就可以保证其偿债能力。此外，流动负债的偿还时间是否集中，以及偿还时间能否与流动资产的变现时间相匹配，也会直接影响企业的短期偿债能力。企业应当将流动负债的偿还时间尽量错开，并与企业流动资产的变现时间相匹配，合理安排资金的流出和流入，以提高企业的短期偿债能力。

3. 企业的经营业绩

企业偿还短期债务的现金主要来自两个方面：一是来自企业经营活动；二是来自企业外部融资。其中，企业经营活动所取得的现金主要来源于企业的净利润，在正常情况下，企业净利润与经营活动现金净流量应当趋于一致。如果企业经营业绩好，其净利润就高，企业就可能有持续和稳定的现金流入，从根本上保障债权人的利益。如果企业经营业绩差，净利润下降甚至亏损，就会使经营活动现金流入不足以抵补现金流出，造成现金短缺，使短期偿债能力下降。企业外部融资的能力也取决于企业的经营业绩，当企业经营业绩良好时，企业才可能及时从外部筹集资金用于偿还到期债务。

二、衡量企业短期偿债能力的指标

衡量企业的短期偿债能力主要是考察流动资产对流动负债在数额上的保障程度和时间上的配合程度。数额上的保障程度是指流动资产与流动负债的数量关系，如果企业的流动资产远远高于流动负债，说明流动负债拥有较多的流动资产作为还债来源，企业的短期偿债能力强；反之，如果企业的流动资产与流动负债数额相差不大，甚至流动资产低于流动负债，则说明流动负债没有足够的流动资产作为还债来源，企业的短期偿债能力弱。时间上的配合程度是指企业是否有足够的现金用来偿还到期债务，也就是流动资产转换为现金所需的时间能否配合流动负债的到期时间。换言之，就是企业现金流入与现金流出的配合程度。因此，企业短期偿债能力的强弱直接表现为流动资产与流动负债的比例和流动资产的变现速度。

（一）反映流动资产与流动负债比例的指标

1. 营运资金

营运资金是指企业流动资产减去流动负债后的余额，是衡量企业短期偿债能力的绝对数指标。营运资金代表企业在短期内可供周转使用的资金，可说明企业对债权人的保障程度。在实际工作中，企业的营运资金状况往往会影响企业的负债筹资能力，许多贷款协议和债务契约中经常有要求债务人保持某一最低营运资金水平的条款。营运资金的计算公式为：

$$营运资金 = 流动资产 - 流动负债$$

式中，计算营运资金所用的"流动资产"和"流动负债"直接选用资产负债表中的期末数。例如，GL 公司 2020 年期末流动资产为 21 363 298.72 万元，期末流动负债为 15 847 871.81 万元，则 GL 公司 2020 年营运资金为 5 515 426.91 万元。

当流动资产大于流动负债时，营运资金为正数，表明企业长期资本的数额大于长期资产，超出部分被用于流动资产，从而增加了企业财务状况的稳健性。营运资金越多，企业的财务状况越稳定，短期偿债能力越强。反之，当流动资产小于流动负债时，营运资金为负数，表明企业长期资本的数额小于长期资产，有部分长期资产是由流动负债提供的。由于流动负债需要在一年内偿还，而长期资产一年以后才能变现，因此企业必须设法另外筹集资金用于偿还流动负债，此时企业的财务状况不稳定，短期偿债能力较差。即使企业的流动资产等于流动负债，也并不能保证按期偿债，因为债务的到期日与流动资产中的现金生成不可能同步，因此企业必须保持一定数额的营运资金作为缓冲，此时流动资产中的一部分来源于长期资本，不需要在一年内偿还。

从偿还角度看，营运资金越多，说明企业可用于偿付短期债务的流动资金越多，企业的财务状况越稳定，企业的短期偿债能力越强。如果营运资金很少，甚至出现负数，则表明企业资金周转比较困难，短期偿债能力较弱。但从企业理财角度看，营运资金并不是越多越好。营运资金过多，意味着企业流动资产占用资金过多，可能存在积压的存货或长期收不回来的应收账款，说明企业没能有效地利用资金，失去了获得更多利润的机会。在进行分析时，可以将营运资金与以前年度的数额相比较，如果出现异常偏低或偏高现象，除了考虑企业规模变化以外，应对流动资产和流动负债进行逐项分析，确定变动的原因。

2. 流动比率

流动比率，又称营运资金比率或清偿比率，是指企业流动资产与流动负债的比值，可以显示企业每一元流动负债有多少流动资产作为偿还的保障。流动比率是相对数指标，不受企业规模的影响，是实际工作中普遍采用的短期偿债能力衡量指标。其计算公式为：

$$流动比率 = \frac{流动资产}{流动负债}$$

流动比率越高，表明企业可用于抵债的流动资产越多，企业的短期偿债能力越强，债权人的利益越有保障；反之，则说明短期偿债能力较弱。

例如，GL 公司 2020 年期末流动资产为 21 363 298.72 万元，期末流动负债为 15 847 871.81 万元，则 GL 公司 2020 年流动比率为 1.35，表明 2020 年 GL 公司每一元流动负债有 1.35 元流动资产作为保障。

但是流动比率达到多少算合适，判断流动比率是否合适的标准是什么？根据一般经验，大多数人认为制造业企业的流动比率应维持在 2 左右，其理由是变现能力最差的存货通常占流动资产的一半左右，剩下变现能力较强的流动资产至少要等于流动负债，这样才能保证企业具有较强的短期偿债能力。或者换个角度说，即使流动资产的清算价值缩水一半，仍可偿还流动负债。尽管流动比率为 2 时代表有更多的流动资产来保障流动负债，但同时也反映了资产使用的效率较低，用经验数据来评价流动比率，其可信度比较模糊，因此这个标准并不具有普遍意义。首先，不同国家或地区的金融环境和资本市场不同，使得企业的资产结构和资本结构不同，企业流动比率也有所不同。例如，美国的平均流动比率为 1.4 左右，德国为 1.2 左右。其次，同一国家或地区不同行业的流动比率也有明显区别。存货周转速度慢、赊销比重大或赊销期限长的行业或企业，必须维持较多的流动资产，因此其流动比率就比较高；相反，存货周转快、赊销比重小或赊销期限短的行业或企业，则流动资产少，流动比率就比较低。一般而言，营业周期越短，对流动比率的要求越低；营业周期越长，对流动比率的要求越高。例如，餐饮行业的正常流动比率远远低于工业和商业，其原因是餐饮行业的存货周转速度快而且大部分为现金销售。因此，运用流动比率来评价企业的短期偿债能力，通常只能在行业内进行对比，同时必须与企业的资产结构、资产变现速度及行业特点结合起来进行综合考虑，这样才能得出正确的分析结论。但无论怎样，与营运资金相比，由于流动比率考虑了流动资产规模与流动负债规模之间的关系，因此扩大了指标的可比范围。例如，可以在长虹公司和康佳公司之间比较流动比率，但比较营运资金则没有任何意义，因为这两家公司的规模不同。

虽然流动比率没有通用的衡量标准，但是可以相对肯定地说，如果制造企业的流动比率小于 1，表明企业的流动资产不足以抵偿流动负债，短期内可能会陷入资金周转失灵、无力偿还到期债务的困境。实际上即使流动比率等于 1，一般也无法满足短期偿债的要求，因为虽然此时流动资产等于流动负债，但是并不能保证每一笔债务到期时，流动资产都可以适时地转化为现金。也就是说，流动比率为 1 时，只说明流动资产与流动负债在数量上是配合的，但是并不能确保现金流入和流出的时间能相应配合。但是流动比率也不能过高，如果流动比率过高，说明企业未能有效地利用流动资产，例如，应收账款或现金过多，或者积压了过量的存货等，或者是企业过于保守，不愿通过举债扩大经营规模。

流动比率指标的优点是计算简单，资料容易取得，概念清晰，易于理解，因此被广泛应用于计量企业的短期偿债能力。但是流动比率也存在如下几个方面的局限性。

（1）流动比率只能反映流动资产与流动负债之间的数量关系，没有考虑流动资产的结构和流动性。如果流动资产中含有大量的积压存货、预付账款或长期收不回来的应收账款，即使流动比率大于 2，也并不表示其偿债能力强。反之，如果流动资产中多为变现能力很强的资产，即使流动比率小于 2，其偿债能力依然很强。例如，甲、乙两家公司的流动比率均为 2，但是甲公司的流动资产以货币资金、交易性金融资产、应收票据和应收账款为主，而乙公司的流动资产以存货和预付账款为主，则两家公司偿还短期债务的能力显然不同。因此，在计算该指标后，还需要分析流动资产结构，并借助存货周转率、应收账款周转率等指标，对资产的流动性进行评价，以补充流动比率对偿债能力反映的不足。

（2）流动比率是静态指标，是根据期末数字计算得出，只能反映期末流动资产与流动负债的比率关系，不能代表企业整个期间的偿债能力。因为企业流动资产是不断周转的，其数额和形态不断发生变化，流动负债也不断被偿还或被借入，流动比率不能描述企业短期偿债能力的常态，不能反映一年内有多少流动负债需要偿还，以及可以获得多少供偿还的现金，因此流动比率对偿债能力的反映是不完善的，还需要借助经营活动现金净流量比率等指标来进行补充说明。

（3）从流动比率指标的计算公式看，当流动比率大于1时，分子分母等量增加，会使流动比率下降，等量减少则会使流动比率上升，因此有可能受人为操纵。例如，企业年末集中偿还借款，下年初再借回，或将存货降低到正常水平以下，或有意将年末应购进的存货推迟到下年初再购进等，都可能导致流动比率得到改善。因此，在进行财务分析时应当注意提防企业管理当局对流动比率的操纵行为。

（4）不能简单地根据流动比率高低判断企业的短期偿债能力。有时企业流动比率变化幅度较大，但是这种变动不一定是企业经营的结果。例如，在经济衰退时期，企业会继续偿还流动负债，但是存货和应收账款也越积越多，从而导致流动比率上升。

3. 速动比率

速动比率，是指速动资产与流动负债的比值，通常用来衡量企业流动资产可以立即用于偿还短期债务的能力。其计算公式为：

$$速动比率 = \frac{流动资产 - 存货}{流动负债}$$

例如，GL 公司 2020 年期末流动资产为 21 363 298.72 万元，期末流动负债为 15 847 871.81 万元，期末存货为 2 787 950.52 万元，则 GL 公司 2020 年速动比率为 1.17。

速动资产是指可以快速变现的资本，包括货币资金、交易性金融资产、应收票据、应收账款、其他应收款等。在流动资产中不属于速动资产的项目主要是存货，其原因是存货需要经过生产、销售和收款环节才能转变为现金，属于流动性较差、变现时间较长的资产，特别是当存货中包含积压和滞销产品或必须经过较长时间储备才能销售的产品（如酒厂的产品），或者部分存货已经抵押给债权人时，其变现能力更差。同时对存货估价是主观判断的结果，可能存在账面价值与实际价值差异较大的情况，因此把存货从流动资产中扣除后计算的速动比率反映的是企业现实的短期偿债能力，比流动比率反映的短期偿债能力更准确，可信度更高；此外，流动资产中的预付账款的变现能力比存货更差，流动资产中的预付费用则根本不具有变现能力，由于预付账款、预付费用一般很少，所以速动资产一般按照流动资产减去存货计算，也可以按照流动资产减去存货、预付账款、预付费用后的余额计算，此时计算出的速动比率又称保守的速动比率。

速动比率越高，表明企业在极短的时间内将资产变现以偿还短期债务的能力越强；反之，则说明企业短期偿债能力较差。根据经验，一般认为速动比率为 1 时较好，表明企业每 1 元短期债务都有 1 元易于变现的速动资产作保障。

速动比率在不同行业和企业也应有所区别。采用速动比率指标评价企业短期偿债能力时，也必须根据行业特性来分析，不能一概而论。例如，零售商店通常只有现金销售，应收账款很少，这类企业的速动比率一般明显低于 1，但仍有很强的短期偿债能力。

应该说明的是，如果速动比率过低，则表明企业将可能依赖出售存货或举借新债偿还到期债务，企业的短期偿债能力存在问题。但是如果速动比率过高，则说明企业短期偿债能力较强的同时，也说明企业拥有较多的不能盈利的货币资金和应收账款，可能会降低企业的盈利能力，也可能会失去一些有利的投资机会。

速动比率的特点是计算简单，容易理解。该指标反映企业一旦面临财务危机或办理清算，在存货无法变现的情况下，以速动资产偿还短期债务的能力。它是比流动比率更严格、更谨慎的衡量企业短期偿债能力的指标。但是速动比率也存在一定的局限性。

（1）速动比率也只反映速动资产与流动负债之间的数量关系，没有考虑速动资产的结构和流动性。当速动资产中包含大量不良应收账款时，即使速动比率大于1，也并不表示其偿债能力强。因此，根据速动比率分析企业的短期偿债能力时，还应注意速动资产中应收账款的比例以及应收账款账龄和可收回性，以便对企业的短期偿债能力作出正确评价。在速动比率相同的条件下，应收账款所占比例越低，应收账款账龄越短，说明速动资产的质量越好。

（2）速动比率也是静态指标，只反映期末速动资产与流动负债的比率关系，不能代表企业整个期间的偿债能力。

4. 现金比率

由于影响应收账款和存货变现的不确定因素很多，特别是当财务分析人员怀疑其实际价值和流动性有问题时，可以用现金比率来评价企业的短期偿债能力。

现金比率，指企业的现金类资产与流动负债的比值，可以显示企业即时付款或随时还债能力。这里的现金类资产包括货币资金，交易性金融资产等能够立即用于还债的资产。该指标的计算公式为：

$$现金比率 = \frac{货币资金+交易性金融资产}{流动负债}$$

例如，GL公司2020年期末货币资金为13 641 314.39万元，交易性金融资产为37 082.05万元，期末流动负债为15 847 871.81万元，则GL公司2020年的现金比率为0.86。

为了保证基本的支付能力，企业保持一定的现金比率是很必要的。现金比率越高，说明企业的短期偿债能力越强；反之，则较弱。但在一般情况下，企业的流动负债不是马上就需要全部偿还，要求企业随时保持足够的现金类资产以备偿还流动负债，既不现实也没有必要。如果真是这样，反而说明企业的货币资金和交易性金融资产过多，暴露出企业在资金管理方面存在问题。因此，在实际工作中，财务分析人员并不十分关注这个指标。只有当企业的应收账款和存货都存在严重问题，或企业陷入财务困境时，才利用现金比率来分析企业的短期偿债能力。从这个意义上讲，现金比率表明企业在最坏情况下偿付流动负债的能力。

采用现金比率衡量企业偿债能力时应注意以下问题。

（1）企业现金的使用是否受限制。例如，上市公司发行股票筹集的资金必须严格按照招股说明书中承诺的用途和进度使用，因此刚发行新股募集资金的公司的现金余额和现金比率可能都很高，但是企业可用于偿债的现金并不多。

（2）企业现金管理制度是否健全有效。当企业对现金管理更有效时，会降低现金的存量和现金比率。

（3）企业是否有尚未使用的银行授信额度。如果企业有尚未使用的银行授信额度，就可以随时从银行借出资金，此时企业可能会降低现金存量和现金比率。

（4）交易性金融资产的市场变化。如果股价波动过大，该比率无法反映企业真实的偿债能力。

5. 经营现金净流量比率

前述四个指标都是根据某一特定时点上的资产和负债数额计算的，属于静态指标，只能反映企业在报告期末的状况，不能反映企业某一段时期内动态的偿债能力。为了解决这个问题，可以用经营活动产生的现金净流量与流动负债平均余额进行对比，计算经营现金净流量比率。该指标反映企业用经营活动取得的现金净流入量对流动负债的保障程度，是从现金流量的角度考察企业的短期偿债能力，又称现金流动负债率。其计算公式为：

$$现金流动负债率 = \frac{经营现金净流量}{流动负债平均余额}$$

由于公式的分子来自现金流量表中的"经营活动产生的现金流量净额"，是企业全年经营活动所取得的现金净流入量，属于时期指标，因此分母中的流动负债用平均流动负债更加合理。

负债需要用现金偿还，而经营活动产生的现金净流入量是偿还负债的真正来源，经营活动现金净流入量越大，企业内部可用于偿还流动负债的现金越充分。根据经验，一般认为该指标保持在40%以上时较好，说明企业的短期偿债能力较强。如果经营活动现金净流量为负数，则计算该指标没有意义。

例如，GL公司2020年经营现金净流量为1 923 863.73万元，平均流动负债为16 402 350.92万元，则GL公司的现金流动负债率为0.12。

（二）反映资产变现速度的指标

流动比率、速动比率、现金比率都是以某一时点上的流动资产和流动负债相比较来反映企业的短期偿债能力，没有考虑流动资产流动性和流动负债的偿还期限。虽然经营现金净流量比率是以某一会计年度的经营现金净流入量为依据考察企业的短期偿债能力，但是也没有考虑流动负债的偿还期限问题。实际上，企业的流动资产的变现速度不同，企业获取现金的能力就不同，流动负债的偿还期限不同，企业的偿债压力就不同，某一个时点的静态指标很难反映企业偿债能力的实际情况。因此，还需要从动态角度分析流动资产和流动负债的流动性，弥补上述指标的不足，以正确评价企业的短期偿债能力。

1. 流动资产的流动性分析

流动资产的流动性分析就是对流动资产变现能力的分析。在流动资产中，应收账款和存货所占比重最大，而且结构复杂，变现时间较长，直接影响流动资产整体的变现能力。因此，对流动资产的流动性进行分析，主要是分析应收账款和存货的周转情况，评价其变现能力。

2. 流动负债的流动性分析

流动负债的流动性是指流动负债的偿还时间和短期内必须偿还的可能性。偿还的时间越短，必须偿还的紧迫性越大，企业偿债的压力越大。

应当说明的是，并不是所有的流动负债都需要立即偿还。一般而言，应交税费是必须立即偿还的，无论企业当时的财务压力有多大，否则就要支付滞纳金。但是，对于与企业有长期合作关系的供应商的负债则有所不同。如果供应商对其业务有依赖性，当企业发生财务困难时，可通过协商推迟这些负债的支付时间。

在企业流动负债中，有些有明确的到期日，如短期借款、应付票据、应交税费、应付职工薪酬等，而应付账款一般没有明确的到期日，需要对其偿还时间进行测算。

（1）应付账款周转率。应付账款是企业因赊购商品而产生的，其余额大小受企业赊购交易量和付款频率的影响。应付账款周转率是指年度内应付账款从发生到转变为现金支出的平均次数，反映应付账款周转的速度。应付账款周转速度也可以用时间表示，称为应付账款周转天数或平均付款期。应付账款周转速度决定了企业以现金清偿应付账款的速度，通过该指标可以了解企业偿还应付账款的紧迫性和偿债压力。计算公式为：

$$应付账款周转率 = \frac{本期购货成本}{平均应付账款}$$

$$应付账款周转天数 = \frac{360}{应付账款周转率}$$

公式中的本期购货成本不在财务报表上反映，财务分析人员需要根据销货成本（营业成本）和期初、期末存货余额，计算求出本期购货成本。其计算公式为：

$$本期购货成本 = 营业成本 + 期末存货 - 期初存货$$

例如，GL 公司 2020 年的营业成本为 12 422 903.37 万元，期初存货为 2 408 485.41 万元，期末存货为 2 787 950.52 万元，期初应付账款为 4 165 681.58 万元，期末应付账款为 3 160 465.92 万元，本期购货成本为 12 802 368.48 万元，则 GL 公司 2020 年的应付账款周转率为 3.49 次，应付账款周转天数 103.15 天。

（三）影响短期偿债能力的其他因素

上述衡量企业短期偿债能力的指标都是根据财务报表中的数据计算的。除此以外，还有一些表外因素也会影响企业的短期偿债能力，有时影响很大。这些因素对企业的短期偿债能力的影响既有正面，也有负面，在进行财务分析时应给予足够重视，以便对企业的短期偿债能力做出正确判断。

（1）未使用的银行授信额度。银行授信额度是指企业与银行签订的在一定时期和一定限额内可随时向银行借入短期借款的合约。当企业需要资金时，可以随时向银行借入款项，增加企业的现金，提高企业的支付能力。

（2）企业的偿债信誉。如果企业的偿债信誉好，当遇到资金周转困难、无法偿还到期债务时，可以通过拆借等方式及时筹措资金。

（3）准备近期出售长期资产。由于某种原因，企业可能准备将部分长期资产出售，变成现金，如储备的土地、不需用的设备和房产等。长期资产出售后转变成现金，可以提高企业的短期偿债能力。

（4）或有负债，其中包括产品质量担保、未决诉讼以及在经营合同中的一些承诺等。

这些担保或承诺一旦变成事实，就会加重企业的债务负担，影响企业的短期偿债能力。财务分析人员可以通过阅读财务报表附注，了解或有负债的相关信息。

第三节　长期偿债能力分析

一、长期偿债能力分析概述

（一）影响长期偿债能力的主要因素

长期偿债能力是指从长期看企业偿还全部债务本金和利息的能力。资产是偿还债务的物质基础，所有者投资是偿还债务的基本保障，企业利润则是偿还债务的最终来源。在持续经营的前提下，企业不可能靠出售资产或破产清算来偿还到期债务，只有具备长期稳定的盈利能力的企业，才能为偿还债务本金和利息提供最可靠的资金来源。因此，影响企业长期偿债能力的因素主要有三个方面，即企业的资本结构、企业的资产结构、企业的盈利能力。

1. 企业的资本结构

资本结构是指企业负债和所有者权益之间的比例关系。资产来源于负债和所有者权益，负债是企业的外来资金，债权人具有强制求偿权，负债均有一定的偿还期限，企业必须按期偿还并支付利息。所有者权益代表企业的自有资金，属于企业的永久性资金，企业可以长期使用，股东既不能随意收回，也没有强制的股利支付要求。所有者权益占资产的比例越大，企业的财务实力越强。资本结构表明企业外来资金与自有资金的比例关系，负债占比越高，则企业面临的偿债压力就越大，固定的利息支出就越高，企业无力支付到期债务本息的可能性也就越大；反之，所有者权益占比高，则债权人遭受企业无力偿债的风险就小。因此，资本结构是评价企业长期偿债能力的重要因素。反映企业资本结构的指标有资产负债率、权益负债率、长期资本负债率等。

2. 企业的资产结构

资产结构是指企业总资产的构成，反映企业各项资产的比例关系，通常以资产负债表中各种资产占总资产的百分比来表示。一般而言，不同种类资产的盈利能力和风险各不相同。流动性越强的资产，盈利能力越弱，但是变现的风险比较小；流动性越弱的资产，盈利能力越强，但是变现的风险比较大。企业的流动资产占比大，表示有较强流动性，但是对企业盈利和偿还长期债务不利；反之，企业的固定资产占比大，则有利于提高企业的盈利能力和长期偿债能力，但是对短期偿债不利。反映企业资产结构的指标有流动资产对总资产比率、固定资产对总资产比率等。

此外，在评价企业长期偿债能力时，除了分析企业的资本结构和资产结构以外，还应关注资产配置的合理性。资产配置的适当性是指企业资金来源与资金用途的配合是否合理。对于借入的资金，企业负有定期支付利息和到期还本的义务。短期借款的利息偿还期限很短，因此不适合用于固定资产等长期资产的投资，因为长期资产的周转速度慢，转变为现金的时间长，在其尚未转变为现金前，负债已经到期，企业极有可能没有足够的现金偿还到期债务，导致企业资金周转失灵。对于借入的长期资金，因其还款期长，利率较高，也不适合作为短期周转需要的资金来源。如果以高利率的长期负债应付短期的资金需要，当企业资金充足时，不需要的资金也要承担高额利息，会造成资金浪费，降低企业的盈利能力。因此，一般而言，短期资金用于支持流动资产，长期资金用于支持长期资产。如果企业的固定资产、无形资产等较多，应多筹集长期资金，以免因企业资产无法及时变现而导致不能按时偿还流动负债。

3. 企业的盈利能力

企业的盈利能力意味着从企业的内部产生未来现金的能力，从长期看，只有具备稳定的盈利能力才能使企业具有良好的财务实力，企业依靠生产经营所创造的现金，是支付债务本金和利息的最佳来源。也就是说，企业的长期偿债能力必须建立在企业盈利能力的基础上。较强的盈利能力不仅可以使企业从经营活动中获取足够的现金流入量，而且可以吸引所有者和债权人，随时筹集所需的资金，以偿还到期债务的本金和利息。因此，长期偿债能力与企业盈利能力密切相关。企业盈利能力较强，长期偿债能力就越强；反之，则较弱。

（二）长期偿债能力分析的意义

长期偿债能力分析对于不同的财务报表使用者具有不同的意义。对于债权人来说，通过长期偿债能力分析，可以了解企业是否具有长期支付能力，分析企业信用状况，判断能否按期收回债权本金和利息，以便决定是否对企业发放贷款。对于股东来说，通过长期偿债能力分析，可以了解企业经营的安全程度，判断企业负债规模是否适度、财务风险是否在可控范围内，以及是否可以利用财务杠杆作用提高股东的投资回报，保证其投资的安全性和盈利性。对于企业经营者来说，通过长期偿债能力分析，可以揭示企业资本结构和资产结构中存在的问题，以便及时进行调整，优化企业的资本结构和资产结构，降低财务风险，提高偿债能力和盈利能力。

二、衡量企业长期偿债能力指标

由于影响企业长期偿债能力的因素有资本结构、资产结构和盈利能力三个方面，因此相应地产生了利用资产负债表和利润表分析长期偿债能力的两大类方法和指标。利用资产负债表分析长期偿债能力，主要是分析资本结构和资产结构，包括资产负债率、产权比率、有形净值负债率、长期资本负债率、固定资产适合率、长期资产适合率等指标。利用利润表分析长期偿债能力，主要是将利润与负债进行对比分析，计算利息保障倍数等指标。此外，还可以利用现金流量表计算经营现金流量与负债总额比率，从现金流量的角度考察企业的长期偿债能力。

（一）反映资本结构的指标

反映资本结构的指标主要有资产负债率、权益负债率、有息资本比率、有形净值负债率、长期资本负债率等。

1. 资产负债率

资产负债率也称为举债经营比率或债务比率，是指企业负债总额与资产总额之间的比例关系。资产负债率反映企业资产总额中有多大比例是依靠负债筹集的，可用于衡量企业利用债权人资金的能力，同时反映企业在清算时对债权人利益的保护程度。其计算公式为：

$$资产负债率 = \frac{负债总额}{资产总额}$$

公式中的负债总额包括全部长期负债和流动负债，资产总额包括全部流动资产和长期资产。资产负债率是衡量企业负债水平和风险程度的重要指标。资产负债率越高，企业的债务负担越重，不能偿还的可能性也就越大，债权人的风险越高。但较高的资产负债率也可能为所有者带来较多的利益。因此，不同的分析主体，对资产负债率的评价也有所不同。

债权人最关心能否按期收回借贷本金和利息，如果资产负债率过高，说明企业的资产大部分由债权人提供，经营风险大部分由债权人承担。资产负债率低，表明企业可用于抵债的资产多，债权人的保障程度高，即使企业破产清算，债权人的债权也有一定的收回保证。因此，债权人认为该比率越低越好。

从所有者角度看，由于负债利息可以在计算所得税前扣除，因此负债可以起到节税作用。同时以举债方式筹资，既可以保持股东对企业的控制权，又可以分散经营风险，还可以发挥财务杠杆作用。因此对于投资者而言，只要债务成本率低于资产回报率，资产负债率就越高越好，反之，则应当降低资产负债率。

从企业经营者角度看，负债是一把双刃剑，通过举债，一方面可以及时筹集所需要的资金，保证企业生产经营的需要；另一方面也增加了企业的风险，使企业背上沉重的债务负担。负债金额越大，企业风险越大。如果企业无法及时取得足以偿还债务本金和利息的现金，可能会被迫宣告破产清算，因此经营者需要在保障资金需要和控制财务风险之间取得平衡。

此外，通过资产负债率还可以了解企业经营者利用借入资金进行经营活动的能力。一般认为，资产负债率偏高，说明企业朝气蓬勃，对前途充满信心。资产负债率过低，则说明企业畏缩不前，经营者缺乏魄力。

判断一个企业的资产负债率是否适宜，一般以企业盈利能力和经营活动现金流量是否稳定为标准，企业盈利能力越强，现金流量越稳定，为债权人所接受或公认安全的资产负债率越高，反之则低。例如，水、电、气等公用事业单位的资产负债率可以高达70%以上，而一般制造业则应维持在50%左右。

例如，GL公司2020年期末资产总额为 27 921 792.36 万元，期末负债总额为16 233 743.65万元，则GL公司2020年的资产负债率为58%。

2. 权益负债率

权益负债率，也称产权比率，是指企业的负债总额与所有者权益总额之间的比值，反映债务资本与权益资本的对比关系。其计算公式为：

$$权益负债率 = \frac{负债总额}{所有者权益总额}$$

　　权益负债率与资产负债率的经济意义基本相同，因此对权益负债率的分析可以参照资产负债率。但是由于两者分析的角度有所不同，因此在分析权益负债率时应注意以下问题。

　　（1）从债权人角度看，权益负债率越低越好。该指标越低，说明企业自有资本越雄厚，企业长期偿债能力越强。债权人投入资金受所有者权益保障的程度越大，债权人越有安全感。所有者权益是债权人利益的最终保障，如果负债总额超出所有者权益总额，债权人将承担较大的经营风险，企业一旦破产清算，债权人将难以收回贷款。

　　（2）从企业角度看，该指标反映负债与所有者权益的比例关系，可以揭示企业的财务结构是否稳健。如果权益负债率高，那么财务结构是高风险的；如果权益负债率低，那么财务结构属于低风险的。一般而言，权益资本大于借入资本较好，企业的财务风险较小，但也说明企业未能充分发挥负债的财务杠杆效益。从股东角度看，在通货膨胀时期多借款可以分散经营风险，获得货币购买力收益；在经济繁荣时期多借债可以获得财务杠杆利益；在经济萧条时期则应减少债务，减轻利息负担。因此，经济周期和企业经营状况是影响权益负债率的重要因素。

　　（3）权益负债率反映的偿债能力是以企业净资产为物质保障的。企业净资产等于资产减去负债后的余额，但是企业资产中的某些项目，如无形资产、递延所得税资产、长期待摊费用等，其价值具有极大的不确定性，且不易形成支付能力，因此在采用权益负债率衡量企业偿债能力时，应该结合有形净值负债率进一步分析。

　　例如，GL 公司 2020 年期末负债总额为 16 233 743.65 万元，期末所有者权益总额为 11 688 048.71 万元，则 GL 公司 2020 年的权益负债率为 1.39。

3. 有息资本比率

　　有息资本比率是指企业使用商业信用以外的有息负债占所有要求直接回报的资金的比重。其计算公式为：

$$有息资本比率 = \frac{带息的流动负债 + 带息的长期负债}{带息的流动负债 + 带息的长期负债 + 所有者权益} \times 100\%$$

　　有息负债是企业从金融市场取得的负债融资，有别于商业信用负债，金融负债存在定期或定额的利息要求，并且本息偿还还受明显的法律约束，企业违约将付出高昂的代价。有息资本比率体现了企业利用这类金融负债的能力和风险。

　　这里，带息的流动负债一般指短期借款、短期融资券、交易性金融负债等，还包括一年内到期的带息长期负债；带息的长期负债一般包括长期借款、企业债券或公司债券、融资租赁的长期应付款等。指标中不包括所有的应付票据。

　　例如，GL 公司 2020 年末带息的流动负债为 2 030 438.47 万元，带息的长期负债为 186 071.38 万元，期末所有者权益总额为 11 688 048.71 万元，则 GL 公司 2020 年末有息资本比率为 15.94%。

4. 有形净值负债率

　　有形净值负债率，也称为有形净资产负债率，指企业负债总额与有形净资产之间的比值。有形净资产是指账面上属于企业股东的有形资产价值，所有者权益减去无形资产后的余额。其计算公式为：

$$有形净值负债率 = \frac{负债总额}{所有者权益 - 无形资产}$$

有形净值负债率实际上是权益负债率的延伸，但比权益负债率更谨慎，反映的结构也更客观，实际上是更谨慎、更保守的权益负债率。该指标更强调有形资产对债权人利益的保障。因为从谨慎的观点看，将无形资产从净资产中扣除，以此计算负债总额占有形净资产的比重越多，债权人利益越有保障，企业的有效偿债能力越强。

GL 公司 2020 年期末负债总额为 16 233 743.65 万元，期末所有者权益总额为 11 688 048.71 万元，无形资产为 587 828.88 万元，则 GL 公司 2020 年的有形净值负债率为 1.46。

5. 长期资本负债率

长期资本负债率是指长期负债与所有者权益和长期负债之和的比值。其计算公式为：

$$长期资本负债率 = \frac{长期负债}{所有者权益 + 长期负债}$$

长期负债和所有者权益是可供企业使用的长期资金，长期资本负债率反映可供企业长期使用的资金中负债所占的比例，比例越大，债权人的风险也越大，反之则比较小。该指标是债权人在签订长期贷款合同时必须要考虑的因素。

GL 公司 2020 年期末长期负债总额为 385 871.84 万元，期末所有者权益总额为 11 688 048.71 万元，则 2020 年 GL 公司的长期资本负债率为 3.20%。

（二）反映资产结构的指标

反映企业资产结构和资产配置是否适当的指标主要有固定比率、固定资产适合率、长期资产适合率等。

1. 固定比率

固定比率是指固定资产与所有者权益之间的比值，反映企业用自有资金购置固定资产的情况。它是用于分析企业资产与来源的配置是否适当的指标。其计算公式为：

$$固定比率 = \frac{固定资产}{所有者权益}$$

例如，GL 公司 2020 年末固定资产总额为 1 899 052.51 万元，期末所有者权益总额为 11 688 048.71 万元，则 2020 年末 GL 公司的固定比率为 0.16。

如果固定比率大于 1，即固定资产高于所有者权益，表示企业的自有资金不能满足购置固定资产的需要，必须依靠其他来源的资金；如果固定比率等于 1，即固定资产等于所有者权益，表示企业的自有资金恰好可以满足购置固定资产的需要；如果固定比率小于 1，即固定资产低于所有者权益，表示企业的自有资金比较充裕，除了满足购置固定资产的需要外，还可以用在企业经营的其他方面，而这种资产结构可以提高企业的偿债能力。

固定比率指标在轻工业企业和商业零售企业应用比较广泛。这类企业的固定资产比重较小，金额较低，因此对长期资金来源的要求不高，企业的自有资金应该可以满足购置固定资产的需要，不必动用长期负债或其他资金来源。

2. 固定资产适合率

固定资产适合率是指固定资产与长期资本（包括长期负债和所有者权益）之间的比值，用于衡量企业固定资产是否投资过大，以及固定资产的资金来源是否合理。该指标可作为固定比率的补充指标，以说明企业资产与来源的配置是否合理。其计算公式为：

$$固定资产适合率 = \frac{固定资产}{长期资本} = \frac{固定资产}{长期负债 + 所有者权益}$$

例如，GL 公司 2020 年末固定资产总额为 1 899 052.51 万元，期末所有者权益总额为 11 688 048.71 万元，期末长期负债总额为 385 871.84 万元，则 2020 年末 GL 公司的固定资产适合率为 0.16。

如果固定资产适合率大于 1，即固定资产高于长期资本，表示企业的长期资金来源不能满足购置固定资产的资金需要，必须依靠部分流动负债；如果固定资产适合率等于 1，即固定资产等于长期资金来源，表示企业的长期资本恰好可以满足购置固定资产的需要；如果固定资产适合率小于 1，即固定资产低于长期资本，表示企业的长期资本除了满足购置固定资产的需要外，还可以用在企业经营的其他方面。

固定资产适合率在重工业化资金密集型企业应用比较多，因为这类企业的固定资产规模大，需要的资金多，自有资金不能完全满足购置固定资产的需要，不足部分必须依靠长期负债解决。一般而言，固定资产适合率不宜超过 1，也就是说不宜以短期负债来补充购置固定资产所需的资金，如果这样做，企业的偿债压力比较大。

3. 长期资产适合率

长期资产适合率是指企业的固定资产和长期投资与长期负债和所有者权益之间的比值。长期投资一般包括债权投资、其他债权投资、长期股权投资、其他权益工具投资等对外投资。其计算公式为：

$$长期资产适合率 = \frac{固定资产 + 长期投资}{长期负债 + 所有者权益}$$

例如，GL 公司 2020 年末固定资产总额为 1 899 052.51 万元，期末所有者权益总额为 11 688 048.71 万元，期末长期负债总额为 385 871.84 万元，长期投资总额为 1 641 044.93 万元，则 2020 年末 GL 公司的固定资产适合率为 0.29。

长期资产适合率与固定比率和固定资产适合率类似，只是涵盖的范围不同。该指标从企业长期资产与长期资本之间的平衡性和协调性的角度，反映企业财务结构的稳健程度和财务风险大小以及企业资金使用的合理程度。通过该指标可以分析企业是否存在盲目投资的情况，是否存在长期资产挤占短期资金的情况。

从维护企业财务结构稳定性的角度看，长期资产适合率不宜超过 1。如果该指标超过 1，说明企业使用了一部分短期资金进行长期投资，这对企业的短期偿债能力来讲是极为不利的。但是如果该指标过低，则会导致企业的融资成本增加。

（三）收益与负债的对比分析

从长期看，企业的偿债能力最终取决于企业的盈利能力。企业利润越多，可用于偿债的资金就越多，企业的偿债能力就越强。从盈利能力角度评价长期偿债能力的指标主要是利息保障倍数。

利息保障倍数，也称已获利息倍数，指企业经营收益与利息费用之间的比值，反映企业的经营收益相当于利息费用的多少倍，主要用于衡量企业用其经营收益偿付借款利息的能力。如果没有足够的经营收益，企业支付利息就会有困难。这里的经营收益是不考虑利息费用的税前利润，通常称为息税前利润，由利润总额和利息费用两部分组成。利息保障倍数的计算公式为：

$$利息保障倍数 = \frac{息税前利润}{利息费用} = \frac{利润总额 + 利息费用}{利息费用}$$

公式中的利息费用是指企业实际发生的全部利息，不仅包括计入本期财务费用的利息，还包括计入存货、固定资产等等资产成本的资本化利息。其理由是，不论利息费用是否列入利润表，企业终究是要偿还的，都是企业实际负担的费用。

例如，GL 公司 2020 年度的息税前利润为 2 739 730.68 万元，利息费用为 108 836.94 万元，则 GL 公司 2020 年度的利息保障倍数为 25.17 倍。

利息保障倍数反映企业用经营收益支付利息的能力，该比率越高，说明企业偿付利息的能力越强，债权人借贷本金的收回就越有保障。实际上，只要企业能够及时足额偿还利息，保持良好的付息记录，就可以通过借新债还旧债的方式偿还债务本金，企业就可以减轻偿还债务本金的压力。

运用利息保障倍数来评价企业的长期偿债能力，该指标至少应该大于 1。如果利息保障倍数等于 1，说明企业的经营收益刚好相当于借款利息，但是否有能力支付利息，还要看企业的现金流量。如果利息保障倍数小于 1，说明企业的经营收益已经不足以支付利息，企业已经没有足够的付息能力，或者已经陷入财务困境。借款给这种企业，债权人连收利息都没有保障，更不用说收回本金了。因此利息保障倍数必须在 1 以上。根据西方国家的经验，利息保障倍数应当保持在 3 以上，大多数企业在 3～6 之间。

为了考察企业偿付利息的能力是否稳定，通常需要连续计算几个年度的利息保障倍数，从中选取最低年度作为代表企业偿债能力的指标，并与同行业平均水平进行对比，以判断企业的偿债能力。其理由是不论经营好坏，企业都要偿付一定的利息，特别是具有周期性经营特点的企业，在利润较高的年度，利息保障倍数很高，在利润低的年度，则利息保障倍数很低，用利润低年度的指标作为判断企业偿债能力的标准，可以判断企业最低的偿债能力，也更符合谨慎原则。

应当说明的是，根据利息保障倍数评价企业的偿债能力，也应考虑行业特点，并与企业的经营现金净流量结合起来。在资本密集的行业，如航空业，大量的固定资产折旧费用和无形资产摊销费用要在计算利润总额前扣除，但这些费用并不需要支付现金，因此，即使其利息保障倍数较低，通常也能按期偿还债务。但是在服装、日用品等轻工行业，其利息保障倍数通常比较高。例如，美国食品加工业的利息保障倍数通常在 10 左右，而重工业的利息保障倍数只有 4 左右。

（四）经营现金流量与负债的对比分析

将经营现金流量与负债总额进行对比，可以了解企业用每年的经营活动现金净流入量偿付所有债务总额的能力。在进行长期偿债能力分析时使用的指标主要是经营现金净流量与负债总额之比，其计算公式为：

$$经营现金流量与负债总额之比 = \frac{经营活动现金净流入量}{全部负债平均余额} \times 100\%$$

例如，GL 公司 2020 年度经营活动现金净流量为 1 923 863.73 万元，负债平均余额为 16 663 096.83 万元，则 GL 公司 2020 年度经营现金流量与平均负债比为 11.55%。

该比率越高，说明企业偿付债务总额的能力越强。根据经验认为，该比率维持在 20% 左右时较好。

（五）影响企业长期偿债能力的其他因素

进行长期偿债能力分析，除了利用财务报表反映企业资本结构、资产结构的指标以及收益与负债对比的指标外，还应关注那些财务报表上未能反映的因素，如长期租赁、承诺事项、担保责任、长期资产价值等。

1. 设备租赁

当企业急需某种设备而又缺乏足够的资金购买时，可以通过租赁的方式解决。设备租赁分为融资租赁和经营租赁两种方式。融资租赁是由租赁公司垫付资金，按照承租人的需要购买设备，然后将设备出租给承租人，承租人按合同规定支付租金的一种租赁方式。租金一般包括设备买价、利息和相关的手续费。一般情况下，当租赁期满，承租人付清最后一笔租金后，设备所有权转归承租方。从本质上看，融资租赁相当于承租人分期付款购买设备，承租方将租入的设备视同自有资产入账，相应的融资租赁费用作为长期负债反映在资产负债表中。

经营租赁与融资租赁完全不同。经营租入的资产和应付的租赁费均不列入资产负债表，只出现在报表附注和利润表的相关费用项目中。当企业的经营租赁资产数量较大，租赁期较长且具有经常性时，就形成了企业的一种长期债务。这种长期性债务负债不计入企业的资产负债表，但必须按期支付租金，从而对企业的偿债能力产生负面影响。如果企业经常发生经营性租入业务，应当考虑租赁费用对企业长期偿债能力的影响。

2. 承诺事项

承诺事项是指企业因具有法律效力的合同或协议的要求而将要承担的责任或义务。例如，对合资企业的另一方承诺长期购买其产品；向客户承诺提供产品售后服务和保修等。有时承诺事项会大量增加企业的潜在债务，影响企业的偿债能力，但是这些潜在的债务却不反映在资产负债表上。在进行财务分析时，应根据报表附注和其他有关资料，判断承诺事项变成现实负债的可能性和金额。

3. 担保责任

企业与其他单位进行经济往来时，会发生很多担保责任，如为合资企业或供货商的银行贷款提供担保等。债务担保项目的时间长短不一，有的涉及企业长期负债，有的涉及企业的短期负债。在分析企业长期偿债能力时，应关注担保责任带来的潜在长期负债问题。

4. 长期资产价值

这里所说的长期资产价值是指企业长期资产的变现价值。关注长期资产的变现价值，是因为当企业因经营不善或资金周转困难被迫出售长期资产以清偿债务时，企业的长期资产能否及时变现以及变现价值高低就显得十分重要。但现在的财务报表一般不披露长期资产变现价值，因此无法将资产变现与负债进行比较。可替代的方法是通过分析资产的构成来预测其变现价值。一般而言，机器设备的价值随着科学技术进步呈下降趋势，房地产和部分对外投资的价值则可能会上升。

思考题

1. 什么是偿债能力？怎样衡量企业的偿债能力？
2. 影响短期偿债能力的指标有哪些？
3. 影响长期偿债能力的指标有哪些？
4. 除了各种财务指标外，影响企业偿债能力的因素有哪些？

案例分析

自学自测　　　扫描此码

第八章

营运能力分析

 学习目标

1. 掌握营运能力的含义及分析的目的和内容。
2. 掌握流动资产营运能力的具体分析指标及方法。
3. 了解非流动资产营运能力的具体分析指标及方法。

 **导入案例**

关注应收账款变动情况，识别利润质量

真正懂财报的人都知道，资产负债表与利润表是高度关联的。比如某上市公司如果在利润表中记录了虚增的利润，必然要在资产负债表中通过虚增资产来消化这部分利润。

先看两个案例：

案例 1：某拟 IPO 公司的应收账款从 2011 年的 5 626 万元增至 2013 年的 18 247 万元，但应收账款周转率却从 26.96 次降至 12.06 次，再查看其报表，该公司称其报告期内具有较强的获取经营性现金流量的能力，经营活动产生的现金流量净额约 2.9 亿元，净利润约 2.8 亿元。最后发现该公司通过伪造应收账款收回而对现金流量进行造假。

案例 2：早在上市伊始，海联讯就从非客户方转入大额资金，以冲减账面应收账款，并于下一会计季度期初再转出资金。借助资金的一进一出，该公司在 2009 年至 2011 年间，涉嫌造假的销售收入累计 2.46 亿元，仅 2011 年虚假冲抵应收账款约 1.3 亿元。

因此，如果公司应收账款项目存在下列情形，可在一定程度上判断其收益的真实性。

（1）应收账款项目几年内相对于销售收入的增长，如果有超乎常规的增长，比如一家企业今年比去年的销售收入增长了 20%，结果应收账款增长了 240%，很有可能销售收入就是虚增的。

（2）应收账款周转天数连续几年有没有明显提高。相同行业、相同的商业模式下，如果存在明显提高，有可能是企业经营恶化的前兆，也有可能是应收账款有很大一部分是虚增过来的，报表上应收账款周转天数就会比同行业多很多。

（3）应收账款几年内计提坏账准备的情况。如果业绩暴雷是由于计提应收账款减值损失导致的，则多半是收入造假所为。

（4）应付账款情况。如果一家企业应收账款和销售收入呈现大幅的增长，但应付账款却不增长或增长很低，从逻辑上来讲，很有可能这个企业的销售收入并没有真实增长，而是虚构出来的收入增长，应付账款就暴露了公司的真实经营情况。

资料来源：https://xueqiu.com/6432534821/232180313

通过上述两个例子，可以看出企业的经营目的在于运用各项资产获得最大利润。利润来源于营业收入，但只有凭借营运资产才能取得营业收入。企业的营运能力越强、资产运用效率越高、企业的业务越发达、营业收入越多，企业的利润越多。企业盈利能力的高低，既取决于产品本身的盈利能力，也受资产运营能力的影响，盈利能力和营运能力都反映了企业的经营绩效。营运能力分析将为企业改善经营管理、增强企业营运能力提供证据。

第一节　营运能力分析概述

一、营运能力分析的目的

1. 营运能力的含义

营运能力是指企业的经营运行能力，即企业运用各项资产以赚取收入的能力。反映企业营运能力的财务指标有：存货周转率、应收账款周转率、营业周期、流动资产周转率和总资产周转率等。这些比率揭示了企业资产运营周转的情况，反映了企业对经济资源管理、运用的效率高低。企业资产周转越快，流动性越高，企业的偿债能力越强，资产获取利润的速度就越快。

营运能力分析包括流动资产周转情况分析、固定资产周转情况分析和总资产周转情况分析。反映流动资产周转情况的指标主要有应收账款周转率、存货周转率和流动资产周转率。反映固定资产周转情况的指标是固定资产周转率，反映总资产周转情况的指标是总资产周转率。

2. 营运能力分析的目的

营运能力可以反映企业资产的质量、结构和运行状态以及企业对资产的管理水平，而这些状况和管理水平将直接影响企业的偿债能力和盈利能力。具体来说，营运能力分析的目的有以下几个方面。

（1）评价资产的利用效率。营运能力是指企业利用资产开展经营活动、创造营业收入的能力，一般用资产的周转速度反映。营运能力强，说明资产的使用效率高，企业以相对较少的资产占用取得了相对较大的收入和收益，资产的变现能力和收益能力比较强。

（2）补充说明资产的流动性。企业营运能力越强，说明资产的周转速度越快，资产的变现能力越强，企业支付能力越强；同时企业营运能力越强，说明资产的质量越好，良好的资产质量是资产在经营中得以保值并增值的前提，从而有利于保证债务本金及利息按期偿还和支付。因此，通过对企业营运能力的分析，企业债权人可以判断其债权按期收回的保障程度，以便进行相应的信贷决策。

（3）优化资产结构。从企业经营管理者的角度看，企业占用的存量资产是企业取得收入和利润的基础，但不同资产在企业经营活动中的作用不同，各项资产必须保持合理的比例关系才能够加速资产周转。在固定资产规模一定的条件下，流动资产比例过大，可能形成资产积压，降低资产使用效率，使资产整体的收益性下降。通过进行营运能力分析，可以揭示企业资产配置和资产管理中存在的问题，以便采取措施，优化资产结构，改善资产管理。

对于其他与企业有密切关系的部门和机构，也需要关注企业的营运能力。例如，国家宏观经济管理部门通过对企业营运能力进行分析，可以了解企业经营是否稳定，财务状况是否正常，以确定企业是否可以进入公开的资本市场筹集资金，或者据此对企业经营者的业绩进行考评。企业的主要客户和供应商通过对企业营运能力的分析，可以判断企业是否有足量的合格商品供应或有足够的支付能力，以确定是否与其建立长期稳定的业务关系。

二、营运能力分析的内容

如前所述，营运能力是指企业对资产的使用效率。进行营运能力分析的目的，是评价企业运用各种资产创造收入的能力，通常用年度内每 1 元资产可以创造多少营业收入来衡量。单位资产创造的营业收入越多，说明资产的使用效率越高，企业营运能力越强；反之，则说明企业营运能力较弱。企业营运能力的强弱，最终会影响企业的偿债能力和盈利能力，因此反映营运能力的财务比率也可作为分析企业偿债能力和盈利能力的补充指标。

企业的经营性资产可以分为流动资产和非流动资产两大类，因此企业营运能力分析主要包括流动资产营运能力分析、非流动资产营运能力分析以及全部资产营运能力分析。

（1）流动资产营运能力分析主要是通过计算有关指标反映主要流动资产项目和全部流动资产的利用效率，衡量企业在经营活动中运用流动资产的能力。衡量流动资产营运能力的指标主要有应收账款周转率、存货周转率、流动资产周转率等。

（2）非流动资产是企业进行生产经营活动的物质基础，通过分析非流动资产的利用效率，可以判断企业的投资效果好坏。非流动资产中占比重最大的是固定资产，固定资产也是企业收入和利润的重要来源，因此，非流动资产营运能力分析应着重分析固定资产的使用情况和固定资产周转速度。

（3）全部资产营运能力分析主要是计算总资产周转率指标，以衡量企业对全部资产的利用效率。

企业对资产的使用效率，最终体现为企业在一定时期内利用现有资产创造了多少营业收入，因此，反映资产营运能力的指标主要是用营业收入与资产占用额进行对比。

第二节 流动资产营运能力分析

企业的流动资产包括货币资金、交易性金融资产、应收及预付账款、存货等。一般认为流动资产具有变现能力强的特点，但变现能力到底如何，最终表现为周转速度的快慢，流动资产的营运能力既反映流动资产利用效率，又影响企业的短期偿债能力。因此，流动资产营运能力分析在财务分析中占有重要地位。

流动资产营运能力分析通常从两个方面进行：一是流动资产主要项目营运能力的分析，如应收账款周转率分析、存货周转率分析等；二是全部流动资产营运能力的分析。在企业的流动资产项目中，通常应收账款和存货占的比重大，而且这两个项目与企业的营业收入和变现能力直接相关，因此需要对其营运情况进行单独分析。

一、应收账款营运能力分析

应收账款营运能力通常用应收账款周转率衡量。应收账款周转率是指企业在一定时期内的营业收入与应收账款平均余额的比值，表示企业应收账款在一定时期内的周转次数，反映应收账款的收款速度，从而反映应收账款的管理效率。

（一）应收账款周转率的计算

应收账款周转率是衡量企业应收账款变现速度的指标，计算公式为：

$$应收账款周转率 = \frac{营业收入}{应收账款平均余额}$$

其中：

$$应收账款平均余额 = \frac{期初应收账款 + 期末应收账款}{2}$$

应收账款平均余额的经济含义是指在报告期内企业平均每天在应收账款上占用的资金数额，可以用年初应收账款余额加上年末应收账款余额除以 2 计算，也可以以每月月初应收账款余额和月末应收账款余额为基础，先计算出各月的应收账款平均余额，再将各月平均余额之和除以 12，求出全年平均余额。季节性生产和销售企业，最好用后一种方法计算应收账款平均余额。

应收账款周转率也可以用周转天数表示。应收账款周转天数，又称为平均收账期，指企业从商品销售出去、取得应收账款的权利，到应收账款收回、转换为现金所需要的平均天数，用 360 天除以应收账款周转次数计算求得。其计算公式为：

$$应收账款周转天数 = \frac{360}{应收账款周转次数} = \frac{应收账款平均余额 \times 360}{营业收入}$$

例如，GL 公司 2020 年营业收入为 16 819 920.44 万元，应收账款年初余额 924 502.42 万元，年末余额为 949 134.80 万元，则

$$应收账款周转率 = \frac{16\ 819\ 920.44}{(924\ 502.42 + 949\ 134.80)/2} = 17.95（次）$$

$$应收账款周转天数 = \frac{360}{17.95} = 20.06（天）$$

通过计算，GL 公司 2020 年度应收账款周转率为 17.95 次，表明 GL 公司 2020 年度应收账款在一年当中周转 17.95 次。应收账款周转天数为 20.06 天，表明 GL 公司 2020 年应收账款周转一次需要 20.06 天。

在计算应收账款周转率时，应注意以下问题。

（1）从理论上讲，应收账款的形成基础是赊销收入，在计算应收账款周转率时，应该使用赊销收入而不是营业收入，以保持分子和分母的相关性和一致性。但是由于财务报表上不反映赊销收入，因此该指标的分子一般用营业收入代替。

（2）该指标计算公式中的应收账款平均余额，对于生产和销售比较均衡的企业，可以直接用资产负债表中该项目的年初余额和年末余额相加后除以 2 取得，但是对于季节性生产的企业，如果各月应收账款余额相差较多，应先计算应收账款的各月平均余额，然后在此基础上计算应收账款年平均余额。

（3）当主营业务收入一定时，应收账款周转率的高低取决于应收账款平均余额的大小。由于资产负债表上列示的应收账款是提取坏账准备后的净额，因此企业提取的坏账准备数额将直接影响应收账款周转率。提取的坏账准备数额越大，应收账款平均余额就越小，应收账款周转率就越高。但是这种高速度的应收账款周转率并不是企业管理的业绩，而是说明应收账款管理不善。因此，如果企业提取的坏账准备数额过大，在计算应收账款周转率时应进行调整，以未扣除坏账准备的应收账款平均余额作为计算基础。

（4）企业的应收票据也是由赊销业务引起的，实际上是应收账款的另一种表现形式。根据我国对应收票据的规定，其付款时间最长不得超过 6 个月。因其收回时间较短，因此在计算应收账款周转率时，一般不将其包括在内。

（5）如果企业规模较大时，这个周转率会被夸大，因为预收款项也推动了营业收入。

（6）考虑比率分子与分母之间的一致性问题，在实施增值税的条件下，公式中企业的营业收入应乘以（1+增值税率），这是因为应收账款包括了增值税销项税。

（二）应收账款周转率的分析

在一定时期内，应收账款周转次数越多或周转一次所需要的时间越短，说明应收账款变现速度越快，资产利用的效率越高，应收账款管理的越好，节约使用了资金；反之，应收账款周转率越低，说明应收账款变现速度越慢，资产利用的效率越差，应收账款管理水平低。资金使用存在超支或浪费的问题，企业需要加强对应收账款的管理和催收工作。

在进行应收账款周转率评价时应注意以下问题。

（1）注意公司信用政策的影响。应收账款管理是否存在问题应注意公司的信用政策及其变化。有时企业为了扩大销售会放宽信用政策，延长信用期，如果因此而增加了销售收入和销售利润，扩大了产品的市场占有率，则虽然应收账款周转率下降，但并不说明企业资产营运能力差，因为从长远看，由此带来的利益可以弥补因应收账款过多而增加的资金占用成本。此时，企业需要在扩大销售和因放宽信用政策而增加应收账款之间进行权衡。因此，应收账款周转率并不是越高越好。

（2）注意应收账款的质量。应收账款周转率主要说明了应收账款的质量，但应收账款周转率或平均收账期并不一定能代表应收账款的总体质量状况。在分析时经常会遇到这样的情况：随着销售的增长，应收账款也增长较多但低于销售增长，而此时计算出来的应收账款周转率却下降了。这显然不能说明应收账款质量和效率的变化，所以分析时应该注意应收账款质量的其他特征，如应收账款的账龄、客户的集中度等。

二、存货营运能力分析

存货包括企业的原材料、在产品、产成品和低值易耗品等，是企业流动资产中所占比重最大的资产，通常占流动资产数额的一半甚至更多。企业对存货的使用效率对流动资产的效率有重要影响，也间接影响企业的偿债能力和盈利能力，因此，对存货营运能力的分析是企业流动资产营运能力分析的重要内容。存货营运能力通常用存货周转率衡量。存货周转率是指企业在一定时期内的营业成本与存货平均余额的比值，表示企业存货在一定时期内的周转次数，反映存货的管理效率，同时也反映存货的变现速度。

（一）存货周转率的计算

存货周转率是反映企业从购入存货、投入生产到销售出去等各环节管理状况的综合指标，其计算公式为：

$$存货周转率 = \frac{营业成本}{平均存货}$$

其中：

$$平均存货 = \frac{期初存货 + 期末存货}{2}$$

存货平均余额的经济含义是指在报告期内企业平均每天在存货上占用的资金数额，可以用年初余额加年末余额除以 2 计算，也可以先计算出各月存货平均余额，再将各月平均余额之和除以 12，求出全年平均余额。季节性生产和销售企业最好使用后一种方法计算。

存货周转率也可以用周转天数表示。存货周转天数表示本年存货从原材料入库到进入生产过程，直至销售出去所需要的平均天数，用 360 天除以存货周转次数计算求得。其计算公式为：

$$存货周转天数 = \frac{360}{存货周转次数} = \frac{平均存货 \times 360}{营业成本}$$

例如，GL 公司 2020 年营业成本为 12 422 903.37 万元，期初存货 2 408 485.41 万元，期末存货 2 787 950.52 万元，平均存货 2 598 217.97 万元，则：

$$存货周转率 = \frac{1\,242\,2903.37}{(2\,408\,485.41 + 2787950.52)/2} = 4.78（次）$$

$$存货周转天数 = \frac{360}{4.78} = 75.31（天）$$

通过计算，GL 公司 2020 年度存货周转率为 4.78 次，表明 GL 公司 2020 年度存货在一年当中周转 4.78 次。存货周转天数为 75.31 天，表明 GL 公司 2020 年存货周转一次需要 75.31 天。

（二）存货周转率分析

存货是企业为了保持生产经营活动的连续性而进行的一种投资，该投资的回报来自于出售存货所带来的预期利润。在正常经营活动中，企业必须维持一定水平的存货；但是如果存货过多，又会增加企业的储存成本以及存货过时和毁坏的损失，同时过多的存货也占用了资金，降低了资金使用的效率，且存货转变为现金的速度比较慢，因此应在保证生产正常需要的前提下尽可能加速存货周转。

在一定时期内，存货周转次数越多或周转一次所需要的时间越短，说明存货进出次数越多，产品销售情况良好。存货的流动性越强，存货转变为应收账款或现金的速度就越快，存货的变现能力就越强，由此可以降低存货占用的资金成本和仓储成本。反之，存货周转次数越少，或存货周转一次所需要的天数越多，则说明存货进出次数越少，存货周转速度慢，存货变现能力差，可能存在存货过多或滞销问题，此时企业必须加强存货和销售的管理。在正常情况下，销售存货应获得一定的利润，因此存货周转速度与毛利润成正比。存货周转速度加快，说明同样数额的存货资金占用能够为企业带来更大的经济效益。

在进行存货周转率分析时还应注意以下问题。

（1）注意存货的计价方法。存货计价方法对营业成本和存货平均余额的影响较大，在分析企业不同时期或不同企业的存货周转率时，应注意存货计价方法是否一致。

（2）应在保证生产经营正常需要的前提下加速存货周转。存货储备不足，会影响生产和销售的正常进行，导致企业丢失潜在客户，或因增加存货的采购批量和生产批量造成存货订货成本和生产准备成本上升。在这种情况下存货周转率可能会比较高，但不能认为存货管理效率较高。企业需要在保持足够的存货储备但可能造成存货积压，与减少存货储备但可能丢失潜在客户之间进行权衡。

（3）应注意存货的具体构成。企业存货的数额大、种类多，为了找出存货周转率变动的原因，可以分别计算原材料周转率、在产品周转率、产成品周转率，以分析存货结构对存货周转率的影响；还可以计算各部门存货周转率，分析各部门的存货管理水平，以便从不同角度和环节找出存货管理中存在的问题，使企业在保证生产经营连续性的同时，尽可能减少存货占用的资金，提高资金的使用效率。

三、全部流动资产营运能力分析

全部流动资产营运能力一般用流动资产周转率衡量，所以全部流动资产营运能力的综合分析包括两个方面：一是计算流动资产周转率，评价企业对全部流动资产的使用效率；二是进行流动资产结构分析，判断流动资产总量和各部分组成比例是否合理。

（一）流动资产周转率的计算

流动资产周转率是指企业在一定时期内的营业收入与全部流动资产平均余额的比值，反映当年营业收入与流动资产占用额之间的关系，表示企业的流动资产在一定时期内周转了几次，是综合反映企业流动资产使用效率或营运能力的指标。其公式为：

$$流动资产周转率 = \frac{营业收入}{流动资产平均余额}$$

其中：

$$流动资产平均余额 = \frac{期初流动资产 + 期末流动资产}{2}$$

流动资产平均余额的经济含义是指在报告期内企业平均每天占用在流动资产上的资金数额，可以用年初余额加年末余额除以 2 进行计算，也可以先计算出各月流动资产平均余额，再将各月平均余额之和除以 12，求出全年平均余额。季节性生产和销售的企业，最好使用后一种方法计算。

流动资产周转率一般用周转次数表示，也可以用流动资产周转天数表示。流动资产周转天数表示流动资产周转一次所需要的平均天数，用 360 天除以流动资产周转次数计算求得。其计算公式为：

$$流动资产周转天数 = \frac{360}{流动资产周转次数} = \frac{流动资产平均余额 \times 360}{营业收入}$$

例如，GL 公司 2020 年营业收入为 16 819 920.44 万元，期初流动资产为 21 336 404.10

万元，期末流动资产为 21 363 298.72 万元，则

$$流动资产周转率 = \frac{16\,819\,920.44}{(21\,336\,404.10 + 21\,363\,298.72)/2} = 0.79（次）$$

$$流动资产周转天数 = \frac{360}{0.79} = 456（天）$$

通过计算，GL 公司 2020 年度流动资产周转率为 0.79，表明 GL 公司 2020 年度流动资产在一年当中周转 0.79 次。流动资产周转天数为 456 天，表明 GL 公司 2020 年流动资产周转一次需要 456 天。

（二）流动资产周转率的分析

流动资产周转次数也可以看作企业在一定时期内每占用一元流动资产实现了多少营业收入，以此反映流动资产的使用效率。企业流动资产的周转次数越多，表明企业以相同的流动资产实现了更多的营业收入，说明流动资产的使用效率高；如果流动资产年周转次数降低，则表明企业利用流动资产进行经营活动的能力差，流动资产的使用效率低。从周转天数上看，在一定时期内，流动资产使用效率高，等于相对节约了流动资产的占用，提高了企业的盈利能力；反之，如果流动资产周转速度慢，就会增加流动资产占用，企业还需要补充流动资产参加生产经营周转，从而造成资金浪费，降低企业的盈利能力。

第三节　非流动资产营运能力分析

非流动资产也称为长期资产，是指流动资产以外的资产，包括可供出售金融资产、持有至到期投资、长期股权投资、固定资产、无形资产等。非流动资产是创造企业利润的源泉，企业对非流动资产的营运能力直接影响企业的盈利能力，因此对非流动资产营运能力的分析也是财务分析的主要内容之一。

（一）反映全部非流动资产营运能力的指标及其计算方法

将营业收入同平均非流动资产相比可以衡量非流动资产的营运能力。将营业收入同平均非流动资产的比值称为非流动资产周转率并不确切，它的实际意义表示每 1 元非流动资产占用带来的营业收入是多少，而不是表示一定时期非流动资产周转了多少次，因为非流动资产并不强调它的周转性。为了保持与流动资产营运能力分析的一致性，故采用了约定俗成的做法，即也称其为周转率，计算公式为：

$$非流动资产周转率 = \frac{营业收入}{非流动资产平均余额}$$

其中：
$$非流动资产平均余额 = \frac{期初非流动资产 + 期末非流动资产}{2}$$

例如，GL 公司 2020 年营业收入为 16 819 920.44 万元，期初非流动资产为 6 960 811.65 万元，期末非流动资产为 6 558 493.64 万元，则

$$非流动资产周转率 = \frac{16\,819\,920.44}{(6\,960\,811.65 + 6\,558\,493.64)/2} = 2.49（次）$$

通过计算，GL 公司 2020 年度非流动资产周转率为 2.49 次，表明 GL 公司 2020 年度非流动资产在一年当中周转 2.49 次。

非流动资产周转率反映企业在一定时期内每一元非流动资产投资带来的营业收入是多少，以此反映非流动资产的使用效率。企业非流动资产的周转次数越多，表明企业以相同的非流动资产实现了更多的营业收入，说明非流动资产的使用效率高；反之，非流动资产周转次数降低，表明企业对非流动资产的管理和使用效率下降。

（二）反映固定资产营运能力的指标及其计算

企业对固定资产的使用效率主要通过固定资产周转率指标来反映。此外，还可以计算固定资产利润率、固定资产更新率、固定资产成新率等，作为衡量固定资产营运能力的辅助指标。固定资产周转率的实际意义是表示每 1 元固定资产占用带来的营业收入是多少，而不是表示一定时期固定资产周转了多少次。其计算公式为：

$$固定资产周转率 = \frac{营业收入}{平均固定资产原值}$$

其中：
$$平均固定资产原值 = \frac{期初固定资产原值 + 期末固定资产原值}{2}$$

式中，平均固定资产原值是指固定资产原值平均额。这个比率考察了企业的固定资产与市场的关联度，能够计量企业固定资产创造收入的能力，反映企业管理层管理企业固定资产的能力。固定资产原值可以在报表附注里查到。

需要说明的是，有些教材中用固定资产净值来计算该指标。实际上，企业利用的固定资产不是净值，而是原值。因此，用原值计算出来的周转率可以恰当地反映企业对固定资产的运用状况，否则会出现这样的情况：企业相邻两年的营业收入完全一样，但由于第二年企业计提了折旧导致净值减少，结果用净值计算出来的周转率高于第一年。而如果用原值计算，就会得出两年周转率一样的恰当结果。

例如，GL 公司 2020 年营业收入为 16 819 920.44 万元，期初固定资产原值为 3 435 458.22 万元，期末固定资产原值为 3 741 215.81 万元，则

$$固定资产周转率 = \frac{16\,819\,920.44}{\left(\dfrac{3\,435\,458.22 + 3\,741\,215.81}{2}\right)} = 4.69 次$$

通过计算，GL 公司 2020 年度固定资产周转率为 4.69 次，表明 GL 公司 2020 年度固定资产在一年当中周转 4.69 次。

（三）非流动资产营运能力分析应注意的问题

（1）非流动资产是企业各项长期资产的总和，包括企业购买的其他公司股票、债券和直接参股形式的投资，以及固定资产、无形资产等。其中，对外投资给企业带来的是投资收益，不能形成营业收入。这些资产即使变化不大但是只要其在非流动资产中比重较大，同样会影响非流动资产的效率性，因此还需要对非流动资产结构进行分析。如果发现企业非流动资产结构不合理或存在闲置的非流动资产，应及时处置，及早收回资金，以改善非流动资产结构，提高使用效率。

（2）企业进行固定资产更新改造后，会直接增加固定资产的账面原值。如果营业收入

不能同步增减，将会降低固定资产周转率。此时较低的固定资产周转率，并不说明企业对固定资产的使用效率降低，而是企业为未来更快的发展奠定基础，企业具有持续发展能力。因此，企业要在固定资产更新改造需要和追求高周转率需要之间进行协调。在进行财务分析时，应当注意结合企业固定资产更新改造水平判断固定资产的实际周转速度，不能因为某一时期固定资产周转率上升或下降，就简单地认为企业固定资产的使用效率提高了或降低了。

（3）固定资产投资效益具有滞后性，由于固定资产投资在前，产生经济效益在后，因此可能有的年度固定资产投资增加很多，但由于尚未投入使用或刚刚投入使用，因而营业收入并未增加，此时虽然固定资产周转率下降，但并不说明固定资产利用效率降低，而是表明企业为将来扩大再生产奠定了基础，企业未来发展前景良好；反之，如果企业预测近几年经营前景不好，可能会减少甚至停止对固定资产的投资，此时固定资产周转率可能会上升，但这种上升并不是企业固定资产利用效率提高的结果。

第四节　总资产营运能力分析

一、衡量总资产营运能力的指标与计算

衡量企业总资产营运能力的指标主要是总资产周转率。总资产周转率是指企业在一定时期的营业收入与总资产平均余额之间的比值。其计算公式为：

$$总资产周转率 = \frac{营业收入}{平均总资产}$$

其中：

$$平均总资产 = \frac{期初总资产 + 期末总资产}{2}$$

总资产周转率也可以用周转天数表示，其计算公式为：

$$总资产周转天数 = \frac{360}{总资产周转次数} = \frac{平均总资产 \times 360}{营业收入}$$

例如，GL 公司 2020 年营业收入为 16 819 920.44 万元，期初总资产为 28 297 215.74 万元，期末总资产为 27 921 792.36 万元，则

$$总资产周转率 = \frac{16\,819\,920.44}{(28\,297\,215.74 + 27\,921\,792.36)/2} = 0.60（次）$$

$$总资产周转天数 = \frac{360}{0.60} = 600（天）$$

通过计算，GL 公司 2020 年度总资产周转率为 0.60 次，表明 GL 公司 2020 年度总资产在一年当中周转 0.60 次。总资产周转天数为 600 天，表明 GL 公司 2020 年总资产周转一次需要 600 天。

二、总资产营运能力的评价与分析

（一）总资产周转率的分析

总资产周转率表示企业的全部资产在一年内周转的次数，反映企业全部资产的管理质

量和利用效率，也说明企业每占用 1 元资产带来的营业额，可以衡量企业在现有资产投入水平下创造营业收入的能力。该比率越高，说明企业利用全部资产进行经营的效率越高；反之，则说明利用全部资产进行经营的效率较低。在分析时不仅要将前后期周转率相比较，而且应注意和行业水平或同类型企业相比较。将该指标与企业前期实际指标或同行业指标进行对比，可以反映企业本年度以及以前年度总资产的运营效率和变化，发现企业与同类企业在资产利用上的差距，对企业营运能力做出总体评价，并促进企业挖掘潜力，积极创收，提高产品市场占有率，提高资产利用效率。

（二）总资产周转率的影响因素分析

总资产营运能力是指企业全部资产使用的效率和效益。企业资产的营运能力不仅反映了资产的管理水平和使用效率，而且直接影响企业的盈利能力。当销售利润率一定时，企业盈利能力的高低直接取决于资产周转率的快慢。为了提高资产管理水平和使用效率，加速资产周转，进而提高企业盈利能力，首先应该搞清楚影响资产使用效率的因素，以便有针对性地采取措施，改进资产管理方法，提高资产使用效率。

总资产营运能力最终取决于具体资产项目的营运能力，通过对主要资产项目周转率的分析，可以了解影响总资产周转率变动的原因。虽然应收账款、存货和固定资产是总资产的重要构成项目，但有时其他资产项目可能对总资产营运能力起决定性的作用，所以分析时还应了解其他资产项目对总资产周转率变化的影响。

总资产周转率是营业收入与平均总资产的比值，因此影响总资产营运能力的因素主要有两个方面，一是营业收入，二是资产占用额。当资产占用额一定时，总资产使用效率主要取决于营业收入的多少，企业在一定时期内实现的营业收入越高，资产使用效率越好，实现的营业收入越少，资产使用效率越差。资产规模应根据销售规模进行不断调整，当销售规模扩大时，资产规模可以适当增长；当销售规模缩小时，应尽可能减少资产占用。因此，营业收入的变动是影响资产利用效果的根本原因。增加营业收入的措施有提高产品质量、扩大销售量、开发新产品等，最终取决于行业发展和企业自身的竞争能力。

企业在资本市场的融资行为及资本运作活动也会影响总资产的营运能力。如果企业在资本市场刚刚完成筹资，投资项目周期又较长，需要在几年内陆续完成投资，那么在一段时间内这些资金将处于闲置或在建状态，无法为企业带来营业收入，从而使总资产使用效率降低。一般而言，刚刚发行新股或债券筹集资金的上市公司都存在类似问题。此外，当企业并购行为发生后，购并企业的总资产增加，在内部整合期间内，被并企业很难带来收益，由此也会导致购并企业的总资产使用效率降低。

另外，如果企业的总资产周转率突然上升，而企业的营业收入却没有多大变化，则可能是企业本期处置了大量固定资产造成的。此时，应注意处置长期资产的具体动机。如果企业为提高各项资产的利用效率，处置了多余、闲置不用的资产，可以认为企业提高了资产的效率；如果企业因偿债等原因处置了企业的核心资产，从而提高了总资产周转率，就不能认为企业资产利用效率提高了。

 **思考题**

1. 什么是营运能力？怎样衡量资产营运能力？
2. 什么是应收账款周转率？计算应收账款周转率时应注意哪些问题？
3. 什么是存货周转率？影响存货周转率的主要因素是什么？
4. 什么是流动资产周转率？影响流动资产周转率的因素是什么？
5. 什么是固定资产周转率、总资产周转率？

案例分析

自学自测  扫描此码

第九章

盈利能力分析

 **学习目标**

1. 掌握盈利能力分析的目的与内容。
2. 掌握经营盈利能力的具体分析指标及方法。
3. 掌握资产盈利能力的具体分析指标及方法。
4. 掌握资本盈利能力的具体分析指标及方法。
5. 掌握上市公司盈利能力的具体分析指标及方法。

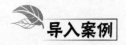 **导入案例**

巴菲特青睐高盈利能力企业

在 2007 年致股东的信中，巴菲特盛赞其旗下的喜诗糖果公司拥有"真正伟大的""梦幻般的生意"。1972 年巴菲特通过其控股的企业以 2 500 万美元买下喜诗糖果公司，在此后 35 年间，该公司的销售量由 1 600 万磅增长至 3 100 万磅，年均增长率仅为 1.91%、销售收入由 3 000 万美元增长至 38 300 万美元、年均增长率为 7.55%，税前利润则由 420 万美元增长至 8 200 万美元，年均增长率为 8.86%。

喜诗糖果公司并不是一家高成长企业，之所以受巴菲特青睐，是因为高盈利能力和低资本支出。35 年间税前利润累计高达 13.5 亿美元，而净资产仅增加了 3 200 万美元，盈利的绝大部分以现金分红形式回馈给股东，而不是以留存收益的形式用于再投资。

喜诗糖果公司资本消耗很低，主要有以下三方面原因。

（1）品牌效应使其拥有定价权，35 年间产品销售价格年均上涨了 5.53%，销售收入的增长主要来源于价格的上涨，而不是生产规模的扩张，因此，资本性支出很低。

（2）产品销售以现款结算，没有应收账款。

（3）生产和分销周期很短，存货周转快，存货占用资金低。

上述三方面使喜诗糖果资本性支出和营运资金的占用都很低；由此也使其净资产收益率不断攀升。以 30% 的企业所得税率计，其期初净资产收益率由 1972 年的 36.8% 上升至 2007 年的 143.5%！高净资产收益率、低资本消耗，使其成为投资者的现金奶牛，为股东提供了丰厚的投资回报。

资料来源：陈绍霞. 巴菲特青睐高盈利能力企业[J]. 证券市场红周刊，2007, 4(16).

由此可见，盈利能力是投资者决定是否投资上市公司的主要依据。如何对企业的盈利能力进行全面、综合的分析，为投资决策做出合理可靠的判断呢？这些需要我们了解并掌握盈利能力分析的技术和方法。

第一节　盈利能力分析的目的和内容

一、盈利能力分析的目的

1. 盈利能力的含义

盈利能力是指企业在一定期间内赚取利润的能力。盈利能力的大小通常用获得的利润与投入的资源或一定的收入相比较来衡量。在实务中，利润指标有多种内涵及计算口径，因此，盈利能力的内涵也有不同。利润指标有以下几种含义。

（1）息税前利润。息税前利润指支付利息、缴纳所得税之前的利润，是企业所有资产共同创造的财富，包括债权人应得的利息及股东的报酬。因此，考察企业全部资金的报酬率时，经常选择息税前利润作为利润指标。

（2）营业利润。营业利润指企业营业收入与营业成本、税费、期间费用、资产减值损失、公允价值变动净收益、投资收益之间的差额，反映了企业自身生产经营业务的财务成果。因此，考察企业生产经营业务取得的报酬率，经常选择营业利润作为利润指标。

（3）净利润。净利润指税后利润。在理论上，税后净利可看作股东的报酬，尽管并不会全部作为股利支付给股东。因此，考察股东投入资金的报酬率，经常选择净利润指标。

（4）归属普通股股东的净利润。如果企业同时发行优先股，普通股股东的报酬应该是扣除了向优先股股东支付的优先股股利后的余额。因此，考察普通股股东的报酬率时，应该选择归属普通股股东的利润。

2. 盈利能力分析的目的

企业从事经营活动，其直接目的是最大限度地赚取利润并维持企业持续稳定地经营和发展。持续稳定地经营和发展是获取利润的基础；而最大限度地获取利润又是企业持续稳定发展的目标和保证。只有在不断获取利润的基础上，企业才能发展。因此，盈利能力是企业管理人员最重要的业绩衡量标准和发现问题、改进企业管理的突破口。企业管理层、债权人、投资者和政府等，都非常关注企业的盈利能力。盈利能力分析的具体目的表现在以下几个方面。

（1）从企业管理层出发，其从事经营管理，本着对企业董事会乃至全体股东负责的态度，其出发点和落脚点都是围绕利润展开，在企业持续不断地扩大资产规模的同时，必须保持利润同步增长。最大限度地获取利润是企业持续稳定发展的保障，两者之间是互相制约、相辅相成的关系。所以对企业盈利能力进行分析对于管理当局至关重要。一方面，利用企业盈利能力指标计算出的结果可以从数据上反映和衡量企业管理当局经营业绩。不仅可以从纵向（企业历年数据比较）进行分析，还可以从横向（同行业不同企业之间的数据比较）进行分析，从比较中发现问题、解决问题、找出差距，改善企业经营管理层的经营业绩；另一方面，对企业盈利能力的分析可以使管理层找出经营环节所存在的问题。企业的供、产、销等经营环节的具体表现最终都会反映在利润这个指标上。企业经营层只有找出利润"缩水"的症结所在，对症下药，才能为股东创造更大的利润。

（2）从企业的投资者出发，其最关注的，也是最敏感的莫过于企业的利润指标。投资者将资本投入企业最直接的目的就是获取比银行利率要高的投资回报率，而此指标最关键的影响数值就是利润。尤其是上市公司，股东一般都看好成长性好、有极强潜力的股票，而且利润增长引起股价的上涨，从而使股东获取资本收益。

（3）从企业的债权人出发，企业的盈利能力是其偿还债务的重要保障，盈利能力越强，其偿债能力就越强，尤其是长期债权人，盈利的大小是其债权收回的最后保证。企业在举债时，债权人势必审查企业的偿债能力，而企业的销售利润是债权人放款时对安全性考虑的保障，偿债能力的强弱最终还是取决于企业的盈利能力。

（4）从政府税务部门角度出发，其最关心的是纳税人的应纳税款是否能够及时足额上缴国库，而影响纳税人纳税的最关键因素莫过于企业当期是否产生利润。所以企业的盈利能力的强弱是纳税人纳税的直接来源，盈利多少直接影响国家财政收入的实现。

二、盈利能力分析的内容

盈利能力的分析是企业财务分析中重要的一项内容。对企业盈利能力的分析主要通过利润率指标来进行。尽管利润额绝对数可以说明企业在一定时期其财务状况的增减变动情况及其原因，同时为企业的经营管理指明方向，但是绝对数指标受企业规模或投资总量的影响较大，使不同规模的企业之间不便于比较，同时也不能通过一个相对指标来反映企业一定时期的盈利能力，所以对企业盈利能力的分析不仅包括对企业利润额绝对数的分析，更常用的是对企业利润率相对数的分析。

利润率指标从不同角度或从不同的分析目的看，可有多种形式。不同层次、不同性质的企业经营方式不同，反映企业盈利能力的指标形式也会不同。一般来说，盈利能力分析的主要包括以下几个方面内容。

1. 经营盈利能力分析

经营是指企业以市场为导向，组织供产销活动，以一定的人力、物力消耗生产与销售尽可能多的社会需要的商品。其基本目标是追求供产销的衔接和经营活动的盈利性。因此，经营盈利能力分析主要利用利润表资料进行利润率分析，包括收入利润率分析和成本费用利润率分析两方面。

2. 资产盈利能力分析

资产作为资源的投入，企业管理者应围绕资产的配置、重组、使用等进行有效管理。其管理目标是合理配置与使用资产，以一定的资产投入取得尽可能多的收益。因此，资产盈利能力分析主要是对总资产报酬率指标进行分析与评价，并进一步分析影响总资产报酬指标的相关因素。

3. 资本盈利能力分析

资本盈利能力是指企业的所有者通过投入资本在生产经营过程中所取得利润的能力。因此，资本盈利能力分析主要是对净资产收益率指标进行分析与评价，并进一步分析影响净资产收益率指标的相关因素。

4. 上市公司及其盈利能力分析

上市公司因为股权流通、股票价格公开等因素的影响而具有一些特殊的指标。因此，应专门计算有关上市公司的盈利能力指标。其主要包括每股收益、每股股利、市盈率等指标。

第二节　经营盈利能力分析

经营盈利能力是指企业在经营活动中平均每 1 元销售收入所取得的利润的能力。企业信息的使用者都非常关心此指标的变动，因为它关系企业总资产报酬率和所有者权益回报率等指标的变动，同时它也最能考察企业经营业绩的好坏和进行同行业间的比较。经营盈利能力只研究利润与收入或成本费用之间的比率关系，不考虑企业筹资或投资问题。因此，反映经营盈利能力的指标有：销售（营业）毛利率、营业利润率、销售（营业）净利率、成本费用利润率等。

一、销售（营业）毛利率

销售毛利率是企业销售毛利占营业收入的比率。计算公式如下：

$$销售（营业）毛利率 = \frac{销售毛利}{营业收入} \times 100\%$$

式中，销售毛利为营业收入减去营业成本后的余额；企业营业收入的毛利越高，用以抵消各项成本费用的能力越强，盈利能力就越强；相反，企业盈利能力就越弱。销售毛利率具有明显的行业特点，不同行业的产品具有不同的销售毛利率，产品差异化小、市场竞争激烈的行业，容易因产品价格竞争而导致较低的销售毛利率，如普通钢铁行业。一般来讲，毛利率相对稳定的行业均属于传统行业，因为从产业生命周期角度考虑，传统行业大多处于产业生命周期的成熟或衰退阶段，处于该阶段的行业大多经过长期充分的市场竞争，市场结构已趋于平稳，市场供求也相对稳定，价格和成本结构变化不大，因此利润水平呈现出较好的稳定性。

例如，GL 公司 2020 年度营业收入为 16 819 920.44 万元，营业成本为 12 422 903.37 万元，销售毛利为 4 397 017.07 万元，则 GL 公司 2020 年度的销售毛利率为 26.14%。

二、营业利润率[①]

营业利润率是指企业营业利润与营业收入之间的比率。

$$营业利润率 = \frac{营业利润}{营业收入} \times 100\%$$

营业利润率比销售毛利率更能全面地概括反映企业的盈利能力。因为，营业利润率不

[①] 目前我国企业利润表中的"营业利润"包括投资收益、公允价值变动损益范围的更为广泛的内容。这样，利润表的"营业"不再是传统意义上的"营业"概念。在企业投资收益、公允价值变动损益占利润比重较大时，该指标的意义将发生偏离，因为投资收益、公允价值变动损益与企业本期自身营业收入无关。

仅全面反映企业全部业务收入与其相关的成本、费用之间的关系，还将期间费用、资产减值损失归入支出项从收入中扣减，并且将公允价值变动净收益、投资净收益、汇兑损益等项目考虑进来，全面反映了企业真实、可靠的盈利能力。

例如，GL 公司 2020 年度营业收入为 16 819 920.44 万元，营业利润为 2 604 351.79 万元，则 GL 公司 2020 年度的营业利润率为 15.48%。

三、销售（营业）净利率

销售（营业）净利率指企业实现的净利润与营业收入的比率。销售（营业）净利率用来衡量企业在一定时期的营业收入获取净利润的能力。营业净利率的计算公式为：

$$销售净利率 = \frac{净利润}{营业收入} \times 100\%$$

销售净利率可以概括企业的基本经营状况，它表明 1 元销售收入与其成本费用之间可以"挤"出来的净利润。营业净利率越高，说明企业盈利能力越强；营业净利率低，说明企业可能营业收入低或成本费用高或者两者兼而有之。

例如，GL 公司 2020 年度营业收入为 16 819 920.44 万元，净利润为 2 227 924.22 万元，则 GL 公司 2020 年度的销售净利率为 13.25%。

四、成本费用利润率

成本费用利润率是指一定期间内企业利润总额与成本费用总额之间的比率，表明企业每耗费 1 元成本费用所能创造的利润总额，反映企业在生产经营过程中发生耗费与获得收益之间的关系。其计算公式为：

$$成本费用利润率 = \frac{利润总额}{成本费用总额} \times 100\%$$

成本费用总额一般是指营业成本、税金及附加与期间费用之和。该指标从耗费的角度评价企业为取得收益所付出的代价，有利于促进企业加强内部管理、节约支出，提高经营效益。值得注意的是，成本费用利润率指标的分子、分母在口径上并不十分匹配。成本费用总额反映的是企业生产经营业务活动的支出或耗费，而利润总额反映的是企业营业的和非营业的最终成果。因此，为弥补该指标分子、分母不一致的缺陷，在分析时，还可将成本费用与营业利润进行对比，计算成本费用营业利润率指标，计算公式为：

$$成本费用营业利润率 = \frac{营业利润}{成本费用总额} \times 100\%$$

例如，GL 公司 2020 年度营业利润为 2 604 351.79 万元，利润总额为 2 630 893.74 万元，成本费用总额为 148 981 59.15 万元，则 GL 公司 2020 年度的成本费用利润率为 17.66%，成本费用营业利润率为 17.48%。

一般来说，以营业收入为基础对企业盈利能力进行评价，并不是一种投入与产出间的直接对比分析，而仅属于产出与产出间的比较，因为营业收入毕竟也是企业的一种产出，只不过它是企业利润产出的一种中间过渡，所以仅仅以销售为基础的盈利能力的分析并不能全面、综合地反映企业真正的盈利水平，因为较高的销售利润率也可能是依靠较大的资产或投资作为依托的。所以还要结合资本投资回报和资产运作效益加以分析，才能全面、真实地评价企业的盈利能力。

第三节　资产盈利能力分析

公司从事生产经营活动必须拥有和控制一定数量的资产，并且资产的各种形态要有合理的配置，资产才能得到有效运用。公司在一定时期占用和耗费的资产越少，获取的利润越大，表明资产的盈利能力越强，经济效益越好。资产盈利能力分析的目的是为衡量资产的运用效益，从总体上反映投资效果。投资者关心的是公司的资产盈利能力是否高于社会平均资产利润率或行业资产利润率，只有高于社会平均资产利润率，公司的发展才处于有利地位。当然，在一定时期内各行业因经营特点和制约因素不同，其盈利能力是不同的，若公司的资产利润率长期处于本行业平均资产利润率之下，说明公司在行业经营中处于劣势，投资者就要考虑转移自己的投资。企业的资产盈利能力分析指标主要有以下几个。

一、总资产报酬率

总资产报酬率是企业利润总额和利息支出总额与平均资产总额的比率，用于衡量企业运用全部资产赚取利润的能力[①]。计算公式为：

$$总资产报酬率 = \frac{利润总额 + 利息支出}{平均资产总额} \times 100\%$$

公式中，平均资产总额 =（期初资产总额 + 期末资产总额）÷ 2。公式中的分子包括利息支出，即计入财务费用的利息支出和计入固定资产原值的利息费用。原因是：①从经济学角度看，利息支出属于企业纯收入的一种分配，是企业创造的利润的组成部分，但从企业财务会计角度看，为使企业加强成本费用管理，保证利息费用如期支付，将利息费用的部分计入财务费用，从营业收入中得以补偿；将利息资本化的部分计入固定资产原值，以固定资产折旧的方式收回；②企业资产包括债务性资产和权益性资产两部分，债务性资产的形成成本是利息支出，权益性资产的形成成本是支付股利。而股利是在税后利润中支付，数额已含在利润总额中，为了使分子、分母口径一致，分子中应包括利息支出。

例如，GL 公司 2020 年度实现的利润总额为 2 630 893.74 万元，利息支出共 108 836.94 万元，期初资产总额为 28 297 215.74 万元，期末资产总额为 27 921 792.36 万元，则 GL 公司 2020 年度的总资产报酬率为 9.75%。

总资产报酬率是企业财务分析中十分重要的一个财务比率，是衡量企业利用其资产赚取利润的能力。它反映的是企业资产利用的综合效果，用于衡量企业运用全部资产盈利的能力。总资产报酬率越高，说明企业资产的运用效果越好，也意味着企业的资产盈利能力

[①] 利润总额与利息支出之和通常称之为息税前利润，简称 EBIT。

越强。总资产报酬率是从企业运营的角度衡量企业的盈利能力，实际上是反映负债和所有者权益总体的收益情况。它反映了一个公司从所有受托资产或融入资金中得到的报酬率。这一计量指标只是说明企业资产的盈利能力，而不关心这些资产的筹资来源，不考虑相应投资的融资手段，即不考虑选择股权融资还是债券融资以及股权融资和债券融资的比例，也就分离了公司的融资活动与经营和投资活动。因此，抛开资产资金来源的影响，分析就可以集中在评估或者预测经营业绩上了。

通常总资产报酬率是通过计算连续几年的指标值来推测企业的资产经营效果的，往往靠一年计算结果并不能说明企业的经营业绩。同时还要与同行业、同期、不同企业之间进行指标值的比较，进一步提高总资产报酬率指标的分析质量。

二、资产净利率

资产净利率是指净利润与平均资产总额的比率，它反映公司从 1 元受托资产中得到的净利润。计算公式为：

$$资产净利率 = \frac{净利润}{平均资产总额} \times 100\%$$

公式中，平均资产总额 =（期初资产总额 + 期末资产总额）÷ 2。

例如，GL 公司 2020 年度实现的净利润为 2 227 924.22 万元，期初资产总额为 28 297 215.74 万元，期末资产总额为 27 921 792.36 万元万元，则 GL 公司 2020 年度的资产净利率为 7.93%。

该指标值越高，表明企业的资产利用效率越高，注重了增加收入和节约资金两个方面。利用该指标可以与企业历史资料、与计划、与同行业平均水平或先进水平进行对比，分析形成差异的原因。同时利用该指标可以分析经营中存在的问题，提高销售利润率，加速资金周转。

第四节　资本盈利能力分析

投资者进行资本投资的目的就是获得投资报酬，一个公司投资报酬的高低直接影响现有投资者是否继续追加投资，以及潜在的投资者是否考虑进行投资。所以不仅是企业经营者、债权人，尤其是投资者都十分关注企业资本的盈利能力。反映资本盈利能力的指标主要有净资产收益率和资本收益率。[①]

一、净资产收益率

净资产收益率又称股东权益收益率，是净利润与平均股东权益的比率，也即公司税后利润除以平均净资产得到的百分比。该指标反映股东权益的收益水平，用以衡量公司运用自有资本赚取利润的能力。该指标值越高，说明投资带来的收益越高。其计算公式为：

---

① 反映资本盈利能力的指标还有上市公司特有的普通股权益报酬率、每股收益及市盈率等，将在下节介绍。

$$净资产收益率 = \frac{净利润}{平均净资产} \times 100\%$$

例如，GL 公司 2020 年度实现的净利润为 2 227 924.22 万元，期初净资产额为 11 204 765.23 万元，期末净资产总额为 11 688 048.71 万元，则 GL 公司 2020 年度的净资产收益率为 19.46%。

净资产收益率充分体现了投资者投入企业的自有资本获取净收益的能力，突出反映了投资与报酬的关系。该指标通用性强，适用范围广，不受企业所处行业的局限。通过对该指标的综合对比分析，可以看出企业获利能力在同行业中所处的地位，以及与同类企业的差异水平。通常，企业的净资产收益率越高，表明企业自有资本获取收益的能力越强，运营效益越好，对企业投资人、债权人的保证程度越高。

净资产收益率是反映企业盈利能力的核心指标。因为企业的根本目标是企业价值或股东财富的最大化，净资产收益率既可直接反映资本的增值能力，又影响企业股东价值的大小。

二、资本收益率

净资产收益率体现的是所有者权益资本的盈利能力，而所有者权益并不是全部由投资者初始投入的，其中一部分是由企业历年积累的利润形成的，当然还可能包括企业接受的捐赠所得。因此，投资者若想了解最初投入以及后续追加投入资本的盈利能力，需要计算资本收益率指标。

资本收益率指标反映企业税后净利与实收资本（股本）的比率。计算公式为：

$$资本收益率 = \frac{净利润}{平均实收资本（股本）}$$

例如，GL 公司 2020 年度实现的净利润为 2 227 924.22 万元，期初实收资本额为 601 573.09 万元，期末实收资本额为 601 573.09 万元，则 GL 公司 2020 年度的资本收益率为 3.70 倍。

对投资者来说，资本收益率是一个重要指标。所有者投资于企业最终目的是为了获取利润，资本收益率的高低直接关系投资者的权益，是投资者最关心的问题。

第五节　上市公司盈利能力分析

上市公司是经国家证券监管机构批准在证券交易所挂牌交易，通过向社会公开发行股票而募集资金的股份有限公司。

上市公司的股票公开向社会发行，并挂牌交易，这是其区别于其他组织形式的企业的根本点，上市公司的股东持有其股票，就必然非常关心公司的盈利能力和其成长性。股东购买上市公司的股票，其投资报酬主要来自于两方面。一是股价的上扬。股票是一种具有强流动性和高风险性的有价证券，股东可以通过短期或长期持有公司股票，通过股价的波动来获得投资报酬。二是年终股份公司的每股红利。对于股东们来说，其持有公司股票而获得收益，主要来源于上市公司每年进行的股利分配。因此每股收益及与之相关的其他一些指标就成为公司盈利能力评价的依据。

上市公司的盈利能力分析除了可以通过一般企业盈利能力的指标分析外，还可以进行一些特殊指标的分析，特别是一些与企业股票价格或市场价值相关的指标分析，如每股收益、每股股利、市盈率指标分析等。

一、每股收益

每股收益是指每股发行在外的普通股所能分摊到的净收益额，又称每股盈余。每股收益用以衡量上市公司普通股股票的价值，也是反映其盈利能力最重要的指标，每股收益越高，盈利能力就越强，普通股股价就越有上升的空间。在实际进行盈利能力分析时，还要对上市公司的每股收益指标值进行横向（同行业不同公司间）和纵向（本公司不同年度）比较，进一步评价该公司盈利能力的趋势，掌握该公司经营管理能力。

每股收益又分为基本每股收益和稀释每股收益两种计算方法。

1. 基本每股收益

基本每股收益是指归属于普通股股东的当期净利润扣除优先股股利后与发行在外普通股加权平均数的比率。计算公式如下：

$$每股收益 = \frac{净利润 - 优先股股利}{发行在外普通股加权平均数}$$

$$发行在外普通股加权平均数 = 期初发行在外普通股数 + 当期已发行普通股数$$

$$\times \frac{已发行时间}{报告期时间} - 当期回购普通股股数 \times \frac{已回购时间}{报告期时间}$$

已发行时间、报告期时间和已回购时间一般按照天数计算，也可以按照月数计算。

2. 稀释每股收益

稀释每股收益是指当企业存在稀释性潜在普通股时，应分别调整归属于普通股股东的当期净利润和发行在外的普通股加权平均数，并据此计算稀释每股收益。计算稀释每股收益的目的是反映所有具有稀释性的潜在普通股对每股收益的影响。

稀释性潜在普通股是指假设当期转换为普通股会增加流通在外的普通股股数，从而减少每股收益的普通股，如企业发行了可转换债券、认股权证和股份期权。根据证监会《公开发行证券的公司信息披露编报规则第 9 号——净资产收益率和每股收益的计算及披露》（2010 年修订）的规定，上市公司应在利润表里双重列示"基本每股收益"和"稀释每股收益"金额，并在年度报告正文"主要财务数据"栏列示。

在使用每股收益进行公司盈利性分析时，应注意：①每股收益并不直接反映公司蕴藏的潜在风险，如公司原先主营业务为低风险，现在转为一个高风险的行业，但其每股收益可能不变。②每股收益高并不意味着当年公司分红就多，因为这还涉及公司股利分配政策和股利支付率的高低。

为简化，本节所讲的指标均以 GL 公司为例，并列表计算。

二、普通股权益报酬率

普通股权益报酬率是指净利润扣除应发放的优先股股利后的余额与普通股权益之比。计算公式为：

$$普通股权益报酬率 = \frac{净利润 - 优先股股息}{普通股权益平均额}$$

该指标从普通股股东的角度反映企业的盈利能力，指标值越高，说明盈利能力越强，普通股股东可得收益也越多。

三、市盈率

市盈率是指普通股每股市价与每股收益的比值，它是通过公司股票的市场行情，间接评价公司盈利能力的指标。这里的每股收益一般指上一年度报告的每股收益，每股市价为当前时点的收盘价。其计算公式为：

$$市盈率 = \frac{普通股每股市价}{普通股每股收益}$$

市盈率反映投资者每获得 1 元收益应支付的价格，它是人们普遍关注的盈利指标，几乎所有的证券报刊、杂志等媒体都要登载各支股票的市盈率。市盈率的合理区间通常在10～20 之间。一般认为，市盈率反映投资者对企业前景的预期。市盈率高的企业，说明市场上对该企业的未来增长有良好的预期，因此相比当下的收益，投资者愿意支付更高的价格；反之，投资者只愿意支付较低的价格。不过，在实际中对市盈率高低有多种理解，投资者需要根据对企业的全面分析自行甄别其内在含义。市盈率中的每股收益是根据企业财务报表计算的数据，但股票价格却是市场上多种因素共同作用的结果，包括投资者的心理因素、制度环境等，因此，在进行市盈率分析时一定要考虑市场非理性因素的影响。特别是当公司当年每股收益很小时，其股票市价不会为零，则计算出的市盈率会很高，而这样的计算结果会完全偏离公司本身的盈利能力，因为这里面可能有投机者炒作的嫌疑，真正青睐于某一股票的投资者，会长期关注其市盈率的变化趋势。

四、每股股利

企业（上市公司）一般在支付优先股股利并提取任意盈余公积金后，再给普通股股东支付股利。上市公司支付给普通股股东股利有时采用股票股利的形式。支付股票股利对于投资者而言，是所有者权益内部项目的转化，而对公司的现金流量则没有任何增减。所以，对于公司的中小投资者而言，他们较青睐的是现金股利政策，获利最为关键。而对于大股东而言，他们较青睐的是股票股利政策，因为大股东投资目的一般是为了长期持有本公司股票，从而达到拥有或控制本公司，或对该公司实施重大影响。

公司支付给普通股股东的现金股利总额与流通在外的普通股股份总数之比为每股股利。它代表着公司每年从可供分配的利润中实际派发给普通股股东现金股利的多少。其计算公式为：

$$每股股利 = \frac{派发给普通股股东的现金股利总额}{流通在外的普通股股份总数}$$

五、股利支付率

股利支付率是指上市公司支付给普通股股东的现金股利总额占公司本年净利润的比重。此指标代表公司的股利分配政策。股利支付率公式为：

$$股利支付率 = \frac{支付给普通股股东股利额}{本年净利润总额} \times 100\%$$

针对上市公司的经营管理层而言，他们既要留有一定的留存收益以保障本公司今后扩大再生产之需，又要保证给广大股东一个满意的股利支付额，所以对于上市公司的股利支付率的确定是经营者所面对的财务管理领域内的一个极需权衡的问题。

六、每股净资产

每股净资产是上市公司年末股东权益与年末普通股股份总数之比，又称每股账面价值或每股权益。其中，股东权益未包括优先股股东权益。其计算公式如下：

$$每股净资产 = \frac{年末股东权益}{年末普通股股份总数}$$

每股净资产反映投资者持有的每一股普通股在企业中对应的净资产或股东权益的金额。如果不考虑股票增发因素，则每股净资产反映了企业通过累积利润扩大企业股东权益的规模。每股净资产越高，企业累积利润越多，股东权益规模越大。从另一方面讲，每股净资产是股票在交易市场上的最低交易价格。倘若公司股票在市场上交易价格低于公司在报表中所披露的每股净资产，则对于投资者而言，公司进行破产清算可能是最好的选择，因为公司已没有存在的必要，且投资者包括潜在的投资者都不会看好公司的未来发展前景。

七、市净率

市净率指的是每股市价与每股净资产的比率。其计算公式为：

$$市净率 = \frac{每股市价}{每股净资产} \times 100\%$$

市净率可用于投资分析。一般来说，市净率较低的股票，投资价值较高，相反，则投资价值较低。但在判断投资价值时还要考虑当时的市场环境以及公司经营情况、盈利能力等因素。每股净资产是股票的本身价值，它是用成本计量的，而每股市价是这些资产的现在价格，它是证券市场上交易的结果。当市价高于价值时，企业资产的质量较好，有发展潜力，反之则资产质量差，没有发展前景。优质股票的市价都超出每股净资产许多，可以树立较好的公司形象。市价低于每股净资产的股票，就像售价低于成本的商品一样，属于

"处理品"。当然，"处理品"也不是没有购买价值，问题在于该公司今后是否有转机，或者购入后经过资产重组能否提高获利能力。

下面根据 GL 公司的利润表、资产负债表及其附表资料，结合上述上市公司盈利能力指标计算公式，计算 GL 公司 2020 年度的上市公司盈利能力指标及与 2019 年度对比的变动情况，见表 9-1。

表 9-1　GL 公司盈利能力指标计算表①

项　　目	2020 年	2019 年
净利润（万元）	22 279 24.22	24 827 24.36
归属于上市公司普通股股东的净利润（万元）	22 175 10.81	24 696 64.13
归属于上司公司普通股股东的净资产（万元）	115 190 21.12	110 153 57.32
普通股权益平均额（万元）	112 671 89.22	100 740 33.42
每股市价（年末）（元/股）	61.94	65.58
年末流通在外普通股股份总数（万股）	6 015 73.09	6 015 73.09
优先股股息	0	0
支付给普通股股东的现金股利额（万元）	23 420 09.99	7 218 87.71
普通股权益报酬率（%）	19.68	24.52
发行在外的普通股平均数（万股）	6 015 73.09	6 015 73.09
每股账面价值（元/股）	19.15	18.31
基本每股收益（元/股）	3.71	4.11
稀释每股收益（元/股）	3.71	4.11
市盈率（倍数）	15.07	15.11
每股股利（元/股）	3.89	1.20
市净率（倍数）	3.23	3.58
股利支付率（%）	105.61	29.23

 思考题

1. 企业商品经营盈利能力分析的主要指标有哪些？
2. 企业资本盈利能力分析的主要指标有哪些？
3. 企业资产盈利能力分析的主要指标有哪些？
4. 上市公司盈利能力分析的指标主要有哪些？
5. 对于企业经营管理层、债权人和投资者而言，盈利能力分析各有何重要意义？

案例分析

自学自测　扫描此码

---

① 计算上市公司盈利能力相关指标，净利润一般选取"归属于上市公司普通股股东的净利润"和"归属于上市公司普通股股东的净资产"。

第十章

发展能力分析

学习目标

1. 理解企业发展能力的内涵及重要性。
2. 掌握企业发展能力分析的基本内容、方法和思路。
3. 理解和掌握企业发展能力分析的各项指标及计算分析方法。

导入案例

蓝思科技怎么了

蓝思科技（SZ300433）2003年创办于深圳，是以科技创新为先导、以先进制造为基础的高科技上市企业。公司是全球消费电子产品防护玻璃行业的领导者，专注于触控防护玻璃面板的研发、生产和销售，以及蓝宝石、陶瓷等新材料在消费电子产品上的推广与应用。

2021年度，该公司实现营业收入452.68亿元，较上年增长22.55%，看似收入增长不错，但仅实现归属净利润20.70亿元，较上年减少57.72%。收入大幅增长的同时，利润却同比腰斩。截至2022年一季度，该公司收入已经同比下降22.15%，归属净利润则为-4.11亿元，已经亏损了。事实上，从单季度情况看，该公司2021年第四季度就已经亏损12.27亿元，2022年的第一季度不过是去年第四季度亏损的延续。作为曾经的一只网红股，蓝思科技何以走到今日地步？

一、较重的大客户依赖特点，造成业绩大幅波动

在2021年年报中，蓝思科技改变往常将第一大客户名称隐去的惯例，直接披露苹果公司为其最大客户。根据年报，苹果公司的销售占比为66.49%，比例非常高，说明蓝思科技存在较重的大客户依赖特点。这种依赖大客户的业务结构存在较大的经营风险，如果来自大客户的订单减少，会给公司的业绩带来极大的波动。蓝思科技向苹果公司的销售金额从2020年的203亿元上升至2021年的301亿元，同比增长48%，这也是蓝思科技2021年实现收入较大幅度增长的重要原因。但收入增长却并没能转化为利润的增长，蓝思科技2021年度净利润同比减少了57.72%。

细究之下，问题主要出在毛利率方面。该公司2021年毛利率仅为20.92%，较2020年度的29.44%下滑8.52个百分点，这是导致利润暴跌的主要原因。更进一步看，2021年第四季度毛利率为10.87%，已经降到了历史最低水平，实在低得可怜，如此低水平的毛利率直接导致该公司的亏损。2022年第一季度的毛利率为11.24%，造成毛利率大幅下降的原因，主要可能是苹果公司向下游供应商压价所致。众所周知，近期各行业原材料价格不断上涨，苹果公司凭借其强大的议价能力，将上涨的成本转嫁至蓝思科技等下游供应商，蓝思科技等下游供应商议价能力较低，只能默默承受"痛苦"。同为苹果供应商的立讯精密，2021年向苹果公司销售额为 1 140 亿元，同比暴增 78%，带动立讯精密 2021 年总体营业收入同比增长 66.43%，但在高收入增长情况下，立讯精密仅实现净利润 71 亿元，净利润不仅没有增长，反而同比下降 2%，和蓝思科技一样，属于被苹果公司"压榨"的典型。

据悉，苹果公司 2022 年 iPhone 产量将削减 15%。苹果公司产量的缩减，毫无疑问下游供应商将跟着"遭殃"。蓝思科技 2022 年第一季度营业收入同比下降 22.15%，可能和苹果公司订单的削减有很大关系。

二、开启第二增长曲线，能否再造一个蓝思科技

该公司已经意识到过分依赖单一大客户的风险，特别是在全球智能手机增速放缓的大背景下，蓝思科技下大手笔布局业务转型，打造第二增长曲线。2021 年，该公司研发支出创下历史新高，达 21.34 亿元，较上年同期增长 48%。特别是 2021 年度研发人员为 20 880人，较 2020 年增长一倍，研发项目数量也大幅增长。根据年报，研发费用主要投向新能源汽车类等领域的新产品、新工艺、新技术、新设备。2022 年第一季度，该公司在收入同比下降的情况下，继续加大研发投入，研发费用仍然同比增长 16.68%。研发费用高企，是导致蓝思科技短期亏损的重要原因之一。但是高研发投入，是蓝思科技实现业务转型、打造第二增长曲线的必由之路。2021 年度，该公司还一次性对存货计提跌价损失 7.85 亿元，可能是由于智能手机行业需求疲软，该公司对相关存货计提减值所致，虽然有财务"大洗澡"的嫌疑，但也侧面反映了该公司实现业务转型的决心和意志。

此外，该公司近期还在不断合并、建设新的园区，开拓新的产能建设，为未来业务增长做好产能准备。2021 年 3 月，吸收合并泰州园区，并且由于合并泰州园区的产品、业务增加，导致 2021 年销售费用同比增长 75.5%，同时，由于运营园区人力成本增加，导致管理费用同比增长 71.58%。管理费用和销售费用都在大幅增加，但是却没有带来相应规模的收入增速，也是导致该公司近期亏损的重要原因之一，这也是扩产建设、实现业务转型所必需要承受的阵痛。此前，蓝思科技受益于智能手机行业的迅猛发展，成为消费电子龙头。如今，蓝思科技可能寄希望于在新能源汽车等领域的前瞻布局，在汽车电子领导与再造一个"蓝思科技"。毫无疑问，短期的这些阵痛是无法避免的。对于蓝思科技的未来，我们看到了管理层的决心和意志，但是能否成功，还存在较大的不确定性。

资料来源：https://finance.sina.com.cn/roll/2023-01-30/doc-imycyieq7006490.shtml

本案例表明，利益相关者不仅关注企业短期或当前的盈利能力，更为关注的是未来的、长期的和持续的增长能力。因为发展能力分析对于判断企业未来一定时期的发展后劲、行业地位、面临的发展机遇与盈利发展变化，以及制定企业中长期发展规划、进行战略性决策等具有重要的意义和作用。本章主要讲授发展能力分析的指标以及应用。

第一节　发展能力分析的目的和内容

一、企业发展能力分析的目的

企业的发展能力是指企业未来生产经营活动的发展趋势和发展潜能，也称之为企业未来的增长或成长能力。企业的增长是通过自身的生产经营活动，不断扩大积累而形成的，主要依托于不断增加的资金投入、不断增加的营业收入和不断创造的利润等。对企业的利益相关者而言，最为关注的不是其短期的盈利能力，而是未来的、长期的和持续的增长能力。企业发展能力的分析其实是对于企业未来经营状况的动态分析，也是对企业未来投资价值的一个判断过程。

在激烈竞争的市场经济条件下，企业市场价值在很大程度上取决于企业未来的盈利能力，即取决于企业未来的销售收入、收益以及股利的增长。发展能力分析对于判断企业未来一定时期的发展后劲、行业地位、面临的发展机遇与盈利发展变化，以及制定企业中长期发展规划、进行战略性决策等具有重要的意义和作用。

二、发展能力分析的内容

企业要发展，关键在于企业价值的增长，所以对企业价值增长的研究是企业发展能力分析的核心内容。从价值增加的角度分析和评价企业的发展能力，主要是分析驱动企业价值增加的因素。一般来说，驱动企业价值增长的因素可从生产经营和财务增长两方面进行分析。

1. 对企业生产经营方面增长的分析

（1）销售收入增长及销售成长性分析。销售收入反映企业一定时期经济利益的总流入，是企业的主营业务收入。销售是企业经营链上非常重要的环节，也是企业扩大再生产，筹集资金以购买设备、原材料及支付工资等的来源。一个企业只有保持稳定的销售增长势头，扩大市场销售份额，才能保证企业各方面流动资金的需要，才能驱动企业的发展。评价企业在销售方面是否具有良好的成长性，一是要分析销售增长是否具有效益性。一个企业的销售增长率应高于其资产增长率，才能说明企业在销售方面具有良好的成长性。二是全面、正确地分析和判断一个企业销售收入的增长趋势和水平，应该将企业不同时期销售增长率加以比较和分析。因为仅就某个时期的销售情况而言，可能会受一些偶然的和非正常的因素的影响，而无法反映企业实际的销售能力。

（2）资产规模增长及资产使用效率分析。资产是能使企业获得未来经济利益的经济资源，在企业总资产收益率稳定的前提下，资产规模与收入之间存在正相关关系。资源的稀缺性是所有企业不可避免的问题，一个企业资产使用效率越高，其利用有限资源获得收益的能力也越高；反之如果资产使用效率较低，即使企业的资产或资本规模能以较快速度增长，企业价值也不会随之增加，因而资产使用效率作为推动企业价值增长的因素，对其进行分析，是企业发展能力分析的重要方面。资产使用效率分析主要是通过对企业各项资产的周转情况、规模变化、结构变化的分析，发现并改进企业经营过程中存在的问题，进而提高各项资产的利用效率，为增强企业的盈利能力和核心竞争力打下良好的基础。

2. 对企业财务方面增长的分析

（1）企业净资产规模增长的分析。在企业净资产收益率稳定的情况下，企业净资产规模与收益之间存在正相关关系。净资产规模的增长也反映企业可能不断有新的资本加入，表明投资者对企业有良好的预期和信心。资本规模的增加对企业进行负债筹资提供了保障，提高了企业筹资的能力，有利于企业获得进一步发展所需资金。

（2）企业股利增长的分析。企业投资者从企业获取的利益主要来自两方面：一是资本利得（即股价的增长）；二是股利的获得。从长远来看，如果所有的投资者都不退出企业，投资者从企业获取利益的唯一来源便是股利的发放。虽然企业的股利政策要考虑企业所面临的各方面因素，但股利的持续增长一般也就被投资者理解为企业的持续发展。

（3）企业净收益增长的分析。企业价值的增长一般表现为企业获取未来现金流量能力的大小。而现金流量的产生源于企业不断获取的净收益，净收益的增长可以借助一个简单的数学表达式"净收益增长率公式"来表示，这样就可以把企业发展能力分析的财务成果和经营成果联系起来。例如，假设在上一会计年度企业利润是 1 000 万元，上年初净资产 1 亿元，股利支付率保持 50%，因此企业未分配利润 500 万元，企业上年末净资产为 1.05 亿元，如果上年初净资产 10% 的报酬率能在今年持续，企业今年收益将会上升到 1 050 万元，也就是今年初净资产 1.05 亿元的 10%。如果市场条件允许，5% 的净收益增长率将会每年保持下去，只要企业赚取的利润维持在年初净资产的 10%，并保持以股利形式支付 50% 的收益。若用公式来描述净收益增长率、期初净资产报酬率和股利支付率之间的关系，则：

$$G = \text{ROE} \times \left(1 - \frac{D}{E}\right)$$

其中：G——每年净收益增长率；

ROE——年初净资产报酬率；

D/E——股利支付率，即每年普通股股利、优先股股利除以每年收益；

$1–D/E$——收益留存率，即 1 - 股利支付率。

通过观察上面的公式，我们可以知道企业未来净收益增长率不可能大于企业年初净资产报酬率，也就是说，当企业不发股利的时候，即 $G=\text{ROE}$，如果企业准备保持一项确定的净收益增长率，股利支付率和净资产报酬率之间进行组合即可达到目的。例如，如果企业发现，原先计划的净资产报酬率已下跌到 8%，企业若准备在将来保持确定的 5% 的净收益增长率，它将不得不把股利支付率下调到 37.5%[0.08 × (1 - 37.5%) = 5%]。

三、企业增长的不同策略

在企业发展能力分析实务中要注意一点，不同的企业所采用的发展策略是不同的，有的企业采取的是外向规模增长的策略，即进行大量收购活动，企业资产规模迅速增长，但短期内并不一定带来销售及净利润的迅速增长，这一类型企业的发展能力的分析重点应放在企业资产或资本的增长上；而有的企业采取的是内部优先型的增长策略，即在现有资产规模上，充分挖掘内部潜力，提高产品质量，扩大产品销售并积极降低产品成本，这一类型企业的发展能力反映在销售及净利润的增长上面，而资产及资本规模则保持稳定或缓慢增长。因而这一类型企业发展能力分析的重点应放在销售增长及资产使用效率分析上面。

第二节　发展能力的指标分析

对企业发展能力进行分析的指标主要有两大类：一是经营方面增长的分析指标，包括销售增长率、资产增长率、固定资产成新率等；二是财务方面增长的分析指标，包括利润增长率、股利增长率及资本扩张率等。

一、经营方面增长的指标

1. 销售增长率分析

1）销售增长率

销售增长率是企业本会计年度销售收入增长额与上一会计年度销售收入总额的比率。它是对企业发展能力进行分析的一个重要指标，其计算公式为：

销售增长率 =（本年销售收入 – 上年销售收入）/ 上年销售收入 ×100%

销售增长率反映的是企业销售收入增长的相对值，与计算出的企业销售增长绝对值比较，它能消除企业营业规模与资产总量的大小等因素的影响，更能代表企业一定时期内的发展能力。

【例1】　GL 公司 2017 年至 2020 年各年销售收入如表 10-1 所示。

表 10-1　GL 公司 2017—2020 年度销售收入表　　　　单位：万元

年度	2017 年	2018 年	2019 年	2020 年
销售收入	14 828 645.00	198 123 17.71	19 815 302.75	16 819 920.44

GL公司2020年销售增长率 =（16 819 920.44 – 19 815 302.75）/ 19 815 302.75×100% = −15.12%

利用销售增长率指标分析评价企业的发展能力，应结合其他相关情况进行分析：

首先，该指标是衡量企业经营状况和市场占有能力，借以预测企业经营业务拓展趋势的重要指标，不断增加的销售收入，是企业生存的基础和发展的条件。

其次，该指标大于 0，表示企业本年的销售收入有所增长，指标值越高，表明增长速度越快，企业市场前景越好；该指标小于 0，则说明企业或是因产品竞争力下降导致销售不畅，或是在售后服务方面存在问题，市场份额萎缩。

最后，该指标为一个相对量指标，其大小受销售增长基期数字的影响。若销售基数（即公式中的分母）非常小，即使计划期内销售收入的增长相对该企业当时的市场竞争地位是一个比较正常的增长，利用该增长率指标也可能会计算出一个数值较大的增长率，但这当然不能说明企业有较强的增长能力。例如，某企业去年年度销售收入 100 万元，今年销售收入 1 000 万元（这个销售收入仅仅是同时期、同行业、同规模企业的一个比较正常的销售额），但利用上述公式计算出该企业本年销售增长率为 900%，显然不能以此说明该企业有超常的增长能力。所以在分析过程中为客观、均衡地评价企业历年销售收增长率，最好计算几年的销售收入平均增长率（一般为三年）。

2）三年销售平均增长率

为消除销售收入短期异常波动对该指标产生的影响，并反映企业较长时期的销售增长情况，可以计算三年销售增长率，它可以反映企业的发展潜力，表明企业连续三年销售增长情况。其计算公式如下：

$$三年销售平均增长率 = \left(\sqrt[3]{\frac{本年销售收入总额}{三年前年销售收入总额}} - 1 \right) \times 100\%$$

上式中分子为本年度销售收入，分母为企业 3 年前的销售收入。

【例2】 利用【例1】中 GL 公司历年销售收入数据，计算 GL 公司的 3 年销售平均增长率如下：

$$GL公司三年销售平均增长率 = \left(\sqrt[3]{\frac{16\,819\,920.44}{14\,828\,645.00}} - 1 \right) \times 100\% = 4.29\%$$

利用三年销售增长率指标，能够反映企业的销售增长趋势和稳定程度，较好地体现企业的发展状况和发展能力，避免因少数年份销售收入不正常增长而对企业发展潜力的错误判断。

2. 资产增长率分析

1）总资产增长率

"要想长久吃蛋糕，必须把蛋糕做大"。同样，企业要获得较为长久且较为理想的利润，必须经营好资产规模。资产经营所获得的利润亦是企业偿还债务、支付股利分红的前提，所以资产的增长是企业发展的一个重要方面。一家企业的优质资产，是其实现企业价值最大化的最直接体现。一般来说，企业处于发展时期，即成长性较强的企业，其资产扩张能力亦较强。衡量企业资产扩张能力的指标主要是总资产扩张率，此指标是指本年总资产增长额同上年末总资产额间的比率，该指标是从企业资产总量扩张方面衡量企业的发展能力，表明规模增长水平对企业发展后劲的影响。其计算公式如下：

总资产增长率 = 本年总资产增长额 / 上年末总资产额 × 100%

式中，本年总资产增长额 = 本年末资产总额 − 上年末资产总额。

【例3】 GL 公司 2017 年至 2020 年的资产总额如表 10-2 所示。

表 10-2   GL 公司 2017—2020 年度资产总额　　　　　　　　　　　单位：万元

年度	2017 年	2018 年	2019 年	2020 年
资产总额	21 496 799.93	25 123 415.73	28 297 215.74	27 921 792.36

依上述公式计算如下：

GL 公司 2020 年总资产增长率 = (27 921 792.36 − 28 297 215.74)/28297215.74 = −1.33%

该指标数值越大，表明企业资产经营规模扩张的速度越快，但是要评价企业的资产规模增长是否适当，必须与营业收入增长、利润增长等情况结合起来分析。只有在企业的营业收入增长、利润增长超过资产规模增长的情况下，这种资产规模增长才属于效益型增长，才是适当的、正常的；相反，如果企业的营业收入增长、利润增长远远低于资产规模增长，并且持续存在，则投资者对此应该提高警惕。因为，企业总资产增长率高并不意味着企业的资产规模增长就一定适当。一般来说，企业在追求规模效益的同时，应避免盲目扩张资产。同时，企业因各种因素的存在会导致短期内资产的波动，以至于计算的总资产增长率并不实际代表企业的发展能力。因此有必要计算连续几年的企业平均资产增长率，以反映企业长期总资产增长水平（一般为三年）。该指标计算公式如下：

$$三年平均资产增长率 = \left(\sqrt[3]{\frac{本年末资产总额}{三年前年末资产总额}} - 1 \right) \times 100\%$$

【例 4】 据【例 3】中 GL 公司各年资产数据计算如下：

$$GL公司三年平均资产增长率 = \left(\sqrt[3]{\frac{27\,921\,792.36}{21\,496\,799.93}} - 1 \right) \times 100\% = 9.11\%$$

2）固定资产成新率

固定资产一般在制造业中占有较大份额，因此单独把固定资产列出来进行企业发展能力分析具有一定的意义，尤其是企业固定资产成新率的计算更能反映这一点。此指标是指企业本期固定资产净值与固定资产原值间的比率，它反映企业所拥有的固定资产的新旧程度。一般说来，企业固定资产的更新对于企业扩大再生产，扩大企业市场份额具有重要作用。该指标计算公式如下：

固定资产成新率 = 平均固定资产净值/平均固定资产原值×100%

其中，

平均固定资产净值 =（固定资产净值的年初数 + 固定资产净值的年末数）÷2

平均固定资产原值 =（固定资产原值的年初数 + 固定资产原值的年末数）÷2

【例 5】 GL 公司 2020 年有关固定资产数据见表 10-3。

表 10-3   GL 公司固定资产情况表   单位：万元

固定资产净值		固定资产原值	
年初数	年末数	年初数	年末数
1 911 102.48	1 898 348.51	3 435 458.22	3 741 215.82

据上公式计算固定资产成新率如下：

GL公司固定资产成新率 = [（1 911 102.48 + 1 898 348.51）÷2]/

[（3 435 458.22 + 3 741 215.82）÷2] = 53.08%

从上式计算结果来看，GL 公司固定资产成新率达 50%以上，相对较新。利用该指标时，应考虑加速折旧法下计算出的固定资产成新率要低于直线法下固定资产成新率，处于发展期的企业的固定资产成新率会明显高于成熟期或衰退期企业的固定资产成新率。

二、财务方面增长的指标

1. 利润增长率分析

企业股东权益的增长主要依赖于企业运用股东投入资本所创造的利润的多少，也即企业的价值主要取决于盈利及其增长。因此，利润的增长是反映企业发展能力的重要方面。由于利润的计算口径包括营业利润、税前利润、税后净利等多方面，相应的利润增长率计算也包含多种口径，这里重点分析净利润增长率。由于净利润是企业经营的最终成果，因此净利润的增长是企业成长性的基本表现。净利润增长率是本期净利润增加额与上期净利润之比，计算公式为：

$$净利润增长率 = \frac{本期净利润增加额}{上期净利润} \times 100\%$$

同样，我们还可以计算净利润三年平均增长率，更能体现净利润的增长趋势和稳定程度。公式如下：

$$三年净利润平均增长率 = \left(\sqrt[3]{\frac{本年净利润}{三年前年度净利润}} - 1 \right) \times 100\%$$

【例6】 GL 公司 2017 年至 2020 年的净利润见表 10-4。

表 10-4　GL 公司 2017—2020 年年度净利润　　　　　单位：万元

年度	2017 年	2018 年	2019 年	2020 年
净利润	2 250 859.90	2 637 902.98	2 482 724.36	2 227 924.22

$$GL公司2020年净利润增长率 = \frac{2\,227\,924.22 - 2\,482\,724.36}{2\,482\,724.36} = -10.26\%$$

$$GL公司三年净利润平均增长率 = \left(\sqrt[3]{\frac{2\,227\,924.22}{2\,250\,859.90}} - 1 \right) \times 100\% = -0.34\%$$

净利润增长率指标是用来考核企业净利润，即税后利润增长情况的财务指标，净利润增长了，企业所有者权益的增长才有保证，企业的增长才有根基。在分析企业净利润增长率时，应结合营业收入增长率或营业利润增长率共同分析。如果企业的净利润增长率高于营业收入增长率或营业利润增长率，则表明企业产品盈利能力在不断提高，企业正处于高速成长阶段，具有良好的发展能力；相反，如果企业净利润增长率特别是营业利润增长率低于营业收入增长率，表明企业成本费用的上升超过了营业收入的增长，反映出企业的增长能力较差。

同时，运用该指标需要注意以下几个方面内容。

（1）企业的发展与净利润的增长，二者并不一定同步，净利润的增长可能滞后于企业的发展，这就使得净利润增长率无法真正反映企业的发展能力，只是近似替代。

（2）注意盈利增长和销售增长的比较（即净利润增长率与销售增长率的比较）。

（3）注意偶发性变动因素的影响（即警惕一次性损益对公司增长的扭曲）。

（4）在使用净利润增长率时，净利润计算周期的选择很关键。

（5）削减成本是不可持续的盈利增长来源。

2. 股利增长率分析

股利增长率与企业价值（股票价值）有很密切的关系。Gordon 模型认为，股票价值等于下一年的预期股利除以要求的股票收益率和预期股利增长率的差额所得的商。因此，股利增长率越高，企业股票的价值越高。

$$股利增长率 = \frac{本年每股股利增长额}{上年每股股利} \times 100\%$$

$$三年平均股利增长率 = \left(\sqrt[3]{\frac{本年每股股利}{三年前每股股利}} - 1 \right) \times 100\%$$

【例 7】 GL 公司 2017 年至 2020 年的每股股利如表 10-5。

表 10-5 　GL 公司 2017—2020 年度现金股利额　　　　单位：元/股

年度	2017	2018	2019	2020
每股股利①	0	2.10	1.2	3.71

$$GL公司2020年度股利增长率 = \frac{3.71 - 1.2}{1.2} \times 100\% = 209.17\%$$

因 GL 公司 2017 年度未分配股利，故根据公式无法计算三年平均增长率。企业所有者从企业获得的利益包括两方面：一是资本利得；二是股利。虽然企业的股利政策是综合各种因素的结果，但股利的持续增长一般被理解为企业的持续发展。

3. 股东权益增长率分析

1）股东权益增长率

股东权益增长率也叫资本积累率、资本扩张率，反映企业所有者权益在当年的变动水平，体现了企业的资本积累情况。它是企业发展强劲的标志，是评价企业发展能力的重要指标。股东权益增长率，反映投资者投入企业资本的保全性和增长性，该指标越高，表明企业资本积累越多；若该指标为负值，则表明企业资本受侵蚀，所有者权益受损害。

其中，股东权益增长率指标计算公式如下：

股东权益增长率 = 本年所有者权益增长额/年初所有者权益总额×100%

本年所有者权益增长额 = 本年所有者权益期末数 − 本年所有者权益期初数

【例 8】 GL 公司 2017 年至 2020 年的股东权益总额如表 10-6。

表 10-6 　GL 公司 2017—2020 年度股东权益　　　　单位：万元

年度	2017	2018	2019	2020
股东权益总额②	6 559 500.61	9 132 709.51	11 015 357.33	11 519 021.12

利用公式计算如下：

GL 公司股东权益增长率（2020 年）=（11 519 021.12 − 11 015 357.33）/11 015 357.33 = 4.57%

该指标数值越大，表示企业资本扩张力度较大，意味着企业今后可以较低的筹资成本进行简单再生产和扩大再生产。当然仅从计算结果不能综合评价一家企业的资本扩张能力，

---

① 这里的每股股利一般是指每股现金股利。

② 这里的净资产使用"归属于上市公司股东的净资产"。

它与企业的成长性、所在行业、发展阶段、年初所有者权益的基数值等因素相关。所以用较为客观的眼光来看待企业的资本扩张能力，须用连续几年的资本扩张率来衡量它。

2）三年股东权益平均增长率

三年股东权益平均增长率是用以计算企业连续三年股东权益增长的均衡水平，反映了企业资本扩张的总体发展趋势，计算公式如下：

$$三年股东权益平均增长率 = \left(\sqrt[3]{\frac{本年末股东权益总额}{3年前年末股东权益总额}} - 1 \right) \times 100\%$$

【例9】 根据【例8】中 GL 公司历年股东权益数据计算三年股东权益平均增长率如下：

$$GL公司三年股东权益平均增长率 = \left(\sqrt[3]{\frac{11\,519\,021.12}{6\,559\,500.61}} - 1 \right) \times 100\% = 20.65\%$$

三年股东权益平均增长率更能反映企业的长期发展能力。该指标数值越大，说明企业的所有者权益得到的保障程度越大，企业可动用的权益资本更多，资金更有保障。

三、企业价值增长因素的综合分析

上述总资产增长率、营业收入增长率、利润增长率、股东权益增长率指标，分别从资产规模、营业收入规模、利润和股东权益等不同方面考察了企业的发展能力。其中，企业资产是取得营业收入的保障，要实现营业收入的增长，在资产效率一定的条件下就要扩大资产规模。要扩大资产规模，一方面可以通过负债融资实现；另一方面可以依赖股东权益的增长，即净利润和净投资的增长。营业收入增长是企业利润增长的主要来源，也是企业价值增长的源泉。一个企业只有不断开拓市场，保持稳定的市场份额，才能不断扩大收益，增加股东权益。同时，为企业进一步扩大市场、开发新产品和进行技术改造提供资金来源，最终促进企业的进一步发展。利润的增长主要表现为净利润的增长，而对于一个持续发展的企业，净利润的增长应该主要来源于营业利润，而营业利润的增长在营业利润率保持不变的情况下，主要取决于营业收入的增加。股东权益的增长，一方面来源于净利润，净利润又主要来自于营业利润，营业利润又主要取决于营业收入，并且营业收入的增长在资产使用效率既定的前提下，又依赖于资产投入的增加；另一方面来源于股东的净投资，而净投资取决于本期股东投资资本的增加和本期对股东股利的发放。

可见，这四类增长率之间是相互联系、相互作用的。只有企业的总资产增长率、营业收入增长率、收益增长率和股东权益增长率保持同步增长，且不低于行业平均水平，才可以判断这个企业具有良好的发展能力。

第三节 可持续发展能力

企业发展能力衡量的核心是企业价值增长率，这是众多财务管理学者们达成的共识。但企业价值是一个抽象的概念，如何去描述企业价值是一个难题。在现有的财务理论中，有许多价值评估模型，而这些模型并未得到一致的认可，使企业价值的描述受各种不同评估模型的影响。公司的可持续增长率就是对公司发展能力在理论上比较普遍使用的一种评价。可持续增长率是指不增发新股并保持目前经营效率和财务政策条件下公司销售所能增长的最大比率。

一、可持续增长率的内涵

可持续增长率（sustainable growth rate）概念最早由美国资深财务学家罗伯特·C. 希金斯提出，他认为"可持续增长率是指不需要耗尽财务资源的情况下公司销售所能增长的最大比率"。这一模型的重要性在于它说明了企业的销售增长必须与资金的增长相平衡，否则，企业会因增长过快而资金增长不足陷入财务困境，或者也会因增长得太缓慢而使财务资源闲置，以至于降低企业价值。可持续增长模型为企业的增长管理提供了一个分析的框架，企业管理者可据此采取相应的财务管理策略，实现企业的平衡增长。

可持续增长率是企业当前经营效率和财务政策决定的内在增长能力。具体是指在不增发新股并保持目前经营效率和财务政策条件下，公司销售所能增长的最大比率。此处的经营效率指的是销售净利率和资产周转率，财务政策指的是股利支付率和资本结构。

可持续增长率基于以下几种假设。

（1）公司不愿或者不能筹集新的权益资本，增加债务是其唯一的外部筹资来源。

（2）公司打算继续维持目前的目标资本结构。

（3）公司打算继续维持目前的目标股利政策。

（4）公司的净利率将维持当前水平，并且可以涵盖负债的利息。

（5）公司的资产周转率将维持当前的水平。

二、可持续增长率指标的计算及分析

限制企业销售增长的是企业资产规模，限制资产规模增长的是企业资金来源。在可持续增长的假设条件下，资金来源主要源于股东权益的增长。因此可持续增长率计算公式为：

$$可持续增长率 = 股东权益增长率 = 净资产收益率 \times 留存收益率$$

$$留存收益率 = 1 - 股利支付率$$

将可持续增长率计算公式进一步分解，可以为进一步深入分析影响可持续增长的因素提供帮助。可持续增长率的分解公式为：

$$可持续增长率 = 销售净利率 \times 总资产周转率 \times 权益乘数 \times 留存收益率^{①}$$

由此可见，销售净利率、总资产周转率、权益乘数和留存收益率是影响企业可持续增长率的四个因素。

---

① 可持续增长率可以根据期初股东权益和期末股东权益两个时点任一数据计算。比如根据期初股东权益，计算公式为：

$$可持续增长率 = 股东权益增长率 = \frac{股东权益本期增加}{期初股东权益} = \frac{本期净利润 \times 本期留存收益率}{期初股东权益}$$

$$= 期初权益本期净利率 \times 本期留存收益率$$

$$= \frac{本期净利润}{本期销售收入} \times \frac{本期销售收入}{期末总资产} \times \frac{期末总资产}{期初股东权益} \times 本期留存收益率$$

$$= 销售净利率 \times 总资产周转率 \times 期初权益期末总资产乘数 \times 留存收益率$$

（1）销售净利率。该因素用来度量经营效率对企业增长能力的影响。销售净利率的提高将会增强企业从内部产生现金的能力，从而提高企业增长率。

（2）总资产周转率。该因素用来度量资产使用效率对企业增长能力的影响。企业总资产周转率的提高会增加单位资产所产生的销售收入。这样会减少企业在销售增长时对资产的需求，从而提高企业增长率。

（3）权益乘数。该因素用来度量融资策略对企业增长能力的影响。企业如果在融资策略上加大财务杠杆，提高权益乘数，会使额外的债务融资成为可能，在公司的净利率可以涵盖负债的利息的条件下，会提高企业增长率。

（4）留存收益率。该因素用来度量股利政策对企业增长能力的影响。企业在制定股利政策时，降低股利支付率，会提高留存收益率。这样会增加内部权益资本来源，从而提高企业增长率。

 思考题

1. 企业发展能力分析的指标有哪些？
2. 企业发展能力的实质是什么？
3. 怎样进行企业价值增长因素的综合分析？
4. 阐述可持续增长的内涵及可持续增长率指标的计算方法。

案例分析

自学自测　扫描此码

第十一章

财务综合分析与评价

学习目标

1. 了解综合分析与评价的意义及目的。
2. 掌握沃尔评分法的基本内容、方法和思路。
3. 掌握杜邦财务分析体系的基本原理及应用。

导入案例

财务分析对象的全貌如何呈现

蓝天公司的董事长在一次中层干部办公会议上说:"我们这个行业竞争激烈,我们大家要树立危机感,加强管理,提高我们的竞争力。"会后,董事长对财务总监说:"把我们公司的财务实力和发展态势分析一下,我要了解一下情况。"财务总监就让王天把公司最近几年的会计报表数据进行对比,并计算出公司近几年的发展趋势,然后总结道:"公司近五年规模增加了12倍,是公司增长较快的时期,财务实力在增加。但是公司2021年资产规模比2020年有所下降。从公司各类资产变动趋势来看,各类资产增长趋势基本相同,但增长变化幅度有所差异。总体来看,长期资产增长幅度大于流动资产增长幅度。如果公司流动资产能保证生产经营需要,且不存在长期资产闲置,这种变动趋势对提高资源利用率是有益的。在利润方面,基本趋势是从2016年开始增长,2018年是利润增长高峰;2019年利润有较大幅度下降,2020年略有好转,但总体情况仍不佳,而2021年又进一步下降。收入的变动趋势与利润基本相同,但程度不同。"王天把报告呈给了董事长,董事长说:"这种趋势分析有一定的意义,但是报告中还应该提出我们为什么增加或者为什么减少,并应该提出建议。"王天低下头,不好意思地说:"这还需要和平时的经营管理以及其他财务指标结合起来进行综合分析,使整个分析动态化,才能全面客观地反映公司的实际情况。"

资料来源:作者根据网络资料编写。

事实上,要全面客观评价企业的财务状况和经营成果,不能只依赖于单一指标,需要对企业的各种财务指标进行系统性的综合分析。本章内容即是介绍财务分析的综合分析方法及其具体应用。本章主要介绍沃尔评分法和杜邦分析法两种综合分析评价方法。

第一节 综合分析的目的与内容

单独分析任何一项财务指标,都不足以全面评价企业的财务状况和经营成果,只有对各种财务指标进行系统的综合分析，才能对企业的财务状况进行全面的、合理的评价。

一、综合分析的含义及特点

（一）综合分析的含义

财务分析的最终目的在于全方位地了解企业经营管理的状况，并借以对企业经济效益的优劣进行系统的、合理的评价。要想对企业财务状况和经营成果有一个全面、客观的评价，就必须进行相互关联的分析，采用适当的标准进行综合性的评价。所谓综合分析，就是将营运能力、偿债能力和盈利能力以及发展能力等诸多方面的分析纳入一个有机的整体，全面地对企业的经营状况、财务状况进行解剖和分析，从而对企业经济效益的优劣进行准确的评价与判断。

（二）综合分析的特点

综合分析的特点，体现在其财务指标体系的要求上。一个系统的、完整的综合财务指标体系必须具备三个基本要素。

1. 指标要素齐全适当

指标要素主要是指所设置的评价指标必须能够涵盖对企业营运能力、偿债能力、盈利能力以及发展能力等诸多方面总体考核的要求。

2. 主辅指标功能匹配

主辅指标功能匹配主要包括两个方面：①在确立营运能力、偿债能力和盈利能力等诸方面评价的主要指标与辅助指标的同时，进一步明晰总体结构中各项指标的主辅地位；②不同范畴的考核指标所反映的企业经营状况、财务状况的不同侧面与不同层次的信息要有机统一，并且能够全面而详实地揭示出企业经营管理的实绩。

3. 满足多方信息使用者的需要

指评价指标体系必须能够提供多层次、多角度的信息资料，既能满足企业内部管理部门实施决策的需要，又能满足外部投资者决策所需信息和政府经济管理机构实施宏观调控的信息要求。

二、综合分析的目的

综合分析是财务分析的一种主要方法。财务分析受财务主体和财务分析服务对象的制约，不同的财务分析主体进行财务分析的目的是不同的，不同的财务分析服务对象所关心的问题也是不同的。因此，综合分析也同样受财务主体和财务分析服务对象的制约。考虑不同分析主体的要求，综合分析的目的主要包括以下几个方面。

（一）从企业投资者角度

企业的投资者包括企业的所有者和潜在的投资者，其进行财务分析的最根本目的是考虑企业的盈利状况，因为盈利能力是投资者资本保值和增值的关键。但是投资者仅关心企业的盈利能力还是不够的，为了确保资本的保值和增值，还必须综合研究企业的权益结构、偿债能力和运营状况等。只有投资者认为企业各方面都运转较好，有着良好的发展前景，企业的所有者才会保持或增加投资，潜在的投资者才能把资金投入该企业。

（二）从企业经营者角度

企业的经营者主要是指企业内部经营管理人员，这是进行综合分析的最主要的主体。从对企业所有者负责的角度，内部经营者首先关心盈利能力，但这只是经营的总体目标。因为，经营者关心的不仅仅是盈利的结果如何，更重要的是盈利的原因及过程。因此，经营者必须对如资产结构、运营状况、经营风险、财务风险、支付能力、偿债能力等涉及企业日常运转的方方面面进行综合分析。通过这种分析，全面地了解企业的整体情况，使企业不仅用现有资源盈利更多，而且使企业盈利能力保持持续增长。

（三）从企业债权人角度

企业债权人包括向企业借款的银行及一些金融机构，以及购买企业债券的单位与个人等。债权人进行分析的目的与经营者和投资者不同，银行等债权人一方面从各自经营或收益目的出发愿意将资金贷给企业，另一方面又要考虑企业违约的可能性，避免坏账损失。因此，从债权人的角度进行综合分析的主要目的是看其对企业的借款或其他债权是否能及时、足额的收回，即研究企业的偿债能力大小。但是，仅仅研究偿债能力是不够的，还需要看企业的收益状况与风险程度是否相适应，为此，还应将偿债能力与盈利能力相结合进行综合分析。

三、综合分析的方法

综合分析主要包括两种方法：沃尔评分法和杜邦分析体系。

沃尔评分法最早是在20世纪初，由财务状况综合评价的先驱者之一亚历山大·沃尔提出的一种综合财务分析方法。杜邦分析体系是利用各种财务指标的内在联系，对企业综合经营管理及经济效益进行系统分析评价的一种方法。

第二节　沃尔评分法

亚历山大·沃尔在20世纪初出版的《信用晴雨表研究》和《财务报表比率分析》中提出了信用能力指数的概念，其基本内涵就是把若干个财务比率用线性关系结合起来，并分别给定各自的分数权重，然后通过与标准比率进行比较，确定各项指标的得分及总体指标的累计分数，从而对企业的信用水平做出评价。

最初沃尔评分法选择了如下七个指标。

（1）流动比率＝流动资产/流动负债。

（2）净资产负债率＝净资产/负债。

（3）固定资产比率＝总资产/固定资产。

（4）存货周转率＝营业成本/存货。

（5）应收账款周转率＝营业收入/应收账款。

（6）固定资产周转率＝营业收入/固定资产。

（7）净资产周转率＝营业收入/净资产。

表 11-1 即是运用沃尔评分法计算的 A 公司的信用评分。

表 11-1　A 公司信用评分计算表

财务比率	比重 1	标准值 2	实际值 3	相对比率 4 = 3 ÷ 2	评分 1 × 4
流动比率	25	2.00	2.33	1.17	29.25
净资产/负债	25	1.50	0.88	0.59	14.75
总资产/固定资产	15	2.50	3.33	1.33	19.95
营业成本/存货	10	8	12	1.50	15.00
营业收入/应收账款	10	6	10	1.70	17.00
营业收入/固定资产	10	4	2.66	0.67	6.70
营业收入/净资产	5	3	1.63	0.54	2.70
合计	100				105.35

沃尔评分法的一般步骤如下。

（1）选择评价指标并分配指标权重，权重总和为 100 分。

（2）确定各项评价指标的标准值（可以采用行业平均值）。

（3）计算各指标的实际值，并与所确定的标准值进行比较，计算相对比率，将各项指标的相对比率与其权重相乘，即可得出各项比率指标的分数。

（4）将各项比率指标的分数相加，最后得出企业的综合得分，并以此判别企业财务状况的优劣。

以 A 公司为例，该企业综合得分达到了 105.35 分，大于 100 分，说明其财务状况的整体水平优于评价标准。

当然，得出这个分数后还可以与企业以往年度的得分进行比较，观察企业财务状况的变化趋势，也可以与同行业比较，了解自己的优势与不足，以便进一步改进。

沃尔评分法的应用领域十分广泛。在企业层面，很多企业结合自身财务数据利用该方法进行综合评价，并应用于管理实践中。在政府层面，也在利用沃尔评分法进行综合评价。比如我国财政部早在 1995 年就曾发布过《企业经济效益评价指标体系》。这套体系包括销售利润率、总资产报酬率、资本收益率、资本保值增值率、资产负债率、流动比率（或速动比率）、应收账款周转率、存货周转率、社会贡献率、社会积累率 10 项指标。后来，国资委为了加强对中央企业和国有企业的监管和调控，也发布了《企业绩效评价操作细则》，通过获取的企业管理数据来确定不同行业、不同规模企业的标准值，然后通过实际得分对企业进行评价，从原理上也是沃尔评分法的具体应用。

但是，原始的沃尔评分法在一些细节上缺乏权威性，存在着不足，体现在以下几个方面。

（1）理论上的弱点。未能证明为什么要选择这七个指标，而不是更多或更少些，或者选择别的财务比率，以及未能证明每个指标所占比重的合理性。这个问题至今仍然没有从理论上解决。

（2）技术上的问题。当某一个指标严重异常时，会对总评分产生不合逻辑的重大影响。这个问题是由相对比率与比重相"乘"引起的。财务比率提高一倍，其评分增加100%；而缩小一半，其评分只减少50%。

所以，后来在使用沃尔评分法时，人们尝试了很多改进方法，如下面这几种方法。

（1）选择评价指标时考虑非财务指标，如财政部颁布的《企业经济效益评价指标体系》就选择了社会贡献率等非财务指标。

（2）采用科学的方法选取指标和确定指标权重。在实践中，很多学者结合不同行业和企业类型特点运用学术方法对多项指标进行相关性检验，选择适配的评价指标并赋予权重，如层次分析法的应用。

（3）对如何评分进行改进。沃尔评分法的问题在于：当某一指标严重异常时，会对总评分产生不合逻辑的重大影响。为此，可将财务比率的标准值由企业最优值调整为本行业平均值，设定评分值的上限和下限。其改进方法是将综合得分分为评分值和调整分两部分，具体计算如下：

综合得分 = 评分值+调整分

其中，

$$调整分 = \frac{实际值 - 标准值}{每分值}$$

$$每分值 = \frac{行业最高值 - 标准值}{最高评分 - 评分值}$$

因此，沃尔评分法对于企业财务状况的综合评价来说是一个巨大的进步，更加全面、客观。但是也存在着诸如内部各种财务比率之间的关系不能明确阐述，指标设置会受所处行业、公司规模、特定发展阶段、宏观经济等因素的影响准确性降低等问题，同时还有技术性问题也有待解决。

第三节　杜邦分析法

沃尔评分法可以利用财务比率进行综合财务分析，借以了解企业各方面的财务状况，但不能反映企业各方面财务状况之间的关系。实际上，各种财务比率之间都存在一定的相互关系。因此，在进行财务分析时，应该将企业的财务状况看作一个系统，内部各种因素都是相互依存、相互作用的，财务分析者必须对整个系统进行综合分析，只有这样，才能比较全面地了解企业的财务状况全貌。杜邦分析法就是利用几种主要的财务比率之间的关系来综合分析企业的财务状况的一种综合分析法。因这种方法是由美国杜邦公司首先提出的，故称杜邦分析法。

一、杜邦分析法的内涵

杜邦分析法也称杜邦分析体系，是指根据各主要财务比率之间的内在联系，建立财务分析指标体系，综合分析企业财务状况的方法。杜邦分析体系的特点是将若干反映企业盈利状况、财务状况和营运状况的比率按其内在联系有机地结合起来，形成一个完整的指标体系，并最终通过净资产收益率这一核心指标来综合反映。

净资产收益率是传统杜邦分析体系的核心比率，该指标不仅具有很好的可比性，可用于不同企业之间的比较，同时净资产收益率又有很强的综合性。通过指标分解，可以了解企业净资产收益率指标变动的原因和趋势。其指标分解如下：

$$净资产收益率 = \frac{净利润}{销售收入} \times \frac{销售收入}{总资产} \times \frac{总资产}{净资产}$$
$$= 销售净利率 \times 总资产周转率 \times 权益乘数$$

其中，销售净利率是反映企业商品经营盈利能力的重要指标，是商品经营的结果。总资产周转率是反映企业营运能力的重要指标，是企业资产经营的结果。权益乘数既是反映企业资本结构的指标，也是反映企业偿债能力的指标，是企业资本经营即筹资活动的结果。杜邦分析体系的实质是一个多层次的财务比率分解体系。通过指标逐层分解，分析者可以了解引起上一层次指标增减变化的原因，进而提出相应的改进措施。

（一）杜邦分析体系的主要内涵

杜邦分析体系主要反映了以下几种主要的财务比率关系。

（1）净资产收益率与资产净利率及权益乘数之间的关系。

净资产收益率 = 资产净利率 × 权益乘数

（2）资产净利率与销售净利率及总资产周转率之间的关系。

资产净利率 = 销售净利率 × 总资产周转率

（3）销售净利率与净利润及销售收入之间的关系。

销售净利率 = 净利润 ÷ 销售收入

（4）总资产周转率与销售收入及资产总额之间的关系。

总资产周转率 = 销售收入 ÷ 资产平均总额

杜邦分析体系是对企业的财务状况进行的综合分析。它通过几种主要财务指标之间的关系，直观、明了地反映企业的财务状况。

（二）杜邦分析体系图

杜邦分析法可用杜邦分析体系图来表示。图 11-1 就是 G 公司 2020 年度的简易杜邦分析体系图。

图中的权益乘数表示企业的负债程度，权益乘数越大，企业负债程度越高。通常的财务比率都是除数，除数的倒数叫乘数。权益除以资产是资产权益率，其倒数是权益乘数即资产除以权益。其计算公式为：

权益乘数 = 1 ÷ （1–资产负债率）

公式中的资产负债率是指全年平均资产负债率，它是企业全年平均负债总额与全年平均资产总额的百分比。

二、杜邦分析法的应用

从杜邦分析体系图中可以看出，净资产收益率是一个综合性极强、最具有代表性的财务比率，它是杜邦分析体系的核心。财务管理的一个重要目标就是使所有者财富最大化，净资产收益率反映了所有者投入资金的获利能力，因此，这一比率可以反映企业筹资、投资等各种经营活动的效率，它是企业资产使用效率与企业融资状况的综合体现。净资产收益率主要取决于总资产净利率与权益乘数。资产净利率反映了企业生产经营活动的效率如何，权益乘数反映了企业的筹资情况，即企业资金来源结构如何。

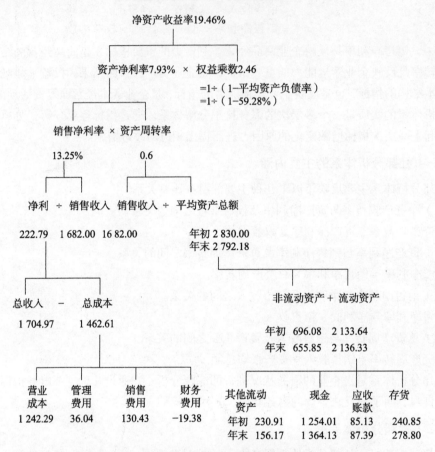

图 11-1　GL 公司 2020 年度简易杜邦分析体系图

注：图中金额单位为亿元。

（1）资产净利率是反映企业获利能力的一个重要财务比率，它揭示了企业生产经营活动的效率，综合性也极强。企业的销售收入、成本费用、资产结构、资产周转速度以及资金占用量等各种因素，都直接影响资产净利率的高低。资产净利率是销售净利率与总资产周转率的乘积，因此，可以从企业的销售活动与资产管理两个方面来进行分析。

（2）从企业的销售方面看，销售净利率实际上反映了企业的净利润与销售收入的关系。销售收入增加，企业的净利润也自然增加，但是，如果想提高销售净利率，必须一方面提高销售收入，另一方面降低各种成本费用，这样才能使净利润的增长高于销售收入的增长，从而使销售净利率得到提高。由此可见，提高销售净利率必须在以下两个方面下功夫。

①开拓市场，增加销售收入。在市场经济中，企业必须深入调查研究市场情况，了解

市场的供需关系，在战略上，从长远的利益出发，努力开发新产品；在策略上，保证产品的质量，加强营销手段，努力提高市场占有率。

②加强成本费用控制。企业要想在激烈的市场竞争中立于不败之地，不仅要在营销与产品质量上下功夫，还要尽可能降低产品的成本，这样才能增强产品在市场上的竞争力。同时，要严格控制企业的管理费用、财务费用等各种期间费用，降低耗费，增加利润。

（3）在企业资产管理方面，主要应该分析以下两个方面。

①分析企业的资产结构是否合理，即流动资产与非流动资产的比例是否合理。资产结构实际上反映了企业资产的流动性，它不仅关系企业的偿债能力，也会影响企业的获利能力。一般来说，流动资产直接体现企业的偿债能力和变现能力，而非流动资产则体现了企业的经营规模、发展潜力，从而决定企业的盈利能力，两者之间应该有一个合理的比率关系。同时还要具体分析流动资产以及非流动资产的内部结构。如果企业流动资产中货币资金占的比重过大，就应当分析企业现金持有量是否合理，有无现金闲置现象，因为过量的现金会影响企业的获利能力；对于非流动资产，应重点分析固定资产、在建工程等，分析企业固定资产是否得到了充分的利用。

②结合销售收入，分析企业的资产周转情况。资产周转速度直接影响企业的获利能力，如果企业资产周转速度较慢，就会占用大量的资金，增加资金成本，减少企业的利润。资产周转情况的分析，不仅要分析企业总资产周转率，还要分析企业的存货周转率与应收账款周转率，并将其周转情况与资金占用情况结合起来分析。

由上所述，杜邦分析体系图以净资产收益率为主线，将企业在某一时期的销售成果以及营运状况全面联系在一起，层层分解，逐步深入，构成了一个完整的分析体系。同时，我们还可以看出，企业的获利能力涉及企业经营活动的方方面面。所有者权益报酬率与企业的筹资结构、销售、成本控制、资产管理密切相关，这些因素构成一个系统。只有抓住系统内部每个因素之间的内在联系，协调好它们之间的关系，促进各个因素的不断优化，才能使净资产收益率达到最大，从而实现企业的价值最大化。

三、传统杜邦分析体系的局限性

杜邦分析体系虽然被广泛应用，但也存在某些局限性。主要体现在以下几个方面。

（1）计算总资产净利率的"总资产"和"净利润"不匹配。首先被质疑的是资产净利率的计算公式。总资产是全部资产提供者享有的权利，而净资产是专门属于股东的，两者不匹配。由于总资产净利率的"投入与产出"不匹配，该指标不能反映实际的回报率。为了改善该比率的配比，要重新调整其分子和分母。为公司提供资产的人包括股东和债权人，需要计量股东和债权人投入的资本，并计算这些资本产生的收益，两者相除才是合乎逻辑的资产报酬率，才能准确反映企业的基础盈利能力。

（2）没有区分经营活动损益和金融活动损益。杜邦分析体系中没有区分经营活动和金融活动。对大多数企业来讲金融活动是净筹资，它们主要是从金融市场上筹资，而不是投资。筹资活动不产生利润，而是支出净费用。这种筹资费用是否属于经营活动的费用，即使在会计准则的制定中也存在争议，各国的会计准则对此的处理也不尽相同。从财务管理的角度来说，企业的金融资产是投资活动的剩余，是尚未投入实际经营活动的资产，应将其从经营资产中剔除。与此相适应，金融费用也应从经营损益中剔除，才能使经营资产和经营损益匹配。因此，正确计算基础盈利能力的前提是区分经营资产和金融资产，区分经营损益和金融损益。

（3）没有区分金融负债与经营负债。既然要把金融活动分离出来单独考察，就需要单独计量筹资活动成本。负债的成本（利息支出）仅仅是金融负债的成本，经营负债是无息负债。因此，必须区分金融负债与经营负债，利息与金融负债相除，才是真正的平均利息率。此外，区分金融负债与经营负债后，金融负债与股东权益相除，可以得到更符合实际的财务杠杆。经营负债没有固定成本，本来就没有杠杆作用，将其计入财务杠杆，会歪曲杠杆的实际效应。

针对上述问题，人们对传统的财务报表和财务分析体系作了一系列的改进，逐步形成了新的管理用财务报表和财务分析体系。

四、传统杜邦分析体系的改进

（一）改进的杜邦分析体系与传统的杜邦分析体系的区别

改进的杜邦分析体系与传统的杜邦分析体系相比，主要的区别体现在以下几个方面。

1. 区分经营资产和金融资产

经营资产是指用于生产经营活动的资产。一般而言，我们把不能产生利息的资产划分为经营资产，能产生利息的资产划分为金融资产。结合资产负债表项目，这里列举几种常见项目的归类。

（1）货币资金是否属于金融资产需要查阅企业报表附注中的说明。在实务中，包括编制管理用资产负债表时，通常有如下几种处理方法。

①将全部货币资金列为经营性资产。

②根据行业或公司历史平均的"货币资金/销售收入"百分比以及本期销售额，推算经营活动需要的货币资金额，多余部分列为金融资产。

③将其全部列为金融资产，理由是货币资金本来就是金融资产，生产经营需要多少，不但外部人员无法知道，内部人员也不一定能分清楚。

在编制管理用资产负债表时，要事先明确采用哪一种处理方法。

（2）以市场利率计息的短期应收票据属于金融资产，无息短期应收票据属于经营资产。

（3）短期权益性投资属于金融资产，长期权益性投资属于经营资产。

（4）短期债权投资、持有至到期投资等债权性投资都属于金融资产。

（5）应收利息属于金融资产，短期权益投资的应收股利属于金融资产，长期权益投资的应收股利属于经营资产。

（6）递延所得税资产属于经营资产。

（7）其他资产项目，具体内容查阅报表附注或其他披露信息，根据性质确定。如果查不到结果，通常列为经营资产。

2. 区分经营负债与金融负债

经营负债是指在生产经营中形成的短期和长期无息负债。这些负债不要求利息回报，是伴随经营活动出现的，不是金融活动的结果；金融负债是公司筹资活动形成的有息负债。所以，一般而言，带息负债是金融负债，不带息负债是经营负债。

同样，结合资产负债表项目，经营负债与金融负债的划分一般有以下几种。

（1）短期借款、一年到期的非流动负债、长期借款和应付债券属于金融负债。

（2）以市场利率计息的短期应付票据属于金融负债，无息短期应付票据属于经营负债。

（3）优先股属于金融负债。

（4）应付利息属于金融负债，优先股应付股利属于金融负债、普通股应付股利属于经营负债。

（5）递延所得税负债属于经营负债。

（6）融资租赁引起的长期应付款属于金融负债，经营活动引起的长期应付款属于经营负债。

（7）其他负债项目，具体内容查阅报表附注或其他披露信息，根据性质确定。如果查不到结果，通常列为经营负债。

3. 区分经营活动损益和金融活动损益

金融活动的损益是净利息费用，即利息收支的净额。利息支出包括借款和其他有息负债的利息，理论上还包括资本化的利息，但有时进行简化处理。利息收入包括银行存款利息收入和债权投资利息收入。金融活动损益以外的损益，全部视为经营活动损益。对经营活动损益，还要进一步区分为主要经营利润、其他营业利润和营业外收支。主要经营利润是指企业日常活动产生的利润，具有持续性和预测性；其他营业利润包括资产减值、公允价值变动损益和投资收益，持续性不易判定，一般低于主要经营利润。营业外收支不具有持续性，没有预测价值。这样的区分，有利于评价企业的盈利能力。

对经营利润和利息费用还要分别计算所得税。简便的方法是以实际负担所得税费用除以利润总额，可以得到企业实际负担的平均所得税税率，据此再分别计算经营活动与金融活动实际负担的所得税额。

（二）对传统杜邦分析体系的改进

在前述概念区分的基础上，我们可以计算出新的会计平衡式：

净经营资产 = 经营资产 − 经营负债

净金融负债 = 金融负债 − 金融资产

净经营资产 = 净金融负债 + 股东权益

净利润 = 经营损益 + 金融损益

　　　 = 税后经营净利润 − 税后利息费用

　　　 = 税前经营利润 × （1 − 所得税税率） − 利息费用 × （1 − 所得税税率）

利用以上会计基本等式，我们可以给出改进后的杜邦分析体系指标分解过程：

$$净资产收益率 = \frac{净利润}{平均股东权益} = \frac{税后经营利润 - 税后利息}{平均股东权益}$$

$$= \frac{税后经营利润}{平均股东权益} - \frac{税后利息}{平均股东权益}$$

$$= \frac{税后经营利润}{平均净经营资产} \times \frac{平均净经营资产}{平均股东权益} - \frac{税后利息}{平均净金融负债} \times \frac{平均净金融负债}{平均股东权益}$$

$$= \frac{税后经营利润}{平均净经营资产} \times \left(1 + \frac{平均净金融负债}{平均股东权益}\right) - \frac{税后利息}{平均净金融负债} \times \frac{平均净金融负债}{平均股东权益}$$

$$= 净经营资产利润率 + (净经营资产利润率 - 净利息率) \times 净财务杠杆$$

$$= 净经营资产利润率 + 经营差异率 \times 净财务杠杆$$

$$= 净经营资产利润率 + 杠杆贡献率$$

从公式可以看出，净资产收益率的高低取决于净经营资产利润率和杠杆贡献率的大小。

分析思路：净经营资产利润率反映企业经营资产的回报率，可以理解为实业投资的回报；税后利息率反映企业的金融活动的净成本价格。

这里，净经营资产利润率和净债务税后利息率的差额就是经营差异率。其表示每借入1元债务资本投资于经营资产产生的收益，偿还利息后剩余的部分就归股东享有了。因此，经营差异率是衡量借款是否合理的重要依据。经营差异率和净财务杠杆的乘积我们称之为杠杆贡献率。它衡量的主要是负债经营给股东带来的净超额回报率。而影响杠杆贡献率大小的因素是净债务的利息率、净经营资产利润率和净财务杠杆。

杠杆贡献率 =（净经营资产利润率 – 净债务的利息率）× 净财务杠杆

因此，改进后的杜邦分析体系，核心指标还是净资产收益率，只是改进了中间比率。改进后，信息使用者能够更深刻地从经营效率和财务政策两方面来分解净资产收益率，有助于信息使用者计算一些信息含量更高的财务指标。

同时，改进的杜邦分析体系更适用于股东回报分析，真正反映企业盈利能力的是总资产收益率，是企业利用可控制或支配的资源进行资产增值的能力，如果企业财务杠杆非常高，而总资产收益率一般，反映的股东回报率仍可能会很高，不过，这种高的股东回报率是建立在高风险而不是高的盈利能力之上的。因此，在进行杜邦分析时，应注意净财务杠杆的大小，分析一下企业的偿债能力。

思考题

1. 试述财务综合分析的目的、特点及内容。
2. 什么是沃尔评分法，它有哪些缺陷？
3. 什么是杜邦分析法？它主要反映了哪几种财务比率关系？
4. 从杜邦分析体系中可以得到哪些信息？
5. 传统杜邦分析体系有哪些局限性？
6. 改进后的杜邦分析体系的基本思路是什么？

案例分析

第十二章

财务预测与企业价值评估

学习目标

1. 了解财务预测的含义与作用。
2. 掌握财务预测的基本步骤和基本方法。
3. 掌握企业价值评估的基本方法。
4. 理解各种价值评估方法的优缺点。

导入案例

宁德时代：时代起点还是时代顶峰

2022 年 4 月 21 日，宁德时代披露 2021 年年报。数据显示，2021 年实现营业收入 1 303.56 亿元，同比增长 159%；归母净利润 159.31 亿元，同比增长 185%。但宁德时代自 2022 年年初以来股价走势低迷，累计下跌超 30%。最近几个月的股价从近 700 元跌到 400 元，市值跌掉近 7 000 亿元。在全球新能源产业变革的大时代中快速崛起的宁德时代，其真实价值何在，是否具有未来投资价值。目前的宁德时代，到底是处于时代的起点还是已经到达时代的顶峰？

在逆全球化的今天，"双碳"目标是少见的已达成全球共识并已付诸全球行动的领域，中国、欧盟、美国等全球主要国家制定了一系列支持新能源产业发展政策，宁德时代选择了一条极具确定性的赛道。从竞争格局看，目前宁德时代在动力电池领域的全球市占率约为 35%，位居全球第一，相当于第二名 LG 化学、第三名比亚迪和第四名松下电器市占率的总和，该领域目前是一超多强的全球竞争格局。

目前新能源汽车的渗透率约为 13%，预测到 2025 年渗透率提升至大约 40%，也就是说行业整体利润在 2025 年可以提升至目前的 3 倍，复合增长率约 40%~50%。

据 2021 年年报显示，2021 年宁德时代的归母净利润约为 160 亿元，假如宁德时代能维持 30% 左右的全球市占率，到 2025 年它的潜在盈利规模约 500 亿~600 亿元。

从宁德时代 2021 年财务报表来看，其财务状况是比较健康的。宁德时代目前有 3 000 亿元资产，其中 1 000 亿元是现金，占比 30%，流动性较为充足，另外还有存货 400 亿元、固定资产 400 亿元、在建工程 300 亿元，这三项合计是 1 100 亿元，构成了宁德时代主要的运营资产。在资本结构方面，宁德时代有 2 000 亿元负债，但有息负债只有 500 亿元，另外 1 500 亿元都是无息负债，所以它的财务费用都是负的。在近期 450 亿元的定向增发完成后，宁德时代的负债率可以降低至 50%，它的财务会更加安全和健康。

从盈利的现金含量来看，也就是经营现金流除以净利润，宁德时代的这个指标一直比较高，意味着它的盈利质量非常高，将会进一步提高宁德时代未来财务健康程度。这也就是为什么宁德时代在持续扩张，但自由现金流基本能自我平衡，这意味着内涵式增长的成分远大于外延式增长的成分，增长质量很高。

因此，综合考虑产业需求、企业发展战略、商业模式、竞争优势与财务健康程度，宁德时代仍然处于新能源产业革命时代的重要进程之中，其投资价值未来增长可期。

资料来源：https://mp.pdnews.cn/Pc/ArtInfoApi/article?id=28165377

上述案例表明，对企业价值的评估应建立在财务分析与预测的基础之上。价值评估是一项复杂的系统工作，具体评估时应首先分析企业所处的宏观、行业及竞争环境，之后结合财务报表分析其财务状况，预测未来的盈利能力及增长潜力，然后运用专门的评估方法评估其价值。本章主要介绍财务预测与价值评估的相关内容。

第一节　财　务　预　测

一、财务预测的内涵

对决策者来说，有关企业未来发展情况的信息比历史信息更加重要，因此，对企业进行前瞻性的财务预测就显得十分必要。财务预测的内涵可以从两个方面理解。一是从企业内部经营者的角度。其主要是基于未来融资计划编制需求而进行的财务预测。二是从信息使用者的角度。上市公司管理层或财务（证券）分析师对公司未来盈利能力所进行的量化预测，主要是指盈利预测，可以理解为财务预测的一部分。

二、财务预测的内容与步骤

从内部经营者角度来看财务预测，是指对企业未来的收入、成本、利润、现金流量及融资需求等方面的估计和推测。财务预测是融资计划的基础，是公司成长战略的基本要素。

财务预测的内在逻辑在于公司成长由销售增长来决定，销售增长需要相应的资产增长，如果企业已经是满负荷运转，不仅流动资产，而且固定资产都要增长，而资产增长需要相应的融资增长。同时，企业进行对外投资和调整资本结构，也需要筹措资金。企业所需要的这些资金，一部分来自企业内部，另一部分通过对外融资取得。由于对外融资时，企业不但需要寻找资金提供者，而且还需做出还本付息的承诺或提供企业盈利前景，使资金提供者确信其投资是安全的、可盈利的，这个过程往往需要花费较长的时间。因此，企业需要预先知道自身的财务需求，确定资金的需要量，提前安排融资计划，以免影响资金周转。

（一）财务预测的内容

财务预测分析的具体内容包括利润表、资产负债表、所有者权益变动表及现金流量表的预测分析。

1. 利润表的预测分析

利润表是反映企业一定时期经营成果的会计报表，它揭示了企业利润的形成过程。利润表预测分析是对企业收益增减变动及趋势进行的分析，分析的重心是对企业利润的增减变动及未来变化进行分析与预测，其中主营业务收入的预测是财务预测的基础。因此，利润表预测是整个预测分析的逻辑起点。

2. 资产负债表的预测分析

资产负债表是反映特定时点企业财务状况的会计报表。资产负债表预测分析是对企业财务状况的增减变动及其未来发展进行分析，即对企业拥有的资产、承担的债务、形成的所有者权益在不同时点的增减变动以及在未来某一时点的发展状况进行分析。

3. 所有者权益变动表的预测分析

所有者权益变动表能反映一定会计期间企业所有者权益各组成项目的增减变动，对其变动趋势与未来发展进行的分析在整个预测分析中占有特殊重要地位。它能够帮助分析者发现所有者权益的各个项目在报告期内的增减变动原因及趋势，进而估算未来会计年度的增减变动，从而反映公司在实现资本保值增值方面的业绩、能力与不足，帮助企业经营者、现有股东与潜在投资者及其他利益相关者做出正确的判断与决策。

4. 现金流量表的预测分析

现金流量表是综合反映企业在一定会计期间内现金流流出及其净流量情况的报表。基于现金流量在现代企业管理中的重要地位，对企业经营、投资、筹资等财务活动产生的净现金流量进行预测是整个财务预测体系的核心和终点，预测现金流量表与企业资本支出预测、营运资本管理、资本结构变化、收益预测、营销模式等战略密切相关。

（二）财务预测的步骤

财务预测一般有以下几个步骤。

1. 销售预测

销售预测是进行财务预测的起点，企业的一切财务需求可以看作是因市场销售引起的。销售量的增减变化，将会引起库存、现金流量、应收与应付账款以及企业其他资产和负债的变化。因此，销售预测是企业进行财务预测的基础，销售预测完成后才能开始财务预测。

2. 估计需要的资产

资产通常是销售量的函数，根据历史数据可以分析该函数关系。根据预计销售量和资产销售函数，可以预测所需资产的总量。某些流动负债也是销售的函数，也可以预测负债的自发增长率，这种增长可以减少企业外部融资的数额。

3. 估计收入、费用和利润

收入和费用与销售之间也存在一定的函数关系，因此，可以根据销售数据估计收入和费用，并确定净利润。净利润和股利支付率共同决定了留存收益所能提供的资金数额。

4. 估计所需融资

根据预计资产总量，减去已有的资金来源、负债的自发增长和内部提供的留存收益，得出所需的外部融资数额。

从以上步骤可以看出，利润与资金需求量的预测是财务预测的核心内容及主要目的，这里我们重点介绍利润与资金需求量预测的主要内容。

（三）利润与资金需求量的预测

利润与资金需求量的预测是在销售预测的基础上进行的。销售预测是根据市场上商品供需情况的发展趋势，对企业的产品在未来时期的销售量或销售额进行科学的预计和推测。企业的销售预测可以由企业内部的经营管理人员做出，也可请企业外部的有关专家做出，还可由专门的咨询公司进行。销售预测的结果是否准确，主要取决于预测所依据的资料是否充分和可靠以及采用的方法是否合理和科学。

进行销售预测的方法很多，总体上分为定性预测和定量预测两大类：定性预测主要包括市场调查法、专家意见调查法等；定量预测主要包括简单算术平均法、加权算术平均法、一次移动平均法，以及因果关系预测法等。利润与资金需求量的预测最常用的方法即是销售百分比法。这里重点介绍销售百分比法的基本应用。

1. 销售百分比法的基本原理

销售百分比法是根据企业历史数据中已有的资产、负债、利润等项目占销售收入的合理百分比，来确定未来销售增长情况下相应资产、负债所有者权益等项目的变化量，从而确定外部融资需要量的一种方法。销售百分比法首先假设收入、费用、资产、负债与销售收入之间存在着固定的比例关系，然后根据预计销售额和相应的比例，预计资产、负债和所有者权益，再确定所需的融资数量以及利润。

2. 销售百分比法的基本内容

在实际运用销售百分比法时，一般是借助预计利润表和预计资产负债表进行的。通过预计利润表预测企业留存收益这种内部资金来源的增加额；通过预计资产负债表来预测企业资金需要总额和外部融资数额。

预计财务报表主要是展示企业未来的财务状况和经营成果，它与一般财务报表在形式上和内容上都完全相同，所不同的是报表的资料均为预测数而非实际数。

1）预计利润表

预计利润表与实际利润表的内容、格式相同。通过预计利润表，既可预测留存收益的数额，也可为预计资产负债表和预测外部融资数额提供依据。

预计利润表的编制步骤如下。

（1）收集基年实际利润表资料，计算并确定利润表各项目与销售额的百分比。

（2）取得预测年度销售收入的预计数，用该预计销售额乘以基年实际利润表各项目与实际销售额的百分比，计算预测年度预计利润表各项目的预计数，并编制预计利润表。

（3）测算留存收益的数额。我们可根据基年税后净利润占基年销售收入的比例，乘以计划销售收入确定计划年度税后净利润的数额。如果计划年度不对投资者分配利润，则税后净利润就是留存收益的增加额；如果计划年度对投资者分配利润，则税后净利润应乘以（1－股利分配率）才是留存收益的增加额。

2）预计资产负债表

编制预计利润表之后，就可以进行预计资产负债表的编制了。

预计资产负债表是运用销售百分比法的原理预测企业外部融资额的一种报表。预计资产负债表与实际资产负债表的内容、格式相同。通过预计资产负债表，可预测资产、负债及留存收益有关项目的数额，进而预测企业所需的外部融资数额。

在分析资产负债表项目与销售之间的关系时，要注意区分敏感项目与非敏感项目。资产负债表项目的金额变动与销售增减有直接关系（即表现为一定的比例关系）的项目称为敏感项目；反之，资产负债表项目的金额变动与销售增减没有直接关系的项目称为非敏感项目。

一般情况下，现金、银行存款、应收账款、存货等称为敏感资产，应付费用、应付账款等称为敏感负债，其他资产负债表项目（除固定资产净值项目比较特殊）都属于非敏感项目。固定资产净值是否应划为敏感资产与现有固定资产的利用情况有关：如果固定资产已经满负荷运转(即百分之百地利用)，产销量的增加必然导致机器设备等固定资产的增加，此时固定资产净值应列为敏感资产；如果固定资产并未满负荷运转，而且产销量的增长未超过固定资产生产能力的限度，则产量增加就不需要增加固定资产的投入，此时固定资产净值不应列为敏感项目；如果固定资产未满负荷运转，但产销量的增长已超过固定资产生产能力的限度，则产量增长超过增加固定资产生产能力的限度的部分就要相应增加固定资产的投入，此时固定资产净值就应列为敏感项目。

留存收益也是一个比较特殊的项目，它虽然也随产销量的增长而增长，但两者之间并没有一定的比例关系，我们既不能把它列为敏感项目也不能列为非敏感项目。

下面通过一个简单的例子具体阐述运用销售百分比法预测未来融资需求及预测资产负债表的编制过程。

【例1】假定A企业2020年度实际销售额3 000万元，2020年度简易资产负债表见表12-1。预计2021年度销售额增加到3 800万元。要求：预测2021年度的融资金额及编制2021年末简易资产负债表。这里假设固定资产净值是敏感项目，留存收益是非敏感项目，具体见表12-2，非敏感项目以"—"表示。

具体分析过程如下。

①先根据2020年资产负债表实际资料，确定敏感项目与销售收入之间的比例关系，即将2020年度各敏感项目的金额分别除以2020年度的销售收入，计算敏感项目占销售收入的百分比，具体数据见表12-2。比如现金项目，

表12-1　A企业简易资产负债表

单位：万元

项　　目	金额
资产：	
现金	15
应收账款	480
存货	522
预付费用	2
固定资产净值	57
资产总额	1 076
负债及所有者权益：	
应付票据	100
应付账款	528
应付费用	21
长期负债	11
负债合计	660
实收资本	50
留存收益	366
所有者权益合计	416
负债及所有者权益总额	1 076

占销售收入的比例即为（15/3 000）为0.5%。

表 12-2　A 企业销售百分比及 2021 年预计资产负债表　　单位：万元

项　　目	金额（1）	2020 年销售百分比（%）（2）	2021 年预计数（3）
资产：			
现金	15	0.5	19
应收账款	480	16.00	608
存货	522	17.40	661.2
预付费用	2	—	2
固定资产净值	57	1.9	72.2
资产总额	1 076		1 362.4
负债及所有者权益：			
应付票据	100		100
应付账款	528		668.8
应付费用	21	17.60	26.6
长期负债	11	0.70	11
负债合计	660	—	806.4
实收资本	50		50
留存收益	366	—	405.9
所有者权益合计	416	—	455.9
融资需求			100.1
负债及所有者权益总额	1 076		1 362.4

②用 2021 年预计销售收入 3 800 万元，乘以第一步计算的敏感项目的百分比，求出 2021 年度敏感项目金额。例如，2021 年度的现金余额应为 3 800×0.5%＝19（万元）。非敏感项目除留存收益项目外，均按 2020 年度数据填列。

③确定 2020 年度年留存收益增加额及预计资产负债表中的留存收益累计额。

留存收益是企业内部资金来源，只要企业有盈利，并且不是全部支付股利，留存收益就会使所有者权益自然增长。留存收益可以满足或部分满足企业的融资要求。这部分资金的多少，取决于收益的多少和股利支付率的高低。留存收益增加额取决于企业当年的盈利水平，一般在预计利润表时确定，为简化，这里直接给出 2021 年度预计的留存收益增加额为 39.9 万元。所以，2021 年末留存收益的金额为 405.9（366＋39.9）万元。

④最后确定 2021 年度的融资需求。这里主要是利用会计恒等式原理，加总预计资产负债表的左右两方：2021 年预计资产总额为 1 362.4 万元，负债及所有者权益为 1 262.3（负债 806.4＋所有者权益 455.9）万元，两者差额 100.1 万元，就是企业需要进行外部融资的金额。

财务预测的销售百分比法是一种简单实用的方法。它的好处是：使用成本低；便于了解主要变量之间的关系；可以作为复杂方法的补充或检验。但它也有一定的局限性，主要是假定预测年度非敏感项目、敏感项目及其与销售额的百分比均与基年保持不变。在实践中，非敏感项目、敏感项目及其与销售额的百分比有可能发生变动。这些变动对预测融资需求会产生一定的影响，需要相应地进行调整。

三、盈利预测的内涵及信息披露

（一）盈利预测的概念

在我国，关于什么是盈利预测，目前在学术界有不同看法。有学者将盈利预测定义为是对企业未来财务状况、经营成果和现金流量的估算；也有学者认为盈利预测仅是对企业未来期间经营业绩的预测。

在我国监管层面发布的文件中对于"什么是盈利预测"也有不同的解释。在实践中，盈利预测通常是指企业对未来盈利能力所进行的量化预测。"盈利"的预测是盈利预测的核心，因此，我们可以将盈利预测定义为：预测主体在合理的预测假设和预测基准的前提下，对未来会计期间的利润总额、净利润、每股收益、市盈率等重要财务事项做出的预计和测算。

根据预测主体的不同,盈利预测又可分为公司管理层盈利预测和财务（证券）分析师盈利预测。在市场经济发达的国家,基于证券市场对信息的有效需求和完善的证券法规的制约,盈利预测信息的提供主体有公司管理层和市场中介机构及其财务分析师。目前市场上公开的规范的盈利预测信息主要是公司管理层提供的盈利预测信息,而财务(证券)分析师预测没有形成规范的市场供给。

（二）我国盈利预测信息披露制度的演变

在我国，对于盈利预测信息的披露应采取何种披露方式，长期以来，理论界和证券市场管理层进行了大量的研究，但一直存在争议，目前主要有以下两种代表性观点。一种观点认为企业应公开披露盈利预测信息，并采取强制性披露。另一种观点认为企业应公开盈利预测信息，但可以遵循自愿性披露。

从我国上市公司的盈利预测信息披露的实际情况看，在1994年之前上市公司不仅在其招股说明书、上市公告书中披露公司1～3年的盈利预测信息，而且在其年度报告中同样披露盈利预测信息。但自1994年4月证监会发布的《公开发行股票公司信息披露的内容与格式准则第2号——年度报告的内容与格式（试行）》（现已废止）中不再要求上市公司在年报中提供新年度的盈利预测信息后，上市公司一般就只在招股说明书中披露盈利预测信息，很少在年报中继续披露该信息。因此，我国上市公司的盈利预测信息主要附在其招股说明书中，通过证监会指定的报刊和网站进行公开披露。

2007年8月15日证监会发布《公开发行证券的公司信息披露内容与格式准则第23号——公开发行公司债券募集说明书》以及2009年7月12日证监会发布的《公开发行证券的公司信息披露内容与格式准则第28号——创业板公司招股说明书》，均延续自愿信息披露的规定。

（三）管理层盈利预测

1. 管理层盈利预测的内涵

管理层盈利预测是指公司管理层在综合分析内外部环境和各种影响因素的基础上，对公司未来一个或多个会计期间的经营成果进行预计和测算所做出的预测。

在我国，管理层盈利预测是以业绩预告的形式披露的，当上市公司预期某一会计年度将会发生亏损、扭亏为盈以及业绩与去年相比增减幅度达到 50%时，上市公司需要按照监管部门的要求披露相关业绩变动情况。

强制业绩预告制度实施以来，在一定程度上对缓解信息不对称、保护我国中小投资者的利益、减少财务报告公告之前股市的大幅波动产生了积极的作用。

2. 管理层盈利预测报告的编制

一般来说，管理层盈利预测报告的基本内容包括盈利预测基准、盈利预测基本假设、盈利预测表和盈利预测说明四部分内容。

（1）盈利预测基准。其是指公司盈利预测的编制基础，一般包括三个内容：经具有证券相关从业资格的注册会计师审计的公司前三年经营业绩；预测期间公司的生产经营能力、投资计划、生产计划和营销计划；公司采用的会计政策。

（2）盈利预测基本假设。其是公司根据经济形势和行业特点对预测期间的一般经济环境、经营条件、相关的金融与税收政策、市场情况等盈利预测的编制前提所作出的合理假设。

（3）盈利预测表。其是反映预测期间利润来源和构成的预测表。这是盈利预测报告的核心内容。盈利预测表应按利润表格式编制。但与正式利润表不同的是，在盈利预测表中应分项提供上年实现利润数和本年预测利润数等的构成情况。本年预测数应分栏列示已审实现数、未审实现数、预测数和合计数。

（4）盈利预测说明。其是对预测期间利润形成的原因、计算依据、计算方法所做出的的详细分析，一般包括以下内容：公司的筹建情况、经营方针、经营范围和预测期间的生产、营销和对外投资的安排；公司的主要会计政策；盈利预测表中主营业务收入、主营业务成本、税金及附加、其他业务利润及各项费用、投资收益等项目的预测依据和计算方法；影响盈利预测结果实现的主要问题和准备采取的措施。

（四）财务（证券）分析师盈利预测

财务（证券）分析师财务预测是分析师综合宏观经济状况、经济政策、行业发展情况和趋势以及公司基本面，以优于一般投资者的信息渠道进行各种信息搜集，并分析、评价和区别有效信息和不良信息，利用专业知识并结合个人经验，对上市公司特定期间的盈利能力以及市场表现做出的预测。该盈利预测信息将为投资者买卖股票评级和荐股发挥重要引领作用。

财务（证券）分析师在我国又称为股评师、股票分析师，他们是依法取得证券投资咨询业务资格和执业资格，就证券市场、证券品种走势及投资证券的可行性，以口头、书面、网络或其他形式向社会公众或投资机构提供分析、预测或建议等信息咨询服务的专家。

财务（证券）分析师是一个高智慧、高挑战的职业，执业资格"门槛"比较高。从业者需拥有会计学、审计学和法律知识，能对年度报告、中期报告、招股说明书等指标和数据进行多方面的对比分析。了解中国为调控金融风险和证券发行、承销交易而制定的法律体系，熟悉证券市场法律制度的基本框架。同时，财务（证券）分析师不但需要具有较强的综合技术分析能力，且能在此基础上，依据现阶段证券市场运行特点而有所创新，形成一套独特而有效的证券市场技术分析办法。

财务（证券）分析师的核心工作，具体可以分为以下三方面。

（1）宏观经济与行业分析。通过研究公司所处的宏观和行业环境，以及上市公司自身和其竞争对手内部的经营、管理机制，对公司过去和当下的发展做出判断，同时对公司未来的经营战略和发展状况做出预测。宏观经济与行业分析一般多采用定性分析的方法，尽管它对定量分析要求很强的投资决策的指导意义不大，但却是以后财务分析和投资分析的出发点，财务分析和投资分析中的许多假设前提实际上都是宏观经济与行业分析的结果。

（2）财务分析。目的在于利用源于各种渠道的公司财务信息（主要是公布的各种会计资料），通过一定的分析程序和方法，了解和分析公司过去以及当下的经营情况，发现影响公司经营目标实现的因素，以及各因素变动对经营目标实现所起的作用。通过分析各影响因素的变动来判断公司未来的经营情况，从而研究公司股价的未来走向，为与公司有利益关系的内部和外部会计信息使用者提供决策信息。

（3）投资分析。研究股市行情，估算股票的价格，目的是为股票的买卖提出建议。作为证券行业的分析师，前面的经济分析和财务分析实际上都是为投资分析进行准备工作，证券分析师必须通过全面的分析之后对股价的未来走向做出具体判断。在一个理性的股票市场中，股价的实际变动也是对分析师所做工作的最好检验。投资分析是分析师整个工作的最终目标。

四、财务预测与财务分析的关系

财务分析在盈利预测过程中有什么作用呢？或者说，财务分析与财务预测的关系是什么，事实上，财务预测与财务分析的关系主要体现在以下几个方面。

1. 财务预测是对财务报告的补充

财务预测需要预测基准。对公司历史财务报表、公司会计政策以及相关内容的分析，是公司管理层和财务分析师进行财务预测的重要参考数据。财务预测不能脱离公司现有的财务状况而进行随心所欲的预测，对公司以往财务状况、经营成果和现金流状况的分析将有助于财务预测报告的形成。同时，财务预测信息作为一种事前信息，能弥补传统财务报告只提供历史信息的缺陷，能为投资者提供全面而有用的信息。

2. 财务报告数据有助于财务预测

财务报告包含了大量描述公司经营状况的数据。这些数据能为投资者提供关于公司未来盈利能力的参考信息。但信息使用者需要通过数据挖掘才能选择具有较高盈利能力和成长性的好公司。

第二节　企业价值评估

企业价值评估是在对企业财务状况分析和未来预测的基础上，运用多种评估方法对企业价值进行估价，分析企业的增长潜力和未来发展趋势，找到影响企业价值的关键因素，并解释其影响作用，完成企业价值评估报告的活动。因此，企业价值评估是对企业的持续经营价值进行判断、估计的过程，也是对企业未来效率水平进行科学量化的过程。

一、企业价值评估的内涵

企业价值评估的一般对象是企业整体的经济价值。企业整体的经济价值是指企业作为一个整体的公平市场价值。可以从以下三个方面理解这一内涵。

1. 企业的整体价值

企业的整体价值观念主要体现在以下四个方面。

（1）整体不是各部分的简单相加。企业作为整体虽然是由各部分组成的，但是它不是各部分的简单相加，而是有机的结合。

（2）整体价值来源于要素的结合方式。企业的整体价值来源于各部分之间的联系。只有整体内各部分之间建立有机联系时，才能使企业成为一个有机整体。企业资源的重组即改变各要素之间的结合方式，可以改变企业的功能和效率。

（3）部分只有在整体中才能体现其价值。企业是整体和部分的统一。部分依赖于整体，整体支配部分。部分只有在整体中才能体现它的价值。

（4）整体价值只有在运行中才能体现。

2. 企业的经济价值

经济价值是经济学家所持的价值观念。它是指一项资产的公平市场价值，通常用该资产所产生的未来现金流量的现值来计量。理解整体经济价值需要区别几个概念：会计价值与市场价值以及公平市场价值与现时市场价值。

（1）会计价值是指资产、负债和所有者权益的账面价值。

（2）市场价值是指一项资产在交易市场上的价格，它是买卖双方竞价后产生的双方都能接受的价格。市场价值又分为公平市场价值和现时市场价值。

（3）公平市场价值是指在公平的交易中，熟悉情况的双方，自愿进行资产交换或债务清偿的金额，在有效市场上，即未来现金流入的现值，也就是资产的经济价值。

（4）现时市场价值是按现行市场价格计量的资产价值，可能公平，也可能不公平。

3. 企业整体经济价值的类别

具体评估企业整体经济价值时，要考虑以下几种不同类别。

1）实体价值与股权价值

企业全部资产的总体价值，称为"企业实体价值"。企业实体价值是股权价值与净债务价值之和。净债务价值是指债务的公平市场价值。即：

企业实体价值=股权的公平市场价值+债务的公平市场价值

大多数企业并购是以购买股份的形式进行的，因此评估的最终目标和双方谈判的焦点是卖方的股权价值。但是，买方的实际收购成本等于股权成本加上所承接的债务。

2）持续经营价值与清算价值

企业能够给所有者提供价值的方式有两种：一种是由营业所产生的未来现金流量现值，

称为持续经营价值（简称续营价值）；另一种是停止经营出售资产产生的现金流，称为清算价值。这两种方式的评估方法和评估结果有明显区别。在大多数情况下，评估的是企业的持续经营价值。一般来讲，企业的公平市场价值，是续营价值与清算价值中的较高者。

3）少数股权价值与控股权价值（这里指的是完成并购或重组以后对目标企业的控制情况不同）

在评估企业价值时，必须明确拟评估的对象是少数股权价值还是控股权价值。少数股权价值是现有管理和战略条件下，企业能够给股票投资人带来的现金流量的现值。控股权价值是企业进行重组、改进管理和经营战略后可以为投资人带来的未来现金流量的现值。所以，控股权可能带来企业价值的溢价，可以称之为控股权溢价。控股权价值与少数股权价值的差额称为控股权溢价，它是由于转变控股权而增加的价值。

在进行企业价值评估时，首先要明确拟评估的对象是什么，搞清楚是企业实体价值还是股权价值，是持续经营价值还是清算价值，是少数股权价值还是控股权价值。不同的评估对象，需要使用不同的方法进行评估。

二、企业价值评估的目的

价值是投融资、交易的前提，也是投资者确定投资对象、对管理者进行业绩评价以及企业决策的重要依据。因此，不同的利益相关者进行价值评估的目的是不同的，我们可以从不同的利益相关者角度来分析价值评估的目的。

1. 投资者基于投资决策的评估目的

理性投资者认识到要想使自己的投资得到实实在在的增值，还是要看投资对象的内在价值。这样企业价值评估就应投资者的需求而以评估企业的内在价值为目的在投资领域展开。越是倡导价值投资的市场，企业价值评估就越重要。

2. 管理者基于价值管理的评估目的

企业财务管理目标是企业价值最大化。企业的所有财务活动都是围绕这一目标进行的，所有财务决策的最终目的都是为了增加企业的价值。因此，企业价值评估就成为必要，管理层要针对一个决策对企业价值的影响进行评估。总之，通过了解企业价值在决策前后的增减变动进行各种投资决策、融资决策、经营决策和分配决策是企业价值评估的根本目的。

3. 交易双方基于并购的评估目的

为了使交易价格尽量与其价值吻合，企业价值评估开始被应用于并购领域,目的就是要对被并购企业价值以公允的市场价值进行评估，使得交易双方实现公平交易。

4. 清算企业基于清算的评估目的

如果企业出现衰退甚至被市场淘汰以至于被迫清算时，也需要利用企业价值评估在破产清算的前提下对企业价值进行合理评估，目的是以尽可能合理的最高价格清算资产。

三、企业价值评估方法

企业价值评估方法是企业价值评估的核心问题，直接影响价值评估的结果及市场交易的实施。从总体上看，企业价值评估方法可以分为收益法、市场法、成本法三种基本类型。注册资产评估师执行企业价值评估业务，应当根据评估对象、价值类型、资料收集情况等相关条件，分析上述基本方法类型的适用性，恰当选择一种或多种基本方法。

（一）收益法

1. 收益法的含义

收益法是指通过估算被评估资产未来预期收益并折算成现值，借以确定被评估资产价值的一种资产评估方法。采用收益法对资产进行评估，所确定的资产价值，与获得该项资产以取得预期收益的效用或有用程度密切相关。资产的效用越大，获利能力越强，它的价值也就越大。收益法的基础是经济学中的预期效用理论，一项资产的价值是利用它所能获取的未来收益的现值，其折现率反映了投资该项资产并获得收益的风险的回报率，即对于投资者来讲，企业的价值在于预期企业未来所能够产生的收益。

2. 收益法的基本模型

一般来讲，收益法分为企业自由现金流（free cash flow to firm，FCFF）和股权自由现金流（free cash flow to equity，FCFE）两种基本模型。

FCFF 是指归属于包括股东和付息债务的债权人在内的所有投资者的现金流量。

其计算公式为：

FCFF = 净利润 + 折旧摊销 + 税后利息 − 资本性支出 − 净营运资金变动

当收益法评估采用 FCFF 模型时也称间接法。

FCFE 是指归属于股东的现金流量，是扣除还本付息以及用于维持现有生产和建立将来增长所需的新资产的资本支出和营运资金变动后剩余的现金流量。

其计算公式为：

FCFE = 净利润 + 折旧摊销 − 资本性支出 − 净营运资金变动 + 付息债务的增加（当减少时，应减去减少值）

当收益法评估采用 FCFE 模型时也称直接法。

从上述公式来看，FCFF 模型相对简单，因为不直接预测付息债务的增减变动。而 FCFE 模型需要结合企业资金需求准确预测付息债务的变动情况。所以我们经常看到实践操作中很多机构采用 FCFF，其主要原因可能是认为收益期内可以不考虑借款变化。

（二）市场法

市场法是指将评估对象与参考企业、在市场上已有交易案例的企业、股东权益、证券等权益性资产进行比较以确定评估对象价值的评估方法。

市场法中常用的两种方法是：参考企业比较法和并购案例比较法。

参考企业比较法是指通过对资本市场上与被评估企业处于同一或类似行业的上市公司的经营和财务数据进行分析，计算适当的价值比率或经济指标，在与被评估企业比较分析的基础上，得出评估对象价值的方法。

并购案例比较法是指通过分析与被评估企业处于同一或类似行业的公司的买卖、收购及合并案例，获取并分析这些交易案例的数据资料，计算适当的价值比率或经济指标，在与被评估企业比较分析的基础上，得出评估对象价值的方法。

1. 参考企业比较法

参考企业比较法的基本步骤如下。

1）参考企业的选取

一般来讲，选取的参考企业应属于同一行业，或受相同经济因素的影响。同时需要对参考企业的财务报表进行分析调整，使其与被评估企业的财务报表具有可比性。

2）价值比率的选取与计算

价值比率主要有两类：一类是以股票市价为基础的比率，包括市盈率、市净率、市销率等；另一类是以企业整体价值为基础的比率。

（1）市盈率是指普通股每股市价与每股收益之间的比率。

（2）市净率是指普通股每股市价与每股账面价值的比率，也可以表述成股权的市场价值与账面价值的比率。

（3）市销率是指普通股每股市价与每股营业收入之间的比率，也可以表述成股票的市场价值总额与营业收入总额的比值。

（4）企业整体价值比率主要包括企业整体价值与原税前折旧摊销前利润比率、企业整体价值与销售收入比率等。

2. 并购案例比较法

并购案例比较法的基本步骤如下。

1）并购案例的选取

一般来说，所选并购案例应属于同一行业，或受相同经济因素的影响。同时要对参考企业的财务报表进行分析调整，使其与被评估企业的财务报表具有可比性。另外，交易标的应当一致。在实际中一般选取三个以上案例。

2）修正或调整

对参考企业相关因素的调整是并购案例比较法的关键。一般来说，调整因素包括宏观因素、行业因素、企业差异调整以及时间因素调整等。

（三）成本法

成本法是在目标企业资产负债表的基础上，通过合理评估企业各项资产价值和负债从而确定评估对象价值的方法。因此，成本法也叫资产基础法。成本法的理论基础在于任何一个理性人对某项资产的支付价格将不会高于重置或者购买相同用途替代品的价格。

成本法的主要方法为重置成本（成本加和）法。

重置成本法将被评估企业视为各种生产要素的组合体，在对各项资产清查核实的基础上，逐一对各项可确指资产进行评估，并确认企业是否存在商誉或经济性损耗，将各单项可确认资产评估值加总后再加上企业的商誉或减去经济性损耗，就可以得到企业价值的评估值。即：

企业整体资产价值 = $\sum$ 单项可确指资产评估值 + 商誉（或 - 经济性损耗）。

重置成本法最基本的原理类似于等式"1 + 1 = 2"，认为企业价值就是各个单项资产的简单加总。该方法的一个重大缺陷是忽略了不同资产之间的协同效应和规模效应。也就是说在企业经营的过程中，往往存在"1 + 1 > 2"的协同效应，企业的整体价值是要大于单项资产评估值的简单加总。

成本法的评估结果是以惯用的资产负债表的形式表示的。对于熟悉财务报表的人来说是非常适合和容易把握的。成本法在评估过程中，分别对每一种资产估算其价值，将每一种资产对企业价值的贡献全面地反映出来。

成本法、市场法、收益法是国际公认的三大价值评估方法，也是我国价值评估理论和实践中普遍认可、采用的评估方法。就方法本身而言，并无哪种方法有绝对的优势；就具体的评估项目而言，由于评估目的、评估对象、资料收集情况等相关条件不同，要恰当地选择一种或多种评估方法。因为企业价值评估的目的是为了给市场交易或管理决策提供标准或参考。评估价值的公允性、客观性是非常重要的。

四、价值评估与财务分析的关系

企业进行价值评估的目的是分析和衡量企业的公平市场价值并提供有关信息，以帮助投资者和管理层改善经营决策。无论是进行价值投资，还是价格投机，企业价值评估都是基本面分析中的一个重要部分。只有尽可能精确地确定目标企业的价值，才能评估企业的可持续发展能力或公司股票价格。

企业价值既包括现有企业已经存续的价值，也包括企业未来经营的持续经营价值，无论哪一部分企业价值都离不开对财务报告及其附注的分析。企业价值评估无论评估资料的获取还是评估方法的应用，均不能脱离企业的财务信息。因此，对财务报告及其附注的分析是企业价值评估的基本依据。

从企业估值的角度，无论是基于账面价值基础的企业估值，还是基于现金流基础的企业估值，或者基于市场基础的估值方法，都需要利用过去期间对公司偿债能力、盈利能力、营运能力、成长性、现金流量以及市场表现指标的分析，寻找财务指标信息揭示的企业规律或行业规律，并将其作为估价的基础。因此，财务分析为企业价值评估提供了基础数据，企业价值评估进一步延伸了财务分析的功能。

思考题

1. 财务预测及其作用是什么？
2. 财务预测的方法有哪些？
3. 企业价值评估的目的有哪些？
4. 企业价值评估可以采用的方法有哪些？

案例分析

参 考 文 献

[1] 中华人民共和国财政部会计司编写组. 企业会计准则讲解[M]. 北京：人民出版社，2019.

[2] 张新民，钱爱民. 财务报表分析[M]. 北京：中国人民大学出版社，2019.

[3] 张先治，陈友邦. 财务分析[M]. 大连：东北财经大学出版社，2019.

[4] 郭永清. 财务报表分析与股票估值[M]. 北京：机械工业出版社，2021.

[5] 王化成，支晓强. 财务报表分析[M]. 北京：中国人民大学出版社，2022.

[6] 中国注册会计师协会编写组. 财务成本管理[M]. 北京：中国财政经济出版社，2022.

[7] 中国注册会计师协会编写组. 会计[M]. 北京：中国财政经济出版社，2022.

[8] 胡玉明. 财务报表分析[M]. 大连：东北财经大学出版社，2016.

[9] 黄世忠. 财务报表分析：理论、框架、方法与案例[M]. 北京：中国财政经济出版社，2007.

[10] 胡玄能，叶华. 财务报表分析[M]. 北京：清华大学出版社，2014.

[11] 陆正飞. 财务报表分析[M]. 北京：中信出版社，2006.

[12] 谢志华. 财务分析[M]. 北京：高等教育出版社，2009.

[13] 吴世农，吴育辉. 财务分析与决策[M]. 北京：北京大学出版社，2008.

[14] 张新民. 从报表看企业：数字背后的秘密[M]. 北京：中国人民大学出版社，2021.

[15] 宋常. 财务分析学[M]. 北京：中国人民大学出版社，2018.

[16] 何韧. 财务报表分析[M]. 北京：上海财经大学出版社 2015.

[17] 克莱德·P. 斯蒂克尼，等. 财务呈报、报表分析与公司估值：战略的观点[M]. 朱国泓，译. 北京：中国人民大学出版社，2014.

[18] 斯蒂芬·H. 佩因曼. 财务报表分析与证券定价[M]. 刘力，陆正飞，译. 北京：中国财政经济出版社，2005.

[19] 丁远，埃韦尔·施托洛韦. 财务报告与分析：一种国际化视角[M]. 北京：机械工业出版社，2018.

[20] 查尔斯·H. 吉布森. 财务报告与分析[M]. 胡玉明，译. 北京：东北财经大学出版社，2010.

[21] 克里舍·G. 佩普，保罗·M. 希利. 运用财务报表进行企业分析与估价[M]. 孔宁宁，丁志杰，译. 北京：中国财政经济出版社，2004.

[22] 孙静芹，王立明. 财务分析[M]. 北京：清华大学出版社，2015.

[23] 孙景翠，林艳. 财务分析[M]. 北京：科学出版社，2021.

[24] 鲁桂华. 看懂会计报表[M]. 北京：机械工业出版社，2013.

[25] 玛丽·巴菲特，戴维·克拉克. 巴菲特教你读财报[M]. 李凤，译. 北京：中信出版社，2009.

[26] 张先治，陈友邦，秦志敏. 财务分析习题与案例[M]. 北京：东北财经大学出版社，2019.

[27] 张新民，钱爱民. 财务报表分析案例[M]. 北京：中国人民大学出版社，2019.

[28] 杨孝安，何丽婷. 财务报表分析[M]. 北京：北京理工大学出版社，2017.

[29] 谢志琴，武伙. 公司财务报表分析[M]. 北京：北京理工大学出版社，2016.

[30] 秦志林，孙玉庆. 财务报表分析项目化教程[M]. 南京：南京大学出版社，2016.

[31] 王文红. 财务报表分析[M]. 北京：上海财经大学出版社，2020.

[32] 史玉光，丁珽. 企业财务报表分析[M]. 北京：对外经济贸易大学出版社，2013.

教师服务

　　感谢您选用清华大学出版社的教材！为了更好地服务教学，我们为授课教师提供本书的教学辅助资源，以及本学科重点教材信息。请您扫码获取。

▶▶ 教辅获取

本书教辅资源，授课教师扫码获取

▶▶ 样书赠送

会计学类重点教材，教师扫码获取样书

 清华大学出版社

E-mail: tupfuwu@163.com
电话：010-83470332 / 83470142
地址：北京市海淀区双清路学研大厦 B 座 509

网址：http://www.tup.com.cn/
传真：8610-83470107
邮编：100084